技工院校汽车维修专业模块化教材
（中级技能层级）

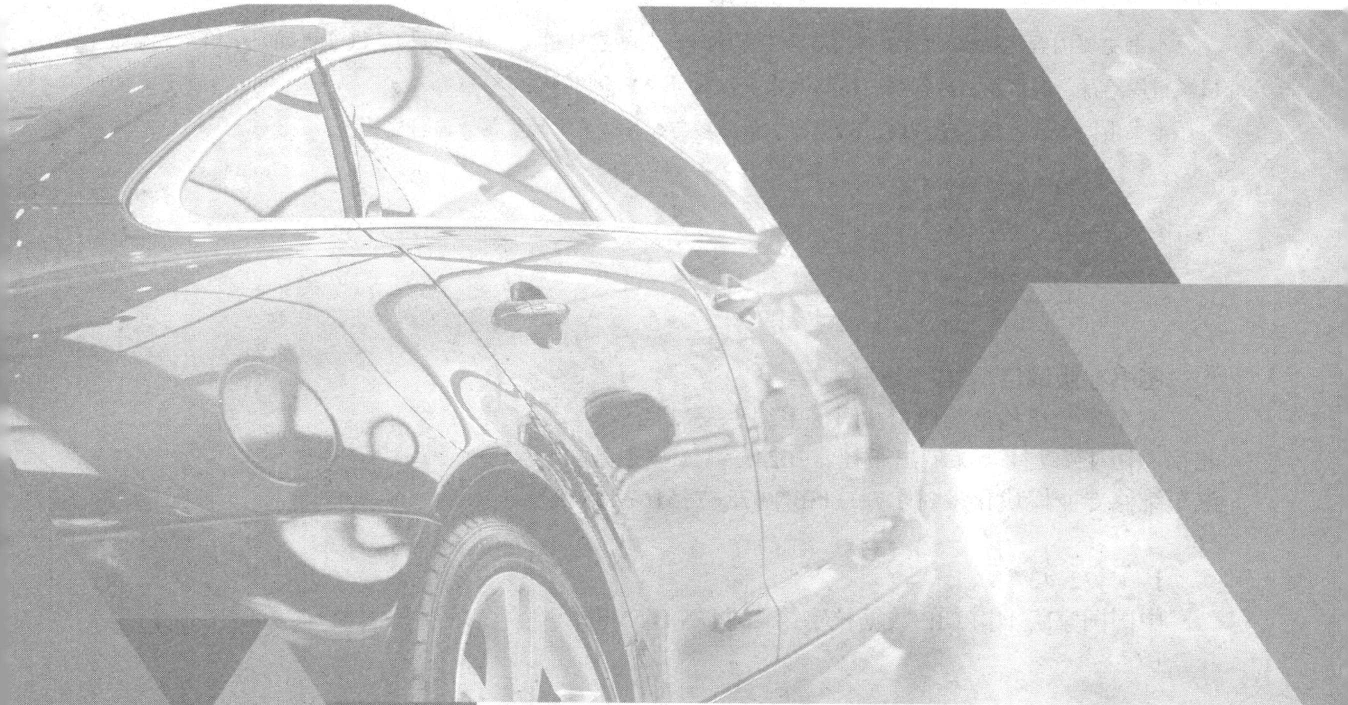

汽车发动机构造与维修

（第二版）

闫赟◎主编

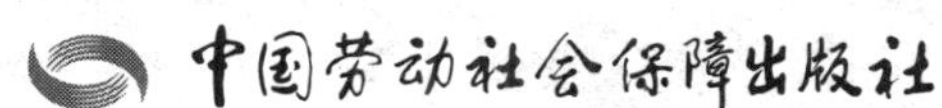

简介

本书主要内容包括发动机总体构造与工作原理、曲柄连杆机构、配气机构、汽油机燃料供给系、柴油机燃料供给系、润滑系、冷却系、发动机总成装配与竣工验收等。

本书由闫赟任主编，王淑丽、刘奕江、焉薇参与编写，许云珍、潘永基任主审。

图书在版编目（CIP）数据

汽车发动机构造与维修 / 闫赟主编. -- 2版. 北京：中国劳动社会保障出版社，2024. --（技工院校汽车维修专业模块化教材）. -- ISBN 978-7-5167-6545-6

Ⅰ. U472.43

中国国家版本馆 CIP 数据核字第 20247N8V55 号

中国劳动社会保障出版社出版发行

（北京市惠新东街 1 号　邮政编码：100029）

*

北京市科星印刷有限责任公司印刷装订　　新华书店经销

787 毫米 ×1092 毫米　16 开本　12.25 印张　230 千字

2024 年 11 月第 2 版　　2026 年 1 月第 4 次印刷

定价：25.00 元

营销中心电话：400-606-6496

出版社网址：https://www.class.com.cn

https://jg.class.com.cn

前　言

为了适应汽车行业的发展现状，更好地满足全国技工院校汽车维修专业的教学需求，全面提升教学质量，我们组织有关学校的一线教师和行业、企业专家，在充分调研企业用人需求和学校教学情况、吸收借鉴各地技工院校教学改革的成功经验的基础上，根据人力资源社会保障部颁布的《全国技工院校专业目录》及相关教学文件，对技工院校汽车维修专业教材进行了修订和新编。

本次修订（新编）工作的重点主要有以下几个方面。

科学规划教学模块

本套教材采用"模块化"体系构建，划分为基础模块、发动机模块、底盘模块、电气模块、维护与诊断模块、选修模块等六大模块，教学操作性好，可满足技工院校汽车维修专业的教学需求。

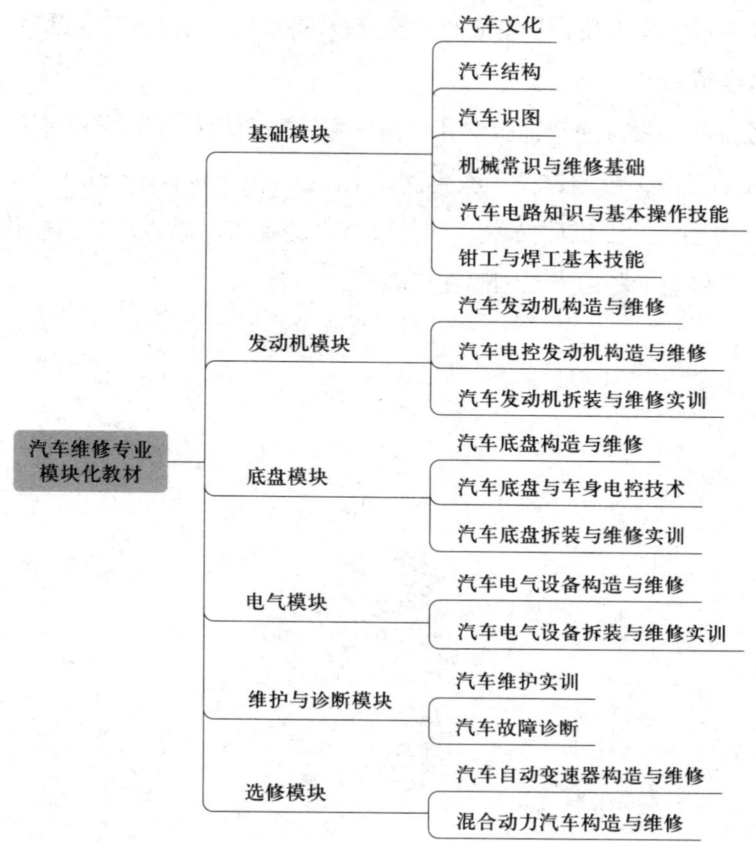

突出职业教育特色

坚持以能力为本位，突出职业教育特色。通过行业、企业调研，掌握企业对汽车维修专业人才的岗位需求和技能要求，确定人才培养目标，构建科学合理的课程体系。根据课程教学目标，合理确定学生应具备的知识与能力结构；充分考虑企业生产实际，选择当前市面上广泛使用的汽车车型进行教学。

根据汽车维修专业毕业生就业岗位的实际需要和行业发展趋势，合理确定学生应具备的能力和知识结构，对教材内容及其深度、广度、难度进行了调整。同时，进一步突出实际应用能力的培养，以满足社会对技能型人才的需求。

创新教材内容形式

在编写模式上，根据技工院校学生认知规律，以完成具体工作任务为主线组织教材内容，将理论知识的讲解与工作任务载体有机结合，激发学生的学习兴趣，提高学生的实践能力。

在教材内容的表现形式上，较多地利用实物照片和表格等形式将知识点生动地展示出来，力求让学生更直观地理解和掌握所学内容。部分教材采用四色印刷，图文并茂，增强了教材内容的表现效果，提高了教材的可读性，更符合学生的阅读习惯。

根据相关专业领域的最新发展，在教材中充实新知识、新技术、新设备、新材料等方面的内容，体现教材的先进性。采用最新的国家技术标准，使教材内容更加科学和规范。

提供丰富教学资源

在教学服务方面，为方便教师教学和学生学习，配套提供了教学设计方案、电子课件、习题册答案等教学资源，可通过技工教育网（https://jg.class.com.cn）下载使用。除此之外，在部分教材中还借助二维码技术，针对教材中的重点、难点内容，制作了微视频等多媒体资源，可使用移动设备扫描二维码在线观看。

编者

2024 年 4 月

目 录

模块一
发动机总体构造与工作原理

发动机是汽车的动力装置，它把燃料燃烧释放的能量转化为汽车所需的动力，再通过传动装置传递到驱动轮驱动车辆行驶。

发动机一般安装在发动机舱内，如图 1–0–1 所示，对于大客车来说一般安装在车辆的后部，如图 1–0–2 所示，而运动型跑车和方程式赛车的发动机则安装在车辆的中间部位，如图 1–0–3 所示。

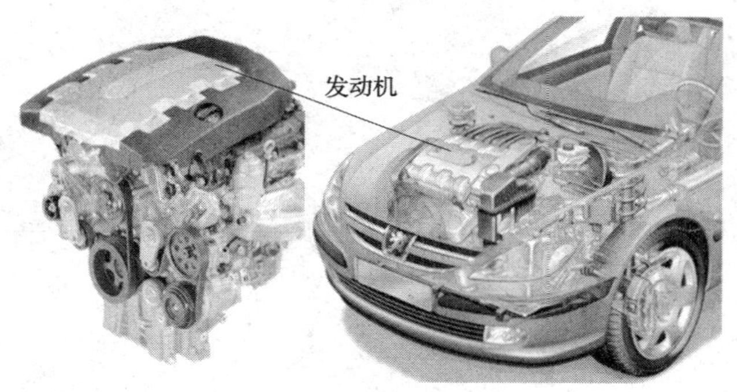

图 1–0–1　发动机前置

图 1–0–2　发动机后置

图 1–0–3　发动机中置

课题❶　发动机的总体构造

学习目标

1. 掌握发动机的总体构造。
2. 理解发动机各机构和系统的作用。

从发动机总体结构上看，其一般由两大机构和五大系统组成，即曲柄连杆机构、配气机构、燃料供给系、冷却系、润滑系、点火系（汽油发动机用）和起动系，发动机的典型结构如图 1–1–1 所示。

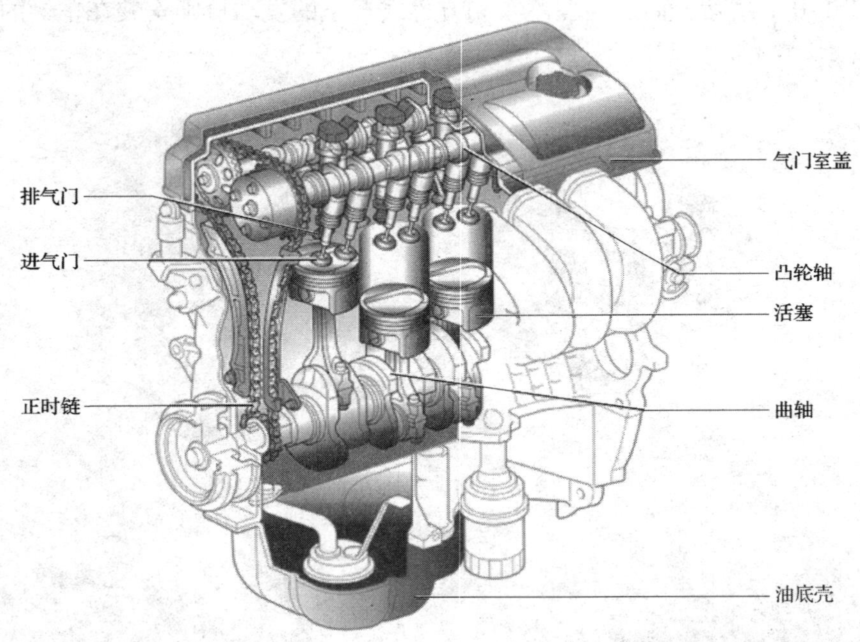

图 1–1–1　发动机的典型结构

一、曲柄连杆机构

曲柄连杆机构是将发动机的热能转化成机械能的装置。如图 1–1–2 所示，曲柄连杆机构由机体组、活塞连杆组、曲轴飞轮组三部分组成。

二、配气机构

配气机构的作用是根据发动机的工作顺序和工作过程，定时开启或关闭进气门和排气门，使可燃混合气或空气进入气缸，并将废气从气缸内排出，实现一个工作循环。配气机构由气门组和气门传动组组成，如图 1–1–3 所示。

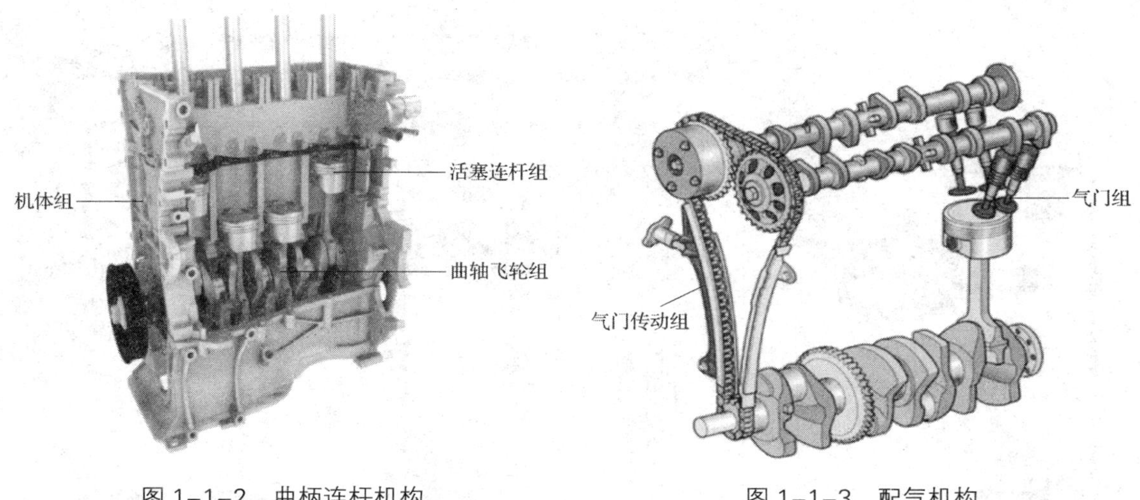

图 1–1–2 曲柄连杆机构

图 1–1–3 配气机构

三、燃料供给系

汽油机燃料供给系是根据发动机的要求，配制出一定体积和浓度的混合气，供入气缸，并将燃烧后的废气从气缸内排到大气中。汽油发动机均采用电子控制燃油喷射系统，如图 1–1–4 所示。

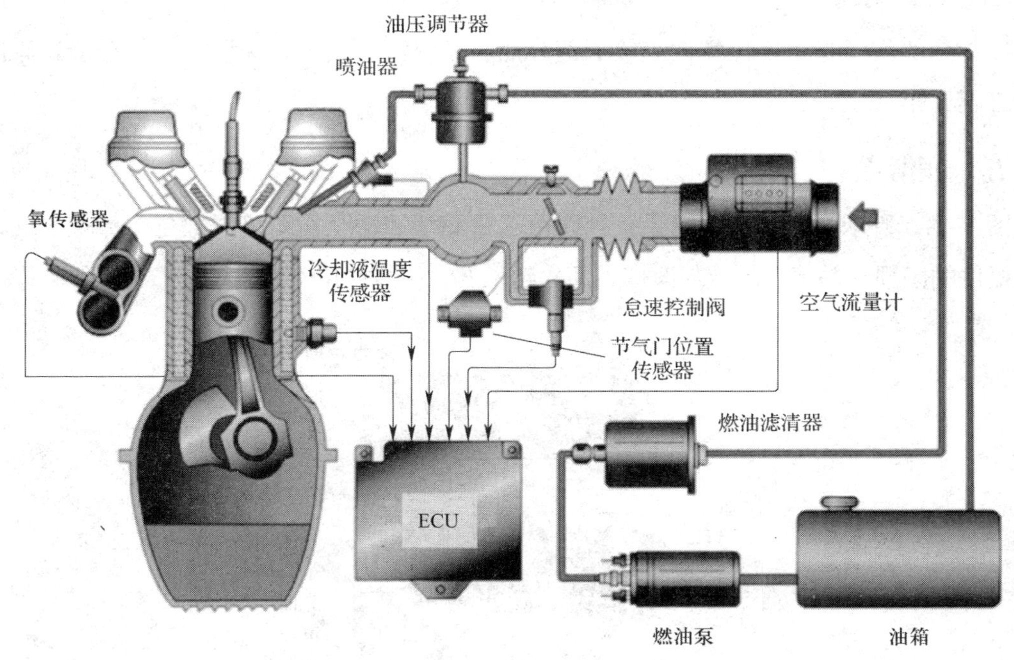

图 1–1–4 电子控制燃油喷射系统

如图 1–1–5 所示，柴油机燃料供给系是把柴油和空气分别供入气缸，在燃烧室内形成可燃混合气并燃烧，最后将燃烧后的废气排出。

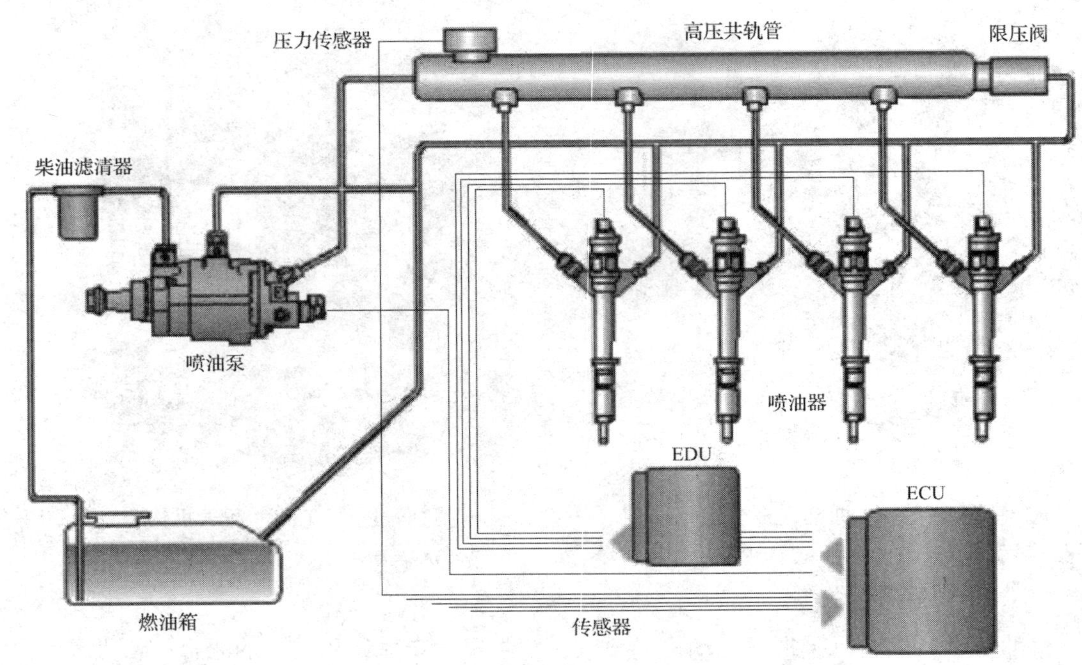

图 1–1–5　柴油机燃料供给系
EDU—电控执行器　ECU—电子控制器

四、冷却系

冷却系的作用是将受热零件吸收的部分热量及时散发出去，保证发动机在最适宜的温度状态下工作。

五、润滑系

图 1-1-6 所示为发动机润滑系，其作用是将润滑油送至发动机内部各个摩擦表面，以减轻机件的磨损，并清洗、冷却摩擦表面，延长发动机的使用寿命。

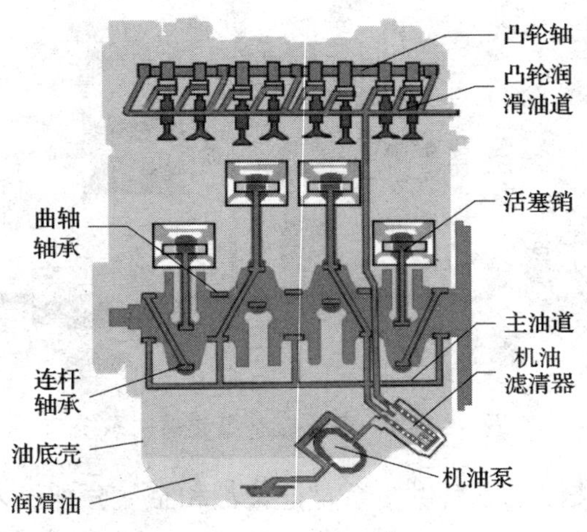

图 1–1–6　润滑系

六、点火系

点火系是汽油发动机独有的，其作用是按规定时刻向气缸内提供电火花以点燃气缸中的可燃混合气，如图 1–1–7 所示为丰田卡罗拉轿车点火系。柴油发动机是将燃油喷入气缸后自行着火燃烧，因此没有点火系。

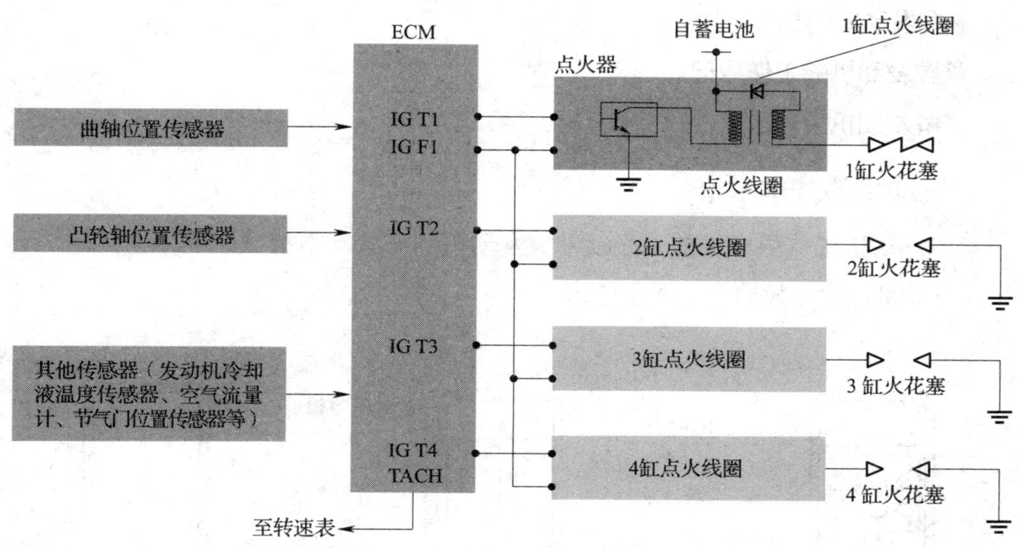

图 1–1–7　丰田卡罗拉轿车点火系

七、起动系

如图 1–1–8 所示，起动机的小齿轮与发动机的飞轮啮合，起动机的电枢轴转动从而带动飞轮转动，使静止的发动机启动并自行运转。

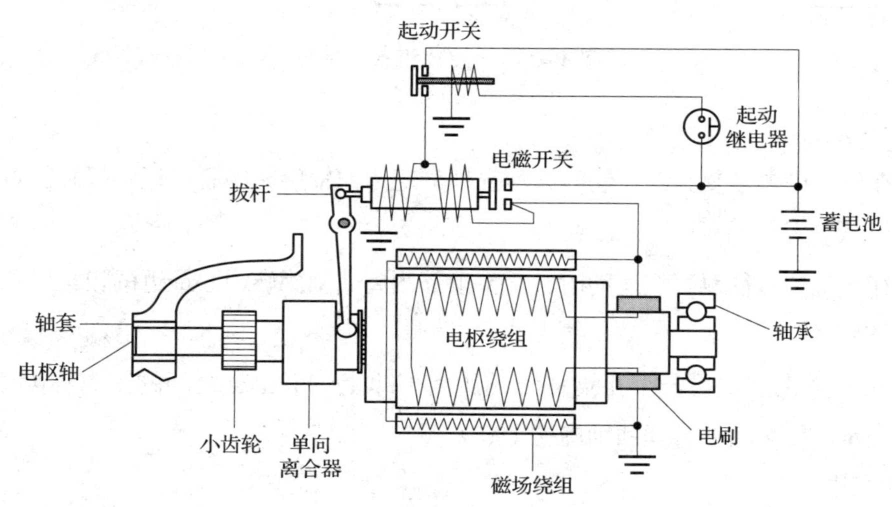

图 1–1–8　起动系

课题❷ 发动机的工作原理

学习目标

1. 掌握发动机的基本术语。
2. 掌握发动机的工作原理。
3. 了解发动机型号。

一、发动机的基本术语

在学习发动机工作原理之前，必须掌握发动机的一些基本参数名称，也就是发动机基本术语。发动机基本参数如图 1–2–1 所示。

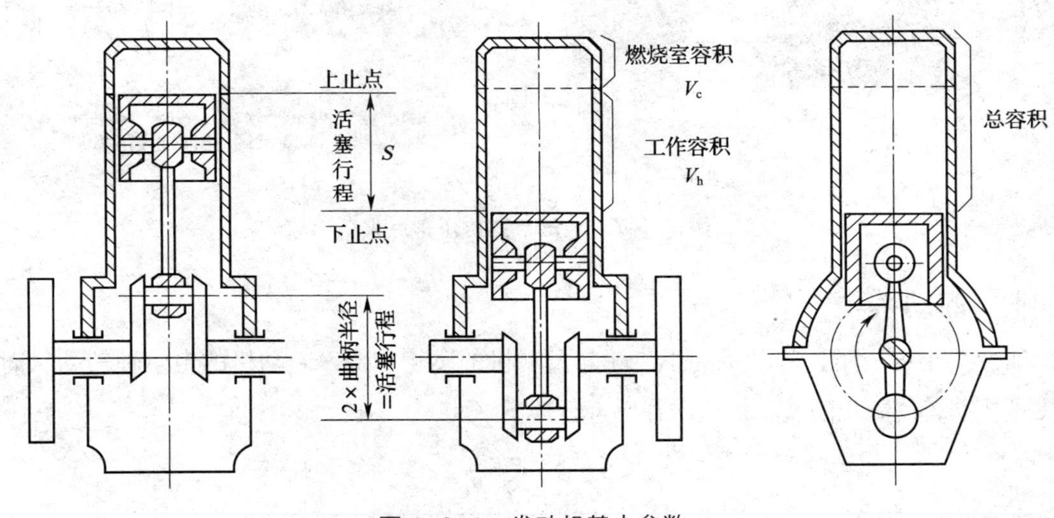

图 1–2–1　发动机基本参数

1. 上止点

活塞在气缸中做往复直线运动时，活塞顶部距离曲轴旋转中心最远的极限位置。

2. 下止点

活塞在气缸中做往复直线运动时，活塞顶部距离曲轴旋转中心最近的极限位置。

3. 活塞行程

活塞从一个止点到另一个止点移动的距离，即上、下止点之间的距离称为活塞行程，一般用 S 表示。一个活塞行程曲轴旋转 180°。

4. 曲柄半径

曲轴旋转中心到曲柄销中心的距离称为曲柄半径，一般用 R 表示。活塞行程为曲柄半径的两倍，即 $S=2R$。

5. 气缸

气缸由气缸体和活塞组成，是使活塞在压力差的驱动下在气缸体内进行直线往复运动的装置。

6. 气缸工作容积

活塞从一个止点运动到另一个止点所扫过的容积，称为气缸工作容积，一般用 V_h 表示。

7. 燃烧室容积

活塞位于上止点时，其顶部与气缸盖之间的容积，称为燃烧室容积，一般用 V_c 表示。

8. 气缸总容积

活塞位于下止点时，其顶部与气缸盖之间的容积，称为气缸总容积，一般用 V_a 表示。气缸总容积就是气缸工作容积和燃烧室容积之和，即 $V_a=V_c+V_h$。

9. 发动机排量

多缸发动机各气缸工作容积的总和，称为发动机排量，一般用 V_L 表示。

10. 压缩比

气体压缩前的容积与气体压缩后的容积的比值，即气缸总容积与燃烧室容积之比称为压缩比，一般用 ε 表示。通常，汽油机的压缩比为 6～10，柴油机的压缩比较高，一般为 16～22。

11. 工作循环

气缸完成进气、压缩、做功和排气四个过程称为一个工作循环。

二、发动机的工作原理

以常用的四冲程发动机为例，四冲程发动机是指活塞在气缸内往复四个行程完成一个工作循环的发动机，每个工作循环中活塞的四个行程分别为进气行程、压缩行程、做功行程和排气行程。在此过程中，发动机的曲轴旋转两周，进、排气门各开闭一次。

1. 四冲程汽油机的工作原理

（1）进气行程（图 1–2–2）

活塞从上止点向下止点运动，进气门打开，排气门关闭。进气行程开始，活塞下移，气缸内容积增大，压力减小，当压力低于大气压时，在气缸内产生真空吸力，空气和汽油形成的可燃混合气体通过进气门进入气缸，在气缸内进一步形成混合气。

（2）压缩行程（图 1–2–3）

曲轴继续旋转，活塞从下止点向上止点运动，这时进气门和排气门都关闭，气缸内成为封闭容积，可燃混合气受到压缩，压力和温度不断升高，当活塞到达上止点时，压缩行程结束。

（3）做功行程（图 1–2–4）

当活塞位于压缩行程接近上止点位置时，火花塞产生电火花点燃可燃混合气，可燃混合气燃烧后放出大量的热，使气缸内气体温度和压力急剧升高，高温高压气体膨胀，推动活塞从上止点向下止点运动，通过连杆、曲柄使曲轴旋转并输出机械功。

（4）排气行程（图 1–2–5）

当做功行程接近终了时，排气门开启，进气门保持关闭，通过废气的压力自由排气，活塞到达下止点再向上止点运动时，继续把废气强制排出到大气中，活塞到达上止点后，排气门关闭，排气行程结束。

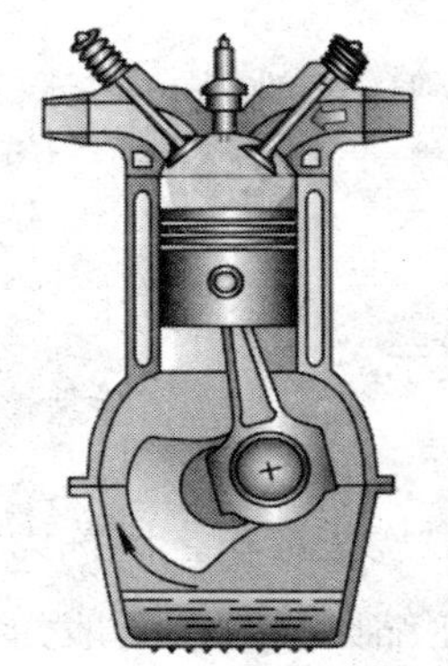

图 1–2–2　进气行程

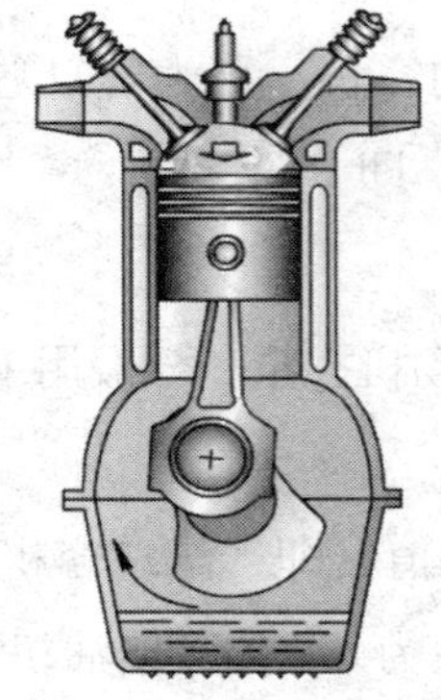

图 1–2–3　压缩行程

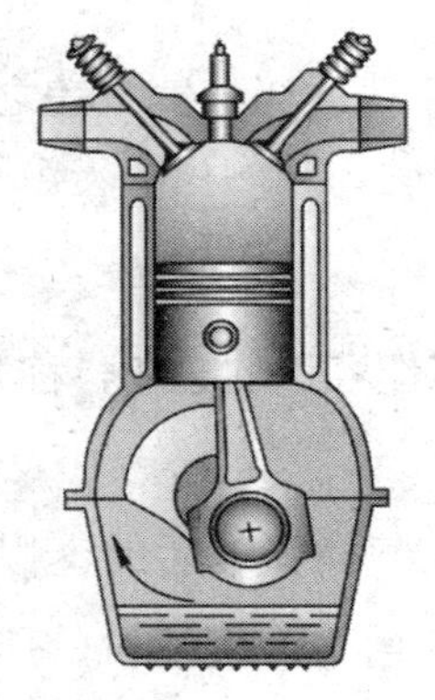

图 1–2–4　做功行程

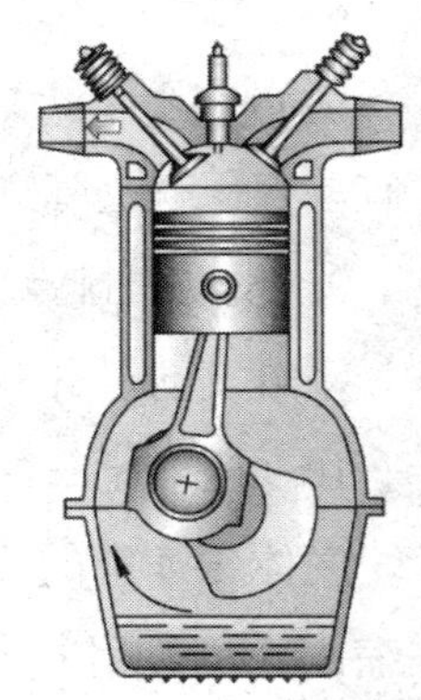

图 1–2–5　排气行程

2. 四冲程柴油机的工作原理

四冲程柴油机和四冲程汽油机的工作过程相同，每一个工作循环同样包括进气、压缩、做功和排气四个行程，如图 1–2–6 所示，但由于柴油机使用的燃料是柴油，柴油黏度大，不易蒸发，自燃温度低，因此柴油机可燃混合气的着火方式是压燃式。

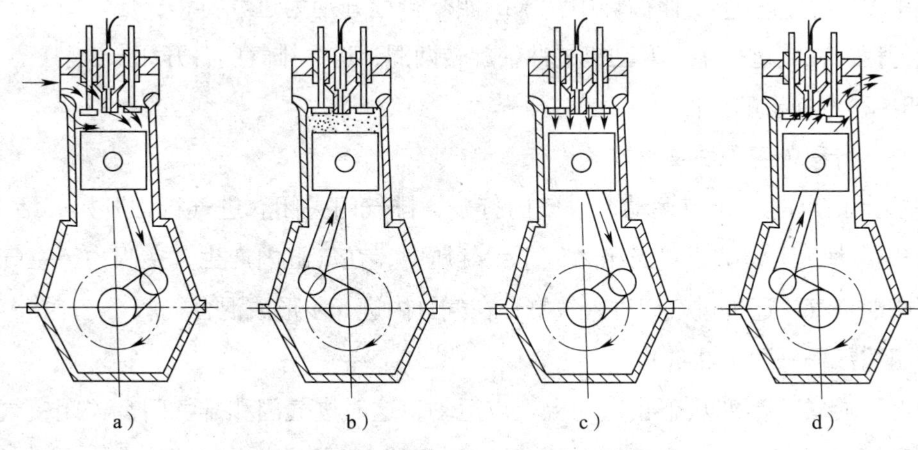

图 1–2–6　四冲程柴油机的工作原理

a）进气行程　b）压缩行程　c）做功行程　d）排气行程

四冲程柴油机在进气行程和压缩行程中气缸里都是纯空气而不是可燃混合气，在压缩行程接近上止点时，喷油器将高压柴油以雾状喷入燃烧室，柴油和空气在气缸内形成可燃混合气并着火燃烧。

三、发动机的型号

国内发动机的型号编制按国家标准《内燃机产品名称和型号编制规则》（GB/T 725—2008）来执行，下面介绍相关规定。

1. 内燃机的名称

内燃机名称均按所使用的主要燃料命名，例如汽油机、柴油机、天然气机等。

2. 内燃机型号

内燃机型号由阿拉伯数字（以下简称数字）、汉语拼音字母或国际通用的英文缩略字母（以下简称字母）组成，分为四部分，如图 1-2-7 所示。

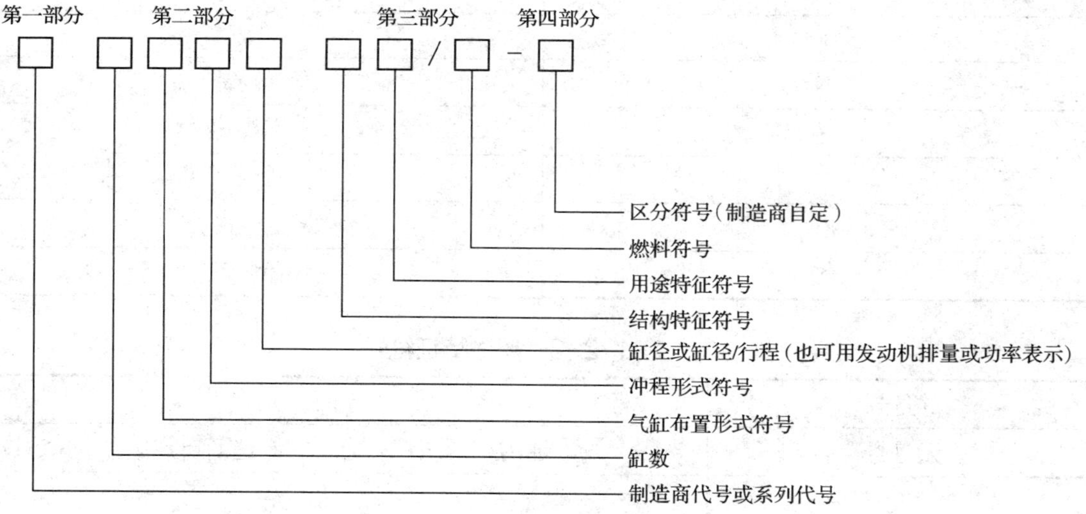

图 1-2-7　内燃机型号

（1）第一部分：由制造商代号或系列符号组成。由制造商根据需要选择相应 1 ~ 3 位字母表示。

（2）第二部分：由气缸数、气缸布置形式符号、冲程形式符号和缸径符号组成，气缸布置形式符号见表 1-2-1。

1）气缸数用 1 ~ 2 位数字表示。

2）冲程形式为四冲程时符号省略，二冲程用 E 表示。

3）缸径符号一般用缸径或缸径 / 行程数字表示，也可用发动机排量或功率数表示，其单位由制造商自定。

表 1-2-1　气缸布置形式符号

符号	含义
无符号	多缸直列或单缸
V	V 形排列
P	卧式
H	H 形排列
X	X 形排列

注：其他布置形式符号见 GB/T 1883.1。

（3）第三部分：由结构特征符号（表 1–2–2）、用途特征符号（表 1–2–3）、燃料符号组成。

表 1-2-2　结构特征符号

符号	结构特征
无符号	冷却液冷却
F	风冷
N	凝气冷却
S	十字头式
Z	增压
ZL	增压中冷
DZ	可倒转

表 1-2-3　用途特征符号

符号	含义
无符号	通用型及固定动力（或制造商自定）
T	拖拉机
M	摩托车
G	工程机械
Q	汽车
J	铁路机车
D	发电机组
C	船用主机、右机基本型
CZ	船用主机、左机基本型
Y	农用三轮车（或其他农用车）
L	林业机械

注：内燃机左机和右机的定义按 GB/T 726 的规定。

（4）第四部分：区分符号。同系列产品需要区分时，允许制造商选用适当符号表示。第三部分与第四部分可用“-”分隔。

3. 型号示例

（1）汽油机型号

492Q/P-A——四缸、直列、四冲程、缸径 92 mm、冷却液冷却、汽车用（A 为区分符号）。

（2）柴油机型号

G12V190ZLD——十二缸、V 形、四冲程、缸径 190 mm、冷却液冷却、增压中冷、发电用（G 为系列代号）。

R175A——单缸、四冲程、缸径 75 mm、冷却液冷却（R 为系列代号、A 为区分符号）。

YZ6102Q——六缸直列、四冲程、缸径 102 mm、冷却液冷却、汽车用（YZ 为扬州柴油机厂代号）。

知识总结

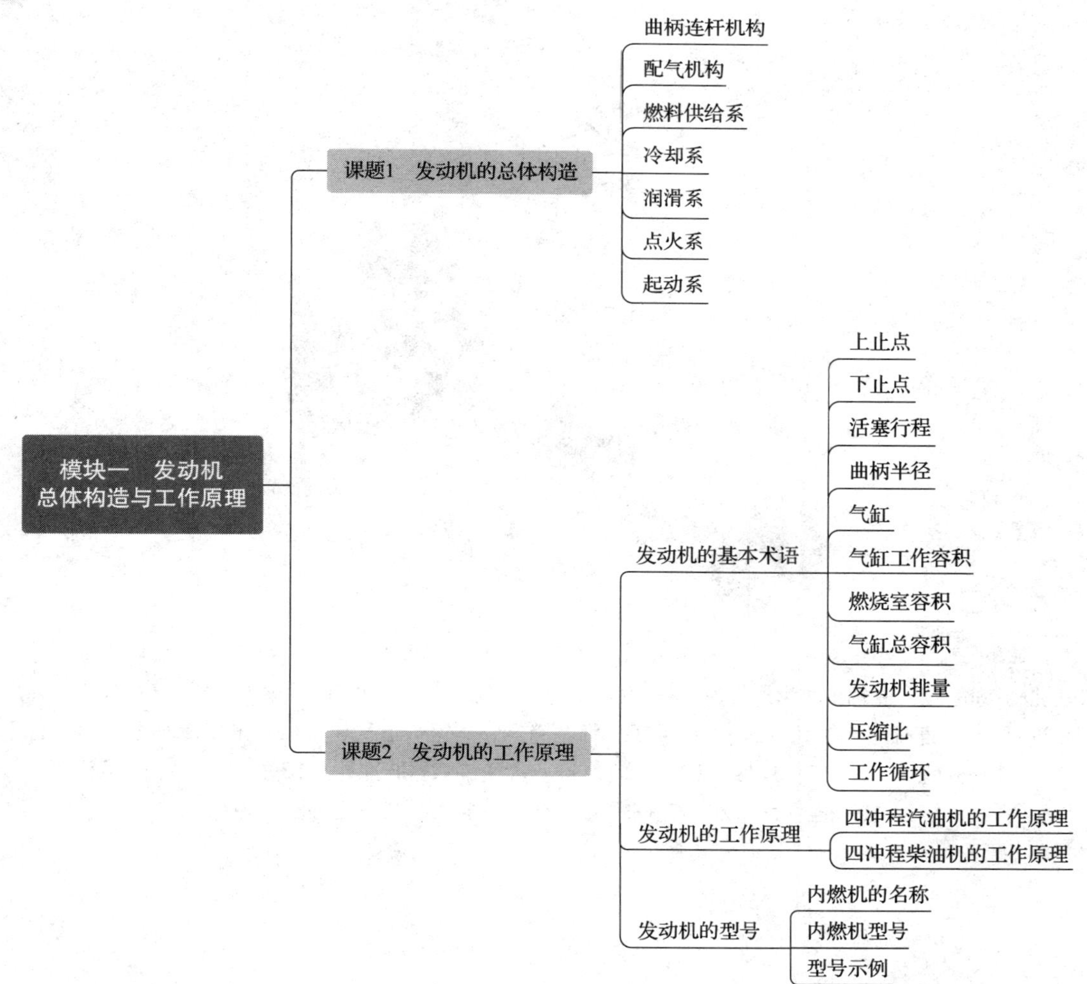

模块二 曲柄连杆机构

曲柄连杆机构的主要作用是将燃料燃烧后施加在活塞顶上的膨胀压力转变为推动曲轴旋转的转矩，向外输出动力。曲柄连杆机构的工作环境相当恶劣，它主要承受高温、高压、高速和化学腐蚀的作用。曲柄连杆机构一般由机体组、活塞连杆组和曲轴飞轮组三部分组成，如图 2-0-1 所示。

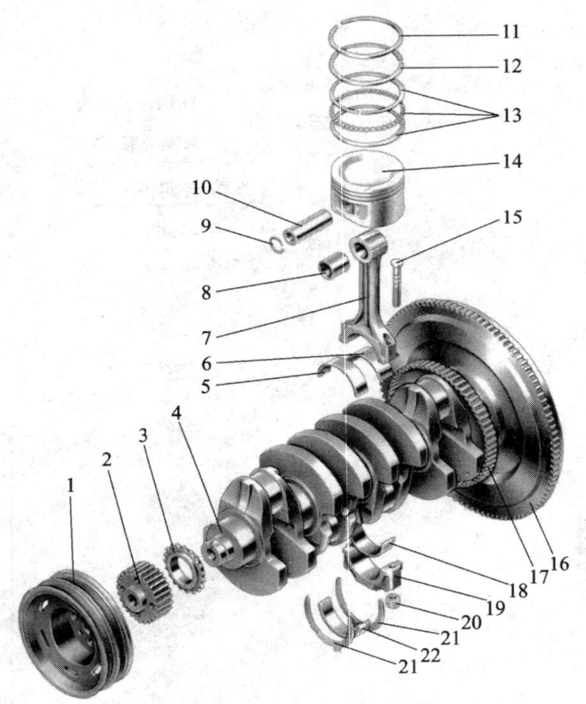

图 2-0-1　曲柄连杆机构的组成

1—曲轴带轮　2—曲轴正时齿形带轮　3—曲轴链轮　4—曲轴　5—主轴承上轴瓦　6—连杆大头上轴瓦　7—连杆　8—连杆小头轴瓦　9—卡环　10—活塞销　11—第一道气环　12—第二道气环　13—油环　14—活塞　15—连杆螺栓　16—飞轮　17—转速传感器脉冲轮　18—连杆大头下轴瓦　19—连杆盖　20—连杆螺母　21—止推片　22—主轴承下轴瓦

课题❶ 机体组的结构与检修

学习目标

1. 掌握机体组的作用和组成。
2. 熟悉机体组的结构和工作原理。
3. 能对机体组进行检修。
4. 能根据工艺流程正确拆装气缸盖。

机体组是发动机的支架，是曲柄连杆机构、配气机构和发动机各系统主要零部件的装配基体。各运动件的润滑和受热机件的冷却均需通过机体组来实现。机体组把发动机的各种机构和系统组成一个整体，保持它们之间必要的相互配合关系。

机体组主要由气缸盖罩、气缸盖、气缸垫、气缸体和油底壳等零部件组成，如图 2–1–1 所示。

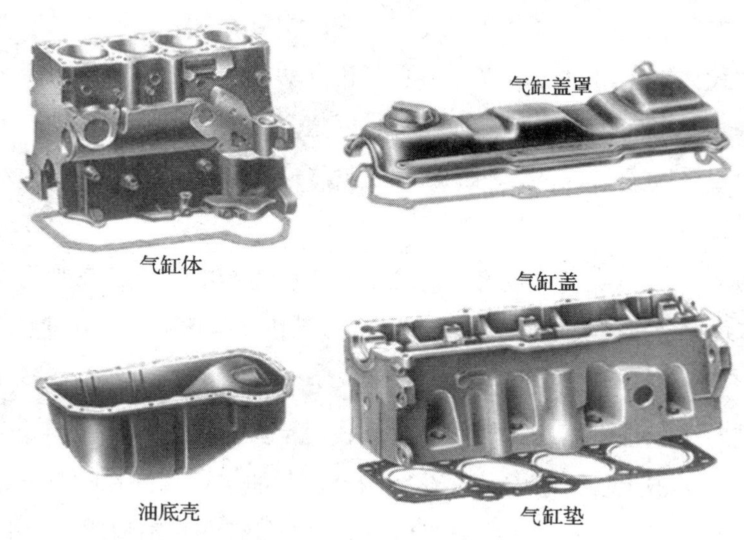

图 2–1–1 机体组

一、机体组的结构

1. 气缸盖罩

如图 2–1–2 所示，气缸盖罩位于机体组的最上方，它是用来遮盖凸出于气缸盖顶面外的气门、气门弹簧、摇臂等运动件的零件，采用钢或铝制成，一般气缸盖罩和气缸盖之间会有密封胶或密封垫。有些发动机为了减重还采用了塑料气缸盖罩。有些气缸盖罩上会装有油气分离器，用于分离曲轴箱内的废气。气缸盖罩上还会开有火花塞安装孔和润滑油加注孔。

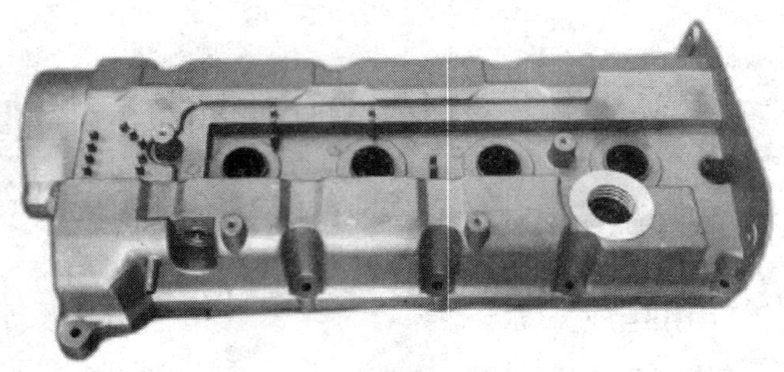

图 2-1-2　气缸盖罩

2. 气缸盖

（1）作用

气缸盖安装在气缸体上方，从上部密封气缸并构成燃烧室。水冷发动机的气缸盖内部制有冷却水套，气缸盖下端面的冷却液孔与气缸体的冷却液孔相通，利用循环的冷却液来冷却燃烧室等高温部件。

（2）类型

在多缸发动机的一列中，只覆盖一个气缸的气缸盖，称为单体式气缸盖；能覆盖部分（两个以上）气缸的气缸盖称为分块式气缸盖；能覆盖全部气缸的气缸盖称为整体式气缸盖。采用整体式气缸盖可以缩短气缸中心距和发动机的总长度，其缺点是刚度较差，在受热和受力后容易变形而影响密封，损坏时必须整个更换。整体式气缸盖多用于缸径小于 105 mm 的汽油机上，缸径较大的发动机常采用单体式气缸盖或分块式气缸盖。

（3）材料

气缸盖一般采用灰铸铁或合金铸铁铸成。铝合金铸造的气缸盖在乘用车内燃机中应用广泛，其重量更轻，散热效果更好，有利于提高发动机压缩比。

（4）结构

气缸盖上装有进、排气门座和气门导管孔，用于安装进、排气门，还有进气道和排气道等。汽油机的气缸盖上加工有安装火花塞的孔，柴油机和缸内直喷汽油机的气缸盖上加工有喷油器孔。顶置凸轮轴式发动机的气缸盖上还加工有凸轮轴轴承孔，用以安装凸轮轴，如图 2-1-3 所示。

（5）汽油机燃烧室

气缸盖是燃烧室的组成部分，燃烧室的形状对发动机的工作影响很大，由于汽油机和柴油机的燃烧方式不同，其气缸盖上组成燃烧室的部分差别较大。汽油机的燃烧室主要在气缸盖上，如图 2-1-4 所示，柴油机的燃烧室主要在活塞顶部的凹槽中。

1）半球形燃烧室。结构最紧凑，燃烧室表面积与其容积之比（面容比）最小。进、排气门呈两列倾斜布置，气门直径较大，气道较平直。火焰传播距离较短，不能产生挤气涡流。

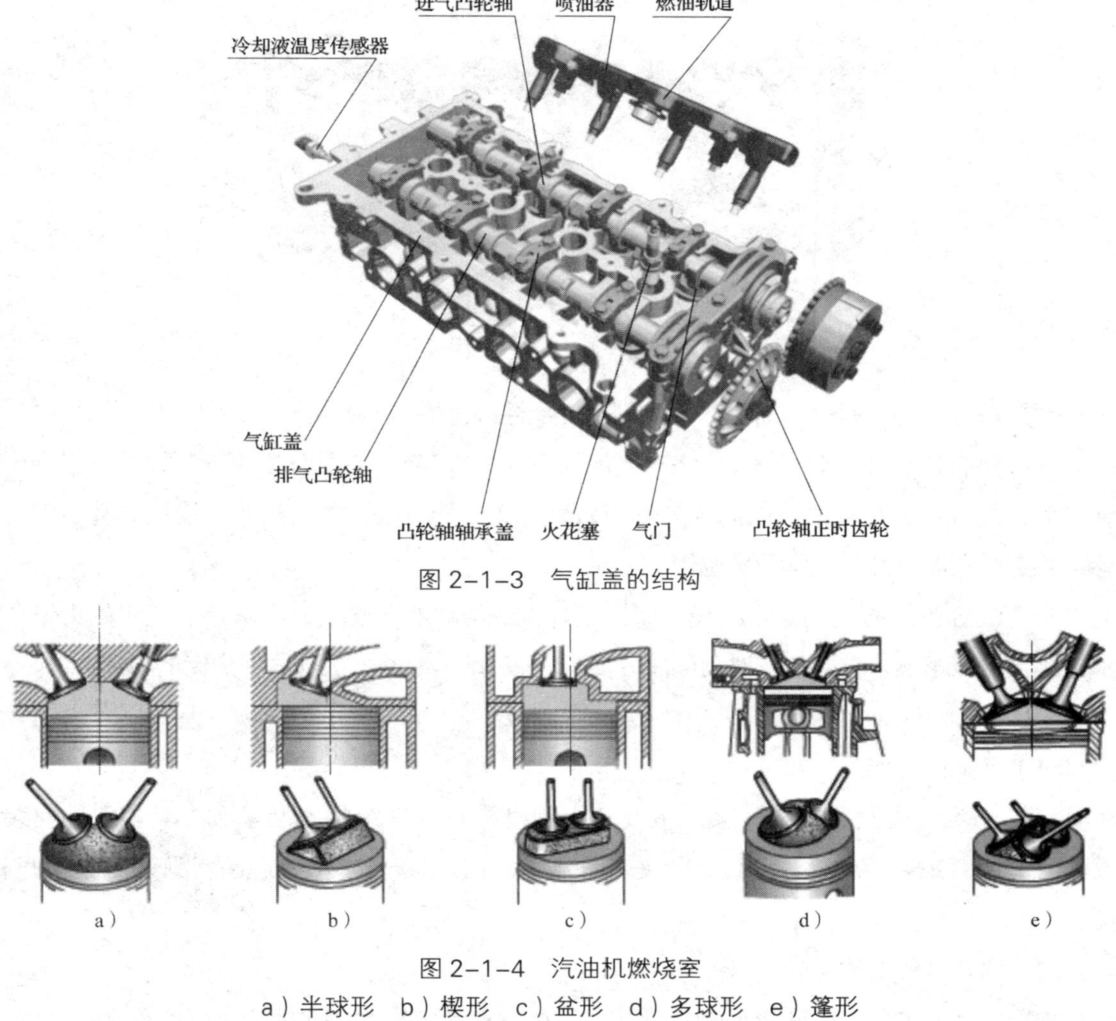

图 2-1-3　气缸盖的结构

图 2-1-4　汽油机燃烧室

a）半球形　b）楔形　c）盆形　d）多球形　e）篷形

2）楔形燃烧室。结构比较紧凑，气门相对气缸轴线倾斜，进气道比较平直，进气阻力小。压缩行程终了时能产生挤气涡流。

3）盆形燃烧室。结构简单，气门与气缸轴线平行，进气道弯度较大，压缩行程终了能产生挤气涡流。

4）多球形燃烧室。是由两个以上半球形凹坑组成的，其结构紧凑，面容比小，火焰传播距离短，气门直径较大，气道比较平直，且能产生挤气涡流。

5）篷形燃烧室。进、排气门成一定角度置于气缸盖两侧，其具有比半球形燃烧室更小的夹角，能够更好地驱动活塞。

3. 气缸垫

气缸垫安装在气缸盖和气缸体之间，其作用是保证气缸盖与气缸体接触面的密封，防止漏气、漏水和漏油，如图 2-1-5 所示。

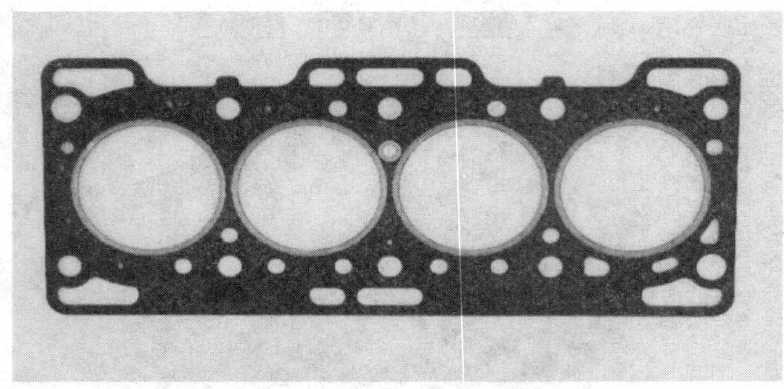

图 2–1–5　气缸垫

气缸垫可分为金属—石棉衬垫、金属—复合材料衬垫和全金属衬垫等。

气缸垫有正反面之分，正面比较光滑，反面比较粗糙，装配时应注意。如果是铝合金气缸盖，气缸垫的光滑面应朝向气缸盖；如果是铸铁气缸盖，气缸垫的光滑面应朝向气缸体，且定位孔应对准气缸体的定位销。

安装气缸垫之前，应清除积炭，保持燃烧室清洁。要严格按照维修手册规定的力矩要求拧紧气缸盖螺栓，且必须按对角顺序分 2 ~ 3 次进行，最后一次拧紧到规定的力矩。

4. 气缸体

（1）气缸体的作用

气缸体是构成发动机的骨架，是发动机各机构和各系统的安装基础，其内、外安装发动机的所有主要零部件和附件，承受各种载荷。因此，气缸体必须要有足够的强度和刚度。

（2）气缸体的结构

水冷发动机的气缸体和上曲轴箱常铸成一体，称为气缸体—曲轴箱，也可称为气缸体。气缸体一般用灰铸铁或铝合金铸成。气缸体上部的圆柱形空腔称为气缸，下半部为支承曲轴的曲轴箱，其内腔为曲轴运动的空间。在气缸体内部铸有加强筋、冷却水套以及润滑油道等，如图 2–1–6 所示。

（3）气缸体的分类

1）按照气缸体与油底壳安装平面位置不同，通常把气缸体分为一般式、龙门式和隧道式三种形式，如图 2–1–7 所示。

①一般式气缸体的特点是油底壳安装平面和曲轴旋转中心在同一高度，它的优点是机体高度小，重量轻，结构紧凑，便于加工，曲轴拆装方便；其缺点是刚度和强度较差。

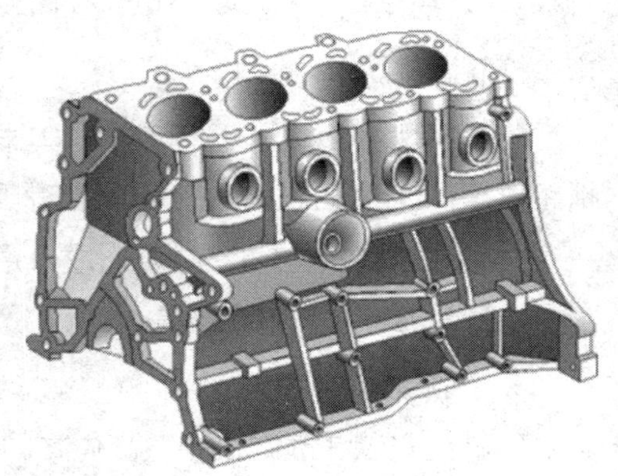

图 2–1–6　气缸体

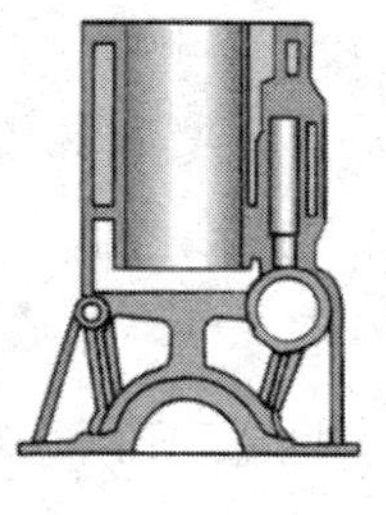
a）

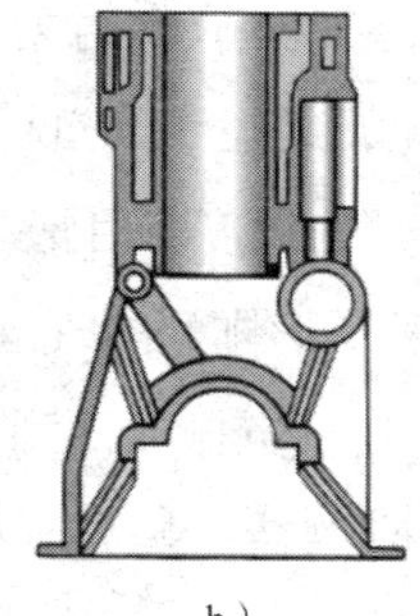
b）

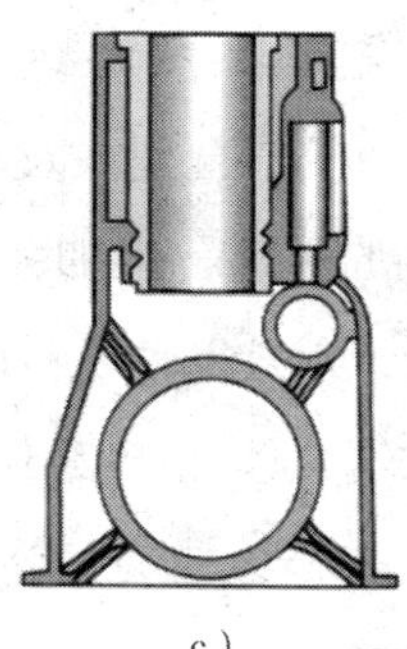
c）

图 2–1–7 气缸体形式
a）一般式 b）龙门式 c）隧道式

②龙门式气缸体的特点是油底壳安装平面低于曲轴的旋转中心，它的优点是强度和刚度好，能承受较大的机械负荷，其缺点是工艺性较差，结构笨重，加工较困难。

③隧道式气缸体曲轴的主轴承孔为整体式，采用滚动轴承，主轴承孔较大，曲轴从气缸体后部装入。它的优点是结构紧凑、刚度和强度好，其缺点是加工精度要求高，工艺性较差，曲轴拆装不方便。

2）按照冷却方式不同，一般分为水冷气缸体和风冷气缸体，如图 2–1–8 所示。

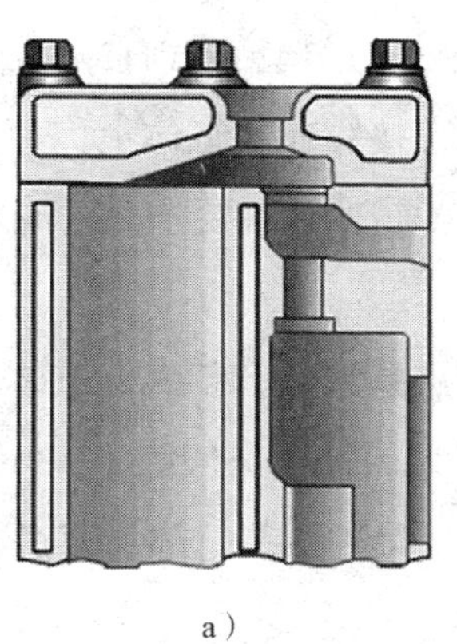
a）

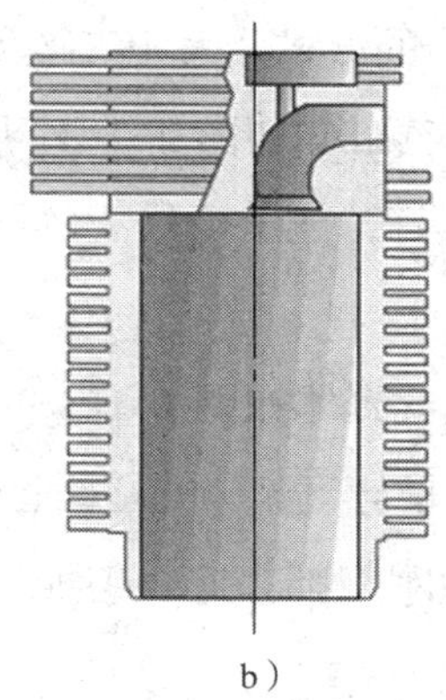
b）

图 2–1–8 气缸体按冷却方式分类
a）水冷 b）风冷

为了能够使气缸内表面在高温下正常工作，必须对气缸和气缸盖进行适当的冷却。水冷发动机的气缸周围和气缸盖中都加工有冷却水套，并且气缸体和气缸盖的冷却水套相通，冷却液在水套内不断循环，带走部分热量，对气缸和气缸盖起冷却作用。

3）按照气缸排列形式分为直列式气缸体、V 形气缸体和对置式气缸体三种。

①直列式气缸体如图 2–1–9 所示，发动机的各个气缸排成一列，一般是垂直布置的。直列式气缸体结构简单，加工容易，但发动机长度和高度较大。一般六缸以下发动机多采用直列式，有的汽车为了降低发动机的高度，会把发动机倾斜一个角度。

②V 形气缸体如图 2–1–10 所示，气缸排成两列，左右两列气缸中心线的夹角小于 180°，V 形发动机与直列式发动机相比，缩短了气缸体长度和高度，增加了气缸体的刚度，减轻了发动机的重量，但加大了发动机的宽度，且形状较复杂，加工困难，一般用于八缸以上的发动机，六缸发动机有的也采用 V 形排列的气缸体。

③对置式气缸体如图 2–1–11 所示，气缸排成两列，左右两列气缸在同一水平面上，即左右两列气缸中心线的夹角为 180°。它的特点是高度小，总体布置方便，有利于风冷，但这种气缸应用较少。

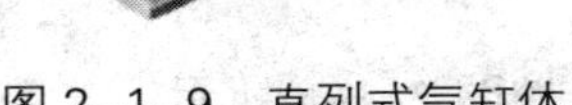
图 2–1–9　直列式气缸体

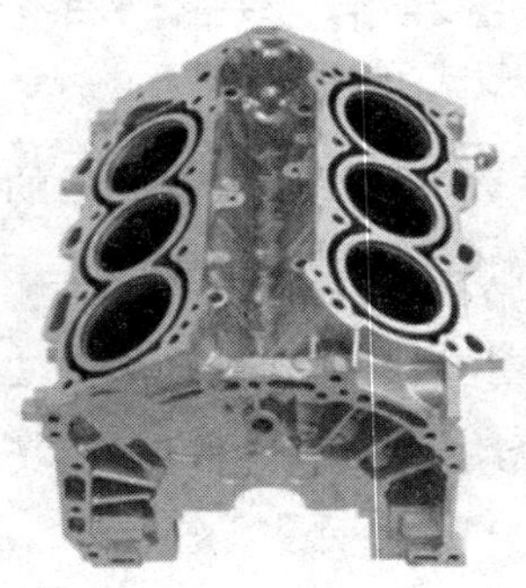

图 2–1–10　V 形气缸体

图 2–1–11　对置式气缸体

4）按照气缸套的形式分为无气缸套式气缸体、干气缸套式气缸体和湿气缸套式气缸体。

①无气缸套式气缸体如图 2–1–12 所示，气缸直接镗在气缸体上称为整体式气缸，整体式气缸强度和刚度好，能承受较大的载荷，这种气缸对材料要求高，成本高，磨损之后修复较为困难。

②干气缸套式气缸体如图 2–1–13 所示，其特点是气缸套装入气缸体后，其外壁不与冷却液直接接触，而是与气缸体的壁面直接接触，壁厚较薄，一般为 1 ~ 3 mm。它具有无气缸套的优点，强度和刚度都较好，但加工比较复杂，内、外表面都需要进行精加工，拆装不方便，散热不良。

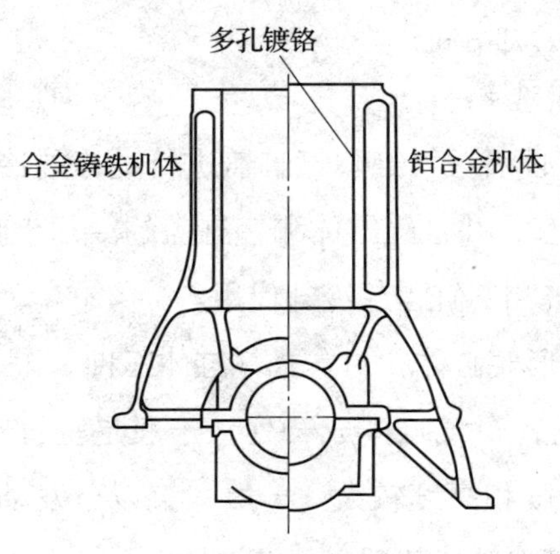

图 2–1–12　无气缸套式气缸体

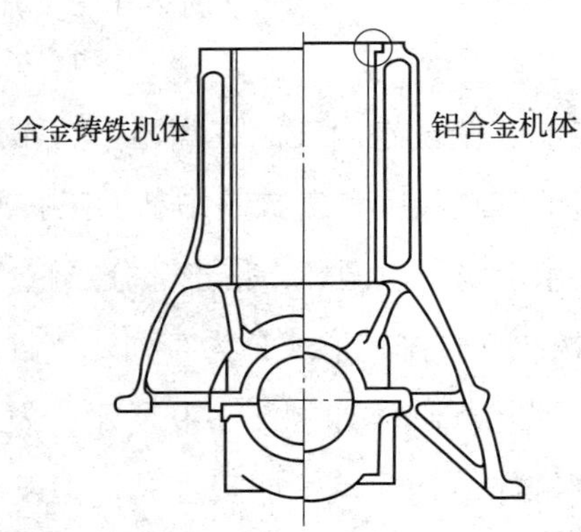

图 2–1–13　干气缸套式气缸体

③湿气缸套式气缸体如图 2-1-14 所示，其特点是气缸套装入气缸体后，其外壁直接与冷却液接触，气缸套仅在其上、下各有一圆环位置与气缸体接触，壁厚一般为 5 ~ 9 mm。它的优点是散热良好，冷却均匀，加工容易，通常只需要精加工内表面，而与水接触的外表面不需要加工，拆装方便；缺点是强度、刚度不如干气缸套式气缸体，且容易产生漏水现象。

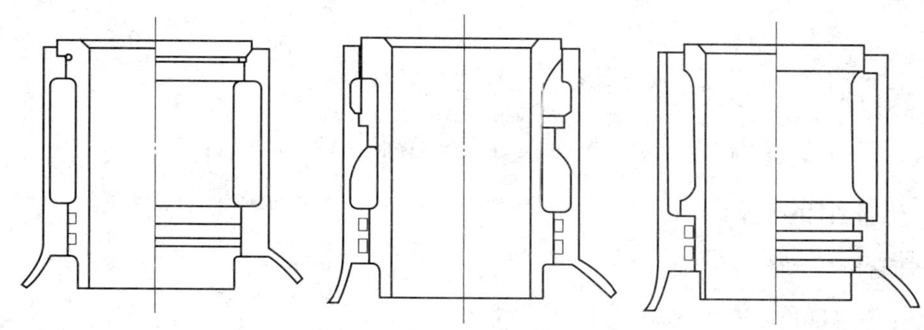

图 2-1-14 湿气缸套式气缸体

5. 油底壳

气缸体下部用来安装曲轴的部位称为曲轴箱，曲轴箱分上曲轴箱和下曲轴箱。上曲轴箱与气缸体铸成一体，下曲轴箱用来储存润滑油，并封闭上曲轴箱，又称油底壳，如图 2-1-15 所示。

图 2-1-15 油底壳

油底壳受力很小，一般采用薄钢板冲压而成，也有用铸铝或塑料材质的，其形状取决于发动机的总体布置和润滑油的容量。油底壳内装有稳油挡板，以防止汽车颠簸时油面波动过大。油底壳底部还装有放油螺塞，通常放油螺塞上装有永久磁铁，以吸附润滑油中的金属屑，减少发动机的磨损。在上、下曲轴箱接合面之间装有衬垫，防止润滑油泄漏。

6. 发动机的支承

发动机一般通过气缸体和飞轮壳或变速器壳支承在车架上，发动机的支承方式一般有三点支承和四点支承两种。图 2-1-16a 所示为三点支承，前端两点通过曲轴箱支承在车架上，后端一点通过变速器壳支承在车架上。图 2-1-16b 所示为四点支承，前端两点通过曲轴箱支承在车架上，后端两点通过飞轮壳支承在车架上。

发动机在车架上的支承是弹性的，这是为了消除汽车在行驶过程中车架的扭转变形对发动机的影响，以减少振动和噪声。为了防止汽车制动或加速时由于弹性元件的变形而产生发动机纵向位移，而设有拉杆，通过橡胶垫圈使发动机与车架连接。有些发动机的支承装置里面安装有电子液压调节装置，可以根据发动机的工况进一步缓和振动。

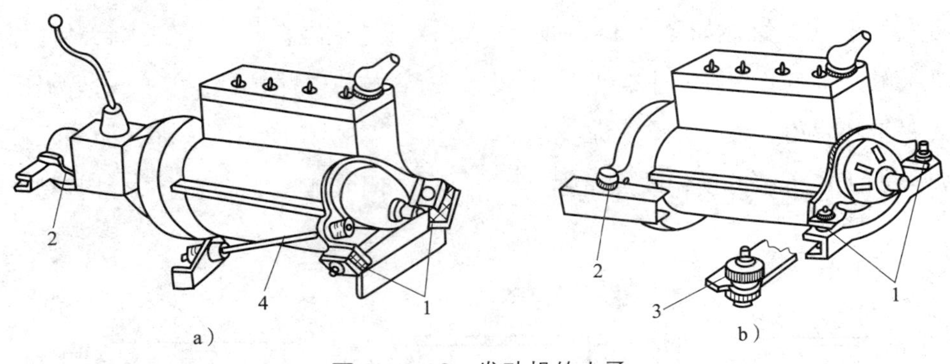

图 2–1–16　发动机的支承

a）三点支承　b）四点支承

1—前支承　2—后支承　3—橡胶垫圈　4—拉杆

二、机体组的检修

1. 气缸体的检修

发动机各零部件正确地安装在技术状况良好的气缸体上，可以使气缸体及其零部件免于产生翘曲、裂纹等其他问题。气缸体及各零部件之间符合标准的配合间隙是发动机达到性能指标和提高耐用性的保证。为了使气缸体在修理过程中避免漏检、漏修，必须对气缸体进行彻底清洗，其中油道、水道、螺纹孔和轴承孔的清洁尤为重要。

（1）气缸体裂纹

综合判断气缸体是否存在裂纹常用 DPT–5 着色渗透探伤剂，其由清洗剂、渗透剂和显像剂组成，如图 2–1–17 所示，其使用步骤如下。

图 2–1–17　着色渗透探伤剂

先使用清洗剂将气缸体表面污渍清洗干净；待 5 ~ 10 min 清洗剂完全干透后，在距离气缸体 150 ~ 300 mm 处喷渗透剂；待 5 ~ 15 min 渗透剂完全渗入裂缝后用清洗剂将表面渗透剂完全清洗干净；将显像剂均匀喷涂在距离气缸体 150 ~ 300 处，如果渗透剂从裂缝中显现即可确定裂缝。当发现发动机气缸体内部有裂纹时应按维修手册要求进行处理，一般发现有裂纹现象，应直接更换气缸体。

（2）气缸体翘曲变形

如图 2-1-18 所示，气缸体的翘曲变形多用刀口形直尺和塞尺测量气缸体上平面的平面度。塞入塞尺的最大厚度值为变形量，即平面度误差。1ZR-FE 发动机翘曲变形允许最大值为 0.05 mm，如果翘曲度大于最大值，则需更换气缸体。

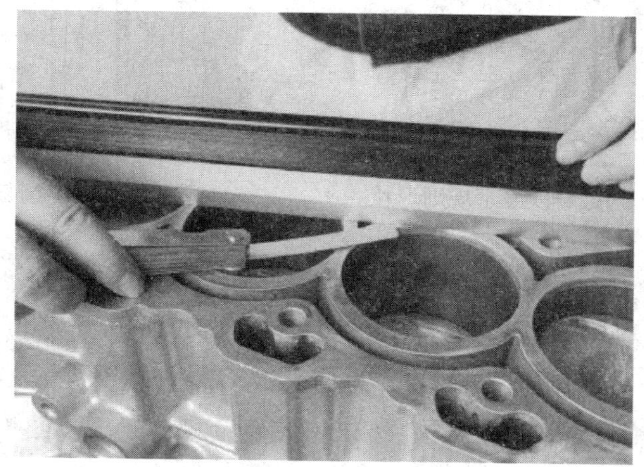

图 2-1-18　气缸体翘曲变形的检查

2. 气缸的检修

气缸经过长期使用后，受到一定程度的磨损，发动机动力就会显著下降，燃料消耗急剧增加，使发动机的经济性变差。气缸的磨损程度是确定发动机是否需要大修的主要依据。

（1）气缸磨损规律

气缸在使用过程中，其表面在活塞环运动区域内形成不均匀的磨损。沿气缸轴线方向磨成上大下小的锥形，磨损最大部位是当活塞在上止点位置时第一道活塞环相对应的缸壁，如图 2-1-19 所示。

与活塞环不接触的气缸体上平面，几乎没有磨损。气缸沿圆周方向磨损也不均匀，形成不规则的椭圆形，最大径向磨损区通常接近进气门的对面，如图 2-1-20 所示。

（2）气缸磨损测量

如图 2-1-21 所示，在测量气缸磨损情况时，要分析磨损性质。沿活塞行程磨成倒锥形，属于正常磨损，其他则属于非正常磨损。

气缸磨损测量的主要内容是测量气缸的圆度和圆柱度。

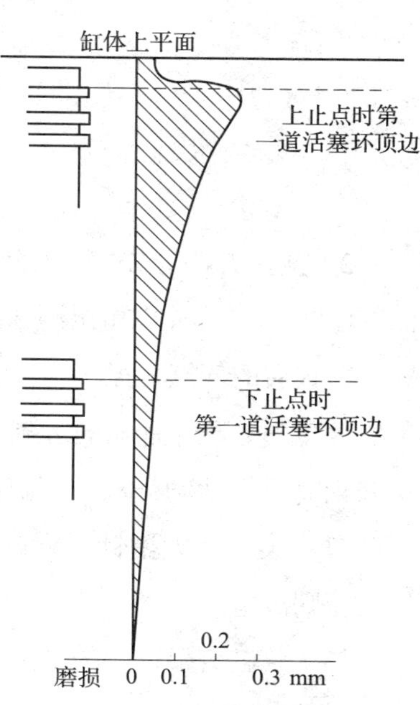

图 2-1-19　气缸的锥形磨损

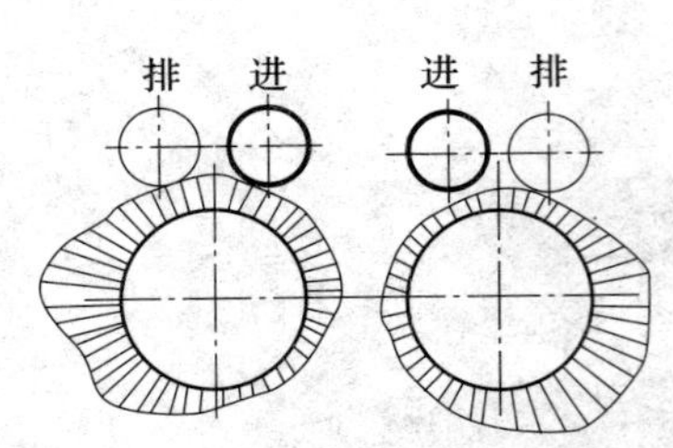

图 2-1-20　气缸磨损呈不规则形状

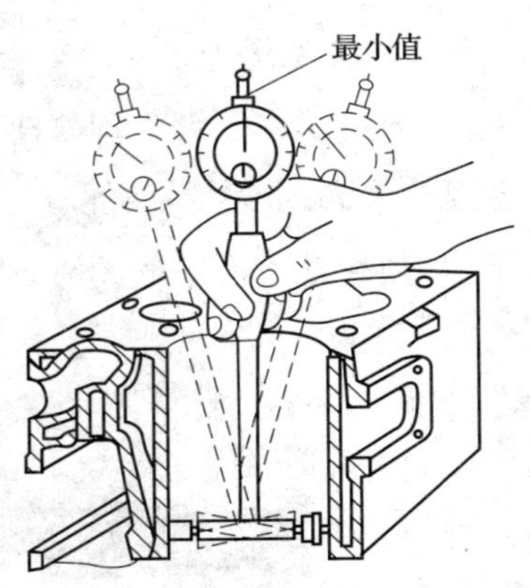

图 2-1-21　测量气缸磨损

1）测量部位。测量时应使用量程适当的量缸表，按标注的部位和要求进行测量，如图 2-1-22 所示。在气缸上部距气缸体上平面 10 mm 处、气缸体中部和气缸体下部距缸套下平面 10 mm 处取三点，按 *A*、*B* 两个方向分别测量一次。注意不要在发动机修理台架上测量发动机气缸体的内径，以防因气缸体被夹紧产生变形而导致测量不准。

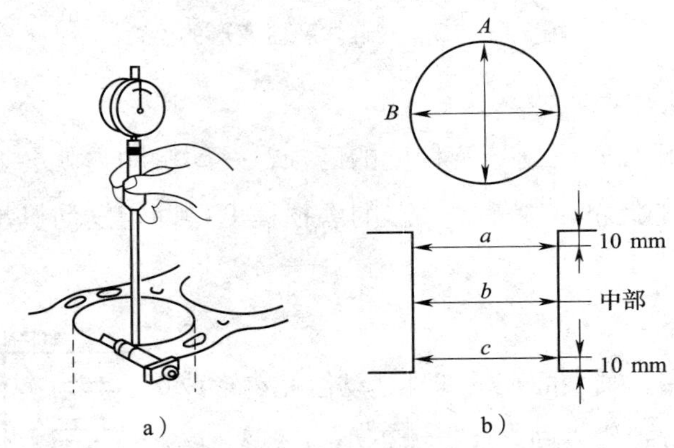

图 2-1-22　气缸磨损测量部位

2）测量方法。先按气缸标准直径尺寸将量缸表调整到指针对准零刻度处（应使量缸表测杆压缩 1 ~ 2 mm 以留出测量余量），然后测量缸径，这样测出的读数加上气缸的公称尺寸即为磨损后的气缸直径。

测量时，一只手握住量缸表的隔热套，另一只手托住测杆，使之靠近气缸，将测杆倾斜并稍微压缩活动杆放入气缸内。应注意测杆与气缸轴线保持垂直，以保证测量的精确性，摆动量缸表，其大指针指到最小读数时，即表示测杆已垂直于气缸轴线，这时才能记录数据，否则测量不准确。

（3）气缸磨损程度的确定

1）圆度误差是指同一横截面上磨损的不均匀性。同一横截面上不同方向测得的最大与最小直径差值的一半为圆度误差。

2）圆柱度误差是指沿气缸轴线的轴向截面上磨损的不均匀性。其数值是被测气缸表面任意方向所测得的最大与最小直径差值的一半。

3）多缸发动机的气缸磨损程度，应在对所有气缸进行测量后，将得到的各缸磨损程度的一组数据进行比较，取最大的圆度和圆柱度来判定气缸的修理级别。

3. 气缸盖的检修

（1）气缸盖翘曲变形的原因

气缸盖翘曲变形的原因很多，除热负荷和热应力的影响因素外，拆卸或紧固气缸盖螺栓的顺序不当，也会引起气缸盖变形。

（2）检测气缸盖下平面平面度的方法

翻转气缸盖，使其下平面朝上，如图 2–1–23 所示，在其六个方位上放置刀口形直尺，用塞尺测出刀口形直尺与气缸盖下平面间的间隙值，即为在该方位上的气缸盖平面度。若平面度超过允许极限，可用细油石或砂纸将气缸盖打磨平。如果翘曲过大，可进行磨削，但磨削量一般不得超过 0.25 mm，以免发动机压缩比变得过高。1ZR–FE 发动机气缸盖下平面平面度超过最大翘曲度 0.05 mm 时，应直接更换气缸盖。

a）

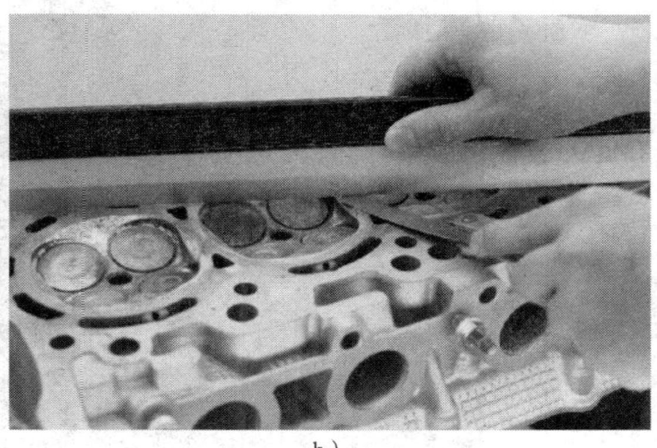
b）

图 2–1–23　检测气缸盖下平面平面度
a）检测位置　b）检测方法

【技能训练——气缸盖的拆装】

一、实训器材

丰田 1ZR–FE 发动机、维修手册、零件车、工具车、常用工具、专用工具、抹布等。

二、实训内容与要求

1. 掌握发动机气缸盖的拆装顺序。

2. 掌握发动机气缸盖螺栓的拆装顺序及拧紧力矩。

三、实训步骤

序号	图示	步骤及技术要点
1		拆下发动机相关外部附件和可变正时系统附件
2	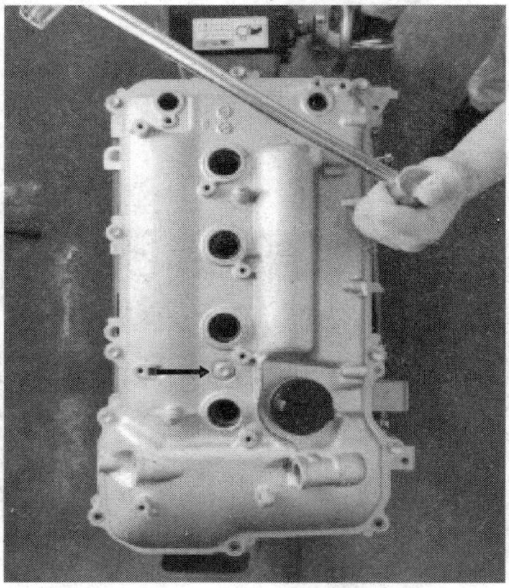	拆下气缸盖罩分总成，应注意气缸盖罩中部的固定螺栓和下面的密封衬垫，拆下润滑油加注口盖
3		取下螺栓后，取下气缸盖罩衬垫和可变正时系统油道附近的衬垫。衬垫主要用作防止润滑油渗漏，由于长期在高温下浸泡，因此需要换新，以保证发动机正常运行

续表

序号	图示	步骤及技术要点
4		拆卸轴承盖螺栓，按图示顺序先将 10 个较小的螺栓拆下
5		再按图示顺序将 15 个较大的螺栓拆下

续表

序号	图示	步骤及技术要点
6		取下凸轮轴后，拆卸凸轮轴壳分总成的两个固定螺栓（箭头处）
7	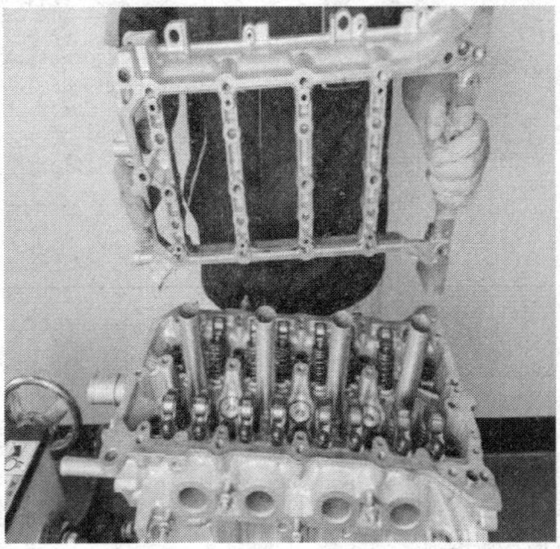	取下凸轮轴壳分总成
8	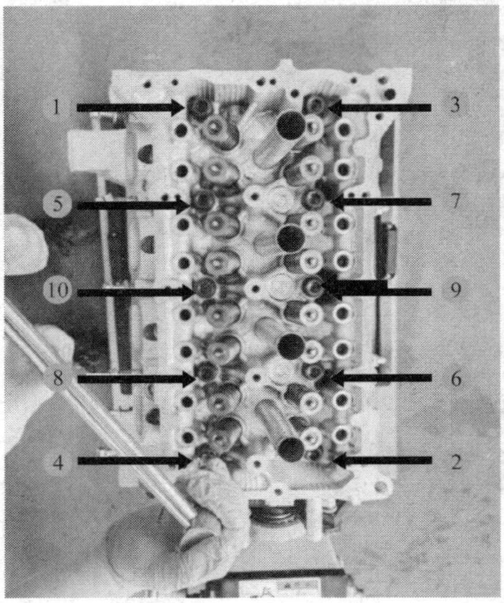 1 3 5 7 10 9 8 6 4 2	按图示顺序分多次拧松10个气缸盖螺栓，并取出气缸盖螺栓和下面的垫片

续表

序号	图示	步骤及技术要点
9		将气缸盖放置于橡胶块上
10		取下气缸垫
11	气缸盖安装注意事项： （1）安装气缸盖按照与拆卸相反的顺序进行 （2）安装气缸盖之前要将曲轴转至第一缸上止点处 （3）注意气缸垫的安装方向 （4）安装凸轮轴时应注意其标记点的位置 （5）气缸盖螺栓及凸轮轴轴承盖螺栓安装顺序应与拆卸时相反 （6）所有金属活动接触面在安装前都应清洁并润滑	

课题❷ 活塞连杆组的结构与检修

学习目标

1. 掌握活塞连杆组的作用、组成和工作原理。
2. 掌握活塞连杆组的拆装与维护方法。
3. 掌握活塞连杆组主要零部件的检测方法。
4. 能对活塞连杆组常见故障进行诊断与排除。

一、活塞连杆组的作用及组成

活塞连杆组的作用是将活塞的往复运动转变为曲轴的旋转运动，同时将作用于活塞上的力转变为曲轴对外输出的转矩，以驱动汽车车轮转动。

活塞连杆组由活塞、活塞环、活塞销、连杆和连杆轴瓦等组成，如图 2–2–1 所示。

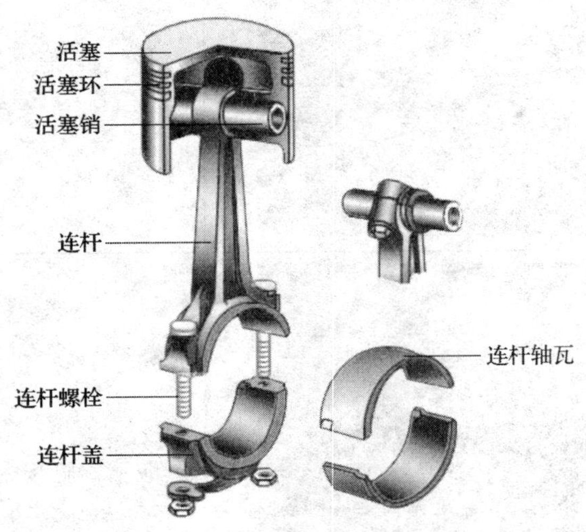

图 2–2–1　活塞连杆组的组成

二、活塞连杆组各零部件

1. 活塞

（1）作用

活塞的作用是承受气体压力，并通过活塞销传给连杆，以驱动曲轴旋转，活塞顶部还是燃烧室的组成部分。

（2）工作条件

活塞在高温、高压、高速、润滑不良的条件下工作，其直接与高温气体接触，瞬时温度可达 2 500 ℃以上。活塞工作时，顶部温度高达 600 ~ 700 ℃，且温度分布不均匀；活塞顶部承受很大的气体压力，特别是做功行程，汽油机活塞承受压力高达 3 ~ 5 MPa，柴油机高达 6 ~ 9 MPa；活塞在气缸内进行高速往复运动，且速度不断变化，产生很大的惯性力，使活塞受到附加载荷作用。活塞在这种恶劣的条件下工作，会产生变形、磨损，还会产生附加载荷、热应力和化学腐蚀作用。

（3）性能要求

1）要有足够的刚度和强度，传力可靠。

2）导热性能好，要耐高压、耐高温、耐磨损。

3）质量小，尽可能地减小往复惯性力。

（4）材料

汽车发动机广泛采用的活塞材料是铝合金，在一些低速柴油机上也采用高级铸铁或耐热钢。

（5）结构

活塞可分为顶部、头部和裙部三部分，如图 2–2–2 所示。

图 2–2–2 活塞结构

1）活塞顶部。活塞顶部是燃烧室的组成部分，其形状、位置、大小都和燃烧室的具体形式有关。为满足可燃混合气的形成和燃烧要求，按其顶部形状可分为三类，分别是平顶活塞、凸顶活塞、凹顶活塞，如图 2–2–3 所示。

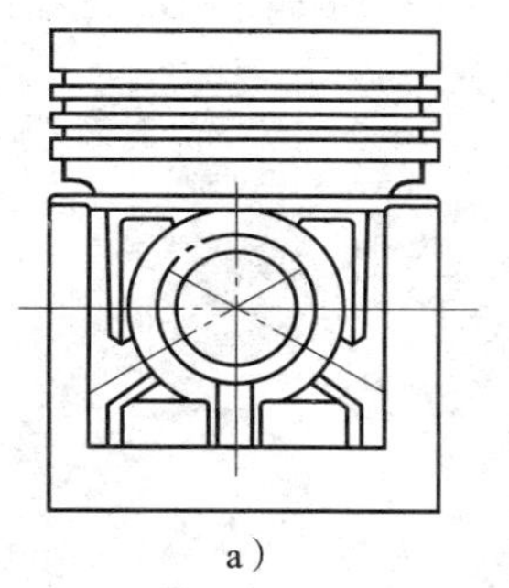
a）

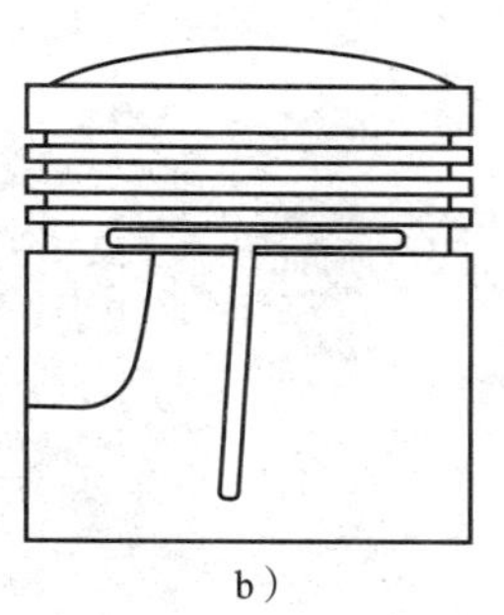
b）

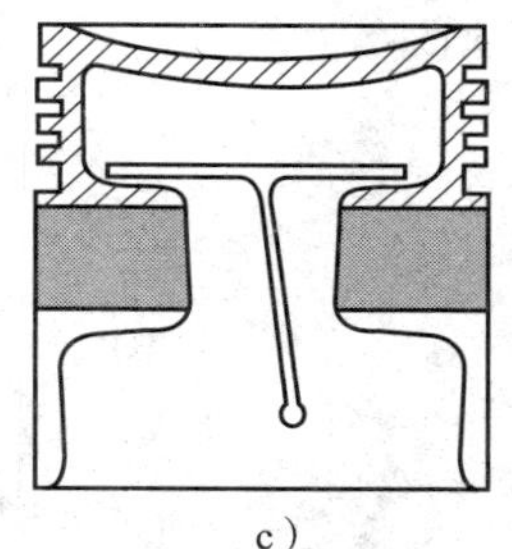
c）

图 2–2–3 活塞顶部形状

a）平顶 b）凸顶 c）凹顶

平顶活塞的顶部是一个平面，其结构简单，制造容易，受热面积小，顶部应力分布较为均匀，一般用在汽油机上，柴油机很少采用。

凸顶活塞的顶部凸起呈球形，其顶部强度高，起导向作用，有利于改善换气过程，二行程汽油机常采用凸顶活塞。

凹顶活塞的顶部呈凹陷形，凹坑的形状和位置有利于可燃混合气的燃烧，其形状有双涡流凹坑、球形凹坑、U 形凹坑等。

2）活塞头部。活塞头部是指第一道活塞环槽到活塞销孔以上部分，它有数道环槽，用以安装活塞环，起密封作用。汽油机一般有三道环槽，两道气环槽和一道油环槽，在油环槽底面上钻有许多径向小孔，使被油环从气缸壁上刮下的润滑油经过这些小孔流回油底壳。柴油机压缩比高，一般有四道环槽，上面三道安装气环，下面安装油环。

活塞头部除了用来安装活塞环外，还有密封和传热作用，其与活塞环一起密封气缸，防止可燃混合气漏到曲轴箱内，同时还将 70%～80% 的热量通过活塞环传给气缸壁。

3）活塞裙部。活塞裙部是指从油环槽下端面起至活塞最下端的部分，它包括安装活塞销的销孔。活塞裙部对活塞在气缸内的往复运动起导向作用，并承受侧压力。裙部的长短取决于侧压力的大小和活塞直径。侧压力是指在压缩行程和做功行程中，作用在活塞顶部使活塞压向气缸壁的气体压力的水平分力。压缩行程和做功行程中，气体的侧压力方向正好相反，由于燃烧压力高于压缩压力，因此做功行程中的侧压力也高于压缩行程中的侧压力，如图 2–2–4 所示。活塞裙部承受侧压力的两个侧面称为推力面，它们处于与活塞销轴线相垂直的方向上。

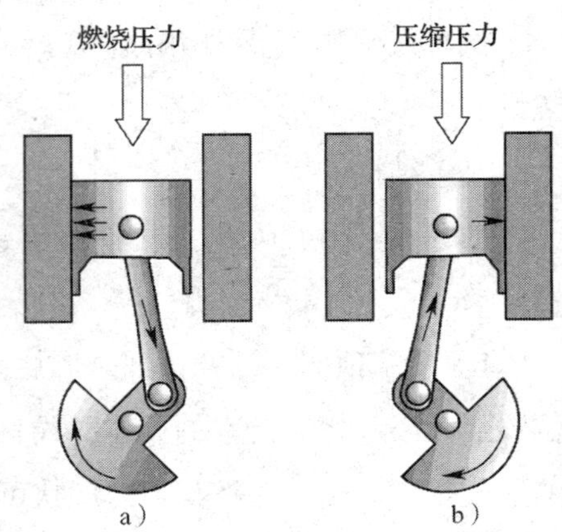

图 2–2–4　活塞裙部侧压力
a）做功行程　b）压缩行程

2. 活塞环

活塞环是具有弹性的开口环，有气环和油环，如图 2–2–5 所示。

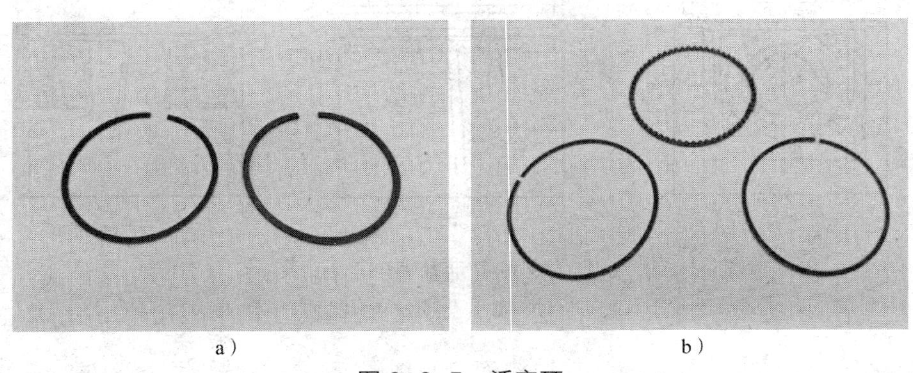

图 2–2–5　活塞环
a）气环　b）油环

（1）作用

气环的作用是保证气缸与活塞间的密封性，防止漏气，并且把活塞头部吸收的大部分热量传给气缸壁，由冷却液带走。

油环起布油和刮油的作用。活塞下行时刮除气缸壁上多余的润滑油，上行时在气缸壁上涂一层均匀的油膜，这样既可以防止润滑油窜入气缸燃烧，又可以减少活塞、活塞环与气缸壁的摩擦阻力。此外，油环还能起到辅助封气的作用。

（2）工作条件及性能要求

活塞环在高温、高压、高速和润滑困难的条件下工作，因此，要求活塞环弹性好、强度高、耐磨损。

（3）材料

活塞环广泛采用合金铸铁（在优质灰铸铁中加入少量铜、铬、钼等合金元素）制成，第一道活塞环镀铬，其余活塞环一般镀锡或磷。

（4）结构

1）气环。气环开有切口，具有弹性，在自由状态下外径大于气缸直径。它与活塞一起装入气缸后，外表面紧贴在气缸壁上，形成第一密封面，被封闭的气体不能通过环周与气缸活塞环密封面的接合处，便进入了环与环槽的空隙，一方面把环压到环槽端面形成第二密封面，同时，作用在环背的气体压力又加强了第一密封面的密封作用，如图 2-2-6 所示。

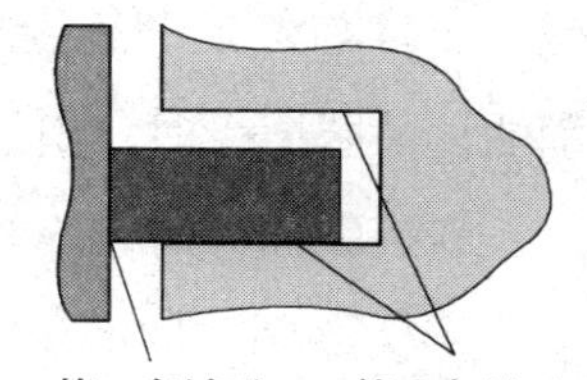

图 2-2-6 活塞环密封面

气环密封效果一般与其数量有关。

气环的断面形状很多，常见的有矩形环、锥面环、扭曲环、梯形环和桶面环，如图 2-2-7 所示。

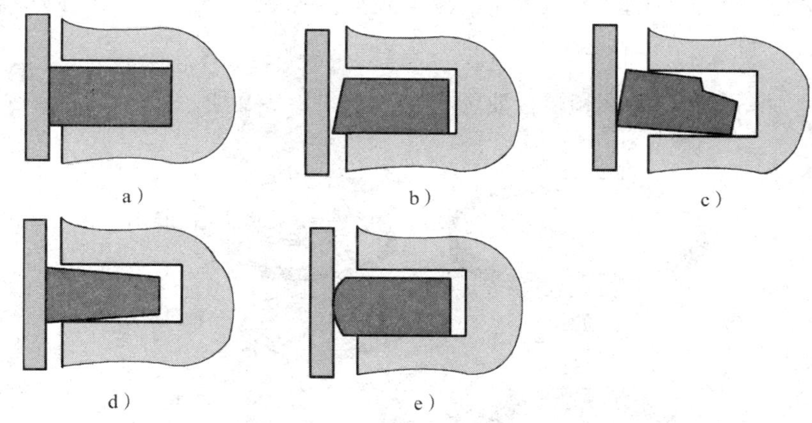

图 2-2-7 气环断面形状

a）矩形环 b）锥面环 c）扭曲环 d）梯形环 e）桶面环

①矩形环。断面为矩形，其结构简单、制造方便、易于生产，因此应用最广。矩形环随活塞进行往复运动时，会把气缸壁上的润滑油不断送入气缸中，这种现象是气环的泵油作用，如图 2-2-8 所示。

②扭曲环。扭曲环是在矩形环的内圆上边缘或外圆下边缘切去一部分，使断面呈不对称形状，在环的内圆部分切槽或倒角的称为内切环，在环的外圆部分切槽或倒角的称为外切环。扭曲环装入气缸后，由于断面不对称，产生不平衡力的作用，使活塞环发生扭曲变形。活塞上行时，扭曲环在残余油膜上漂浮，可以减小摩擦和磨损；活塞下行时，有刮油效果，避免润滑油燃烧。同时，由于扭曲环在环槽中上、下跳动的行程缩短，

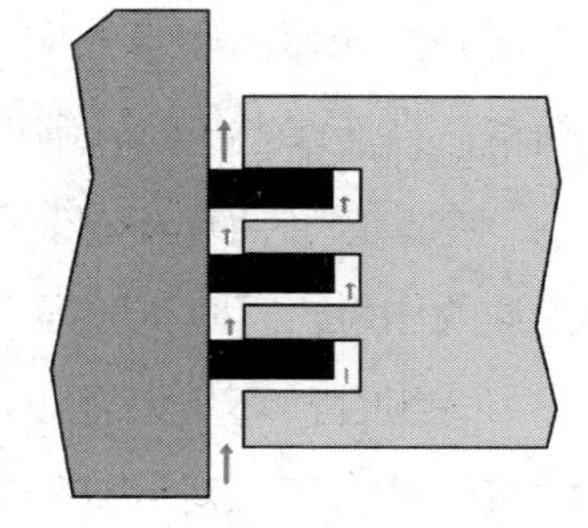
图 2-2-8 气环的泵油作用

可以减轻泵油的副作用，因此被广泛应用于第二道活塞环槽上。

安装扭曲环时，必须注意断面形状和方向，内切口朝上，外切口朝下，不能装反。

③锥面环。锥面环断面呈锥形，外圆工作面上加工了一个很小的锥面（0.5°～1.5°），减小了环与气缸壁的接触，提高了表面接触压力，有利于磨合和密封。活塞下行时，便于刮油；活塞上行时，由于锥面的油楔作用，可减小磨损。

安装锥面环时，不能装反，否则会引起润滑油上窜。

④梯形环。梯形环断面呈梯形，工作时，梯形环在压缩行程和做功行程随着活塞受侧压力的方向不同而不断地改变位置，这样会把沉积在环槽中的积炭挤出，避免了环被粘在环槽中而折断，可以延长环的使用寿命，其主要缺点是加工困难，精度要求高。

⑤桶面环。桶面环的外圆为凸圆弧形，当桶面环上下运动时，均能与气缸壁形成楔形空间，使润滑油容易进入摩擦面，减小磨损。由于它与气缸呈圆弧接触，因此对气缸表面的适应性和对活塞偏摆的适应性均较好，有利于密封，但凸圆弧表面加工较困难。

2）油环。油环有普通油环和组合油环两种，如图 2–2–9 所示。

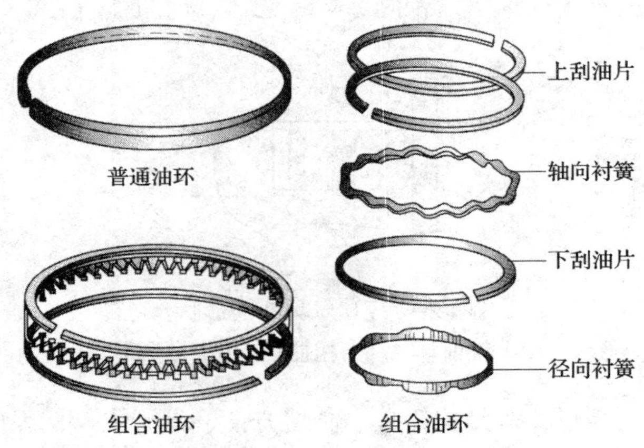

图 2–2–9　油环

①普通油环。普通油环又称整体式油环，环的外圆柱面中间加工有凹槽，槽中钻有小孔或开有切槽。当活塞向下运动时，将缸壁上多余的润滑油刮下，通过小孔或切槽流回曲轴箱；当活塞上行时，刮下的润滑油仍通过回油孔流回曲轴箱。

有些普通油环还在其外侧上边制有倒角，使环在随活塞上行时形成油楔，可起均布润滑油的作用，同时可增强下行刮油能力，减少润滑油的上窜。

②组合油环。组合油环由上、下刮油片和产生径向、轴向弹力的衬簧组成。这种油环的接触压力高，对气缸壁表面适应性好，且回油通路大，质量小，刮油效果明显，其缺点是制造成本高。

3. 活塞销

（1）作用、工作条件及性能要求

活塞销的作用是连接活塞和连杆小头，并把活塞承受的气体压力传给连杆。

活塞销在高温下周期性地承受很大的冲击载荷，其本身又做摆转运动，且润滑条件差。因此，要求活塞销具有足够的强度和刚度，表面韧性好，耐磨性好，重量轻。

（2）材料

活塞销一般都做成空心圆柱体，由低碳钢和低碳合金钢制成，外表面经渗碳淬火处理以提高硬度，精加工后进行磨光，有较高的尺寸精度和表面光洁度。

（3）连接方式

活塞销与活塞销座孔、连杆小头衬套孔的连接配合有两种方式，一种是全浮式安装，另一种是半浮式安装，如图 2-2-10 所示。

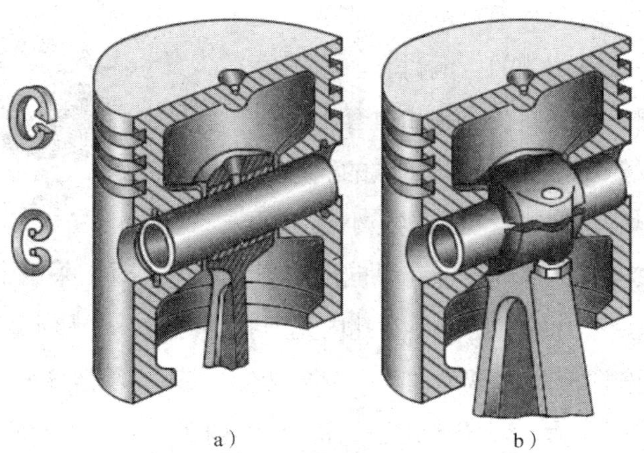

图 2-2-10　活塞销的连接方式
a）全浮式　b）半浮式

1）全浮式安装。发动机工作时，活塞销、连杆小头和活塞销座孔都有相对运动，这样活塞销能在连杆衬套和活塞销座孔中自由摆动，使磨损均匀。为了防止全浮式活塞销轴向窜动而刮伤气缸壁，在活塞销两端装有挡圈，进行轴向定位。

活塞是铝制材料制成，而活塞销是钢材料，铝比钢的热膨胀量大。为了保证高温工作时活塞销与活塞销座孔为过渡配合，装配时应先把活塞加热到一定程度，然后再把活塞销装入。

2）半浮式安装。其特点是活塞中部与连杆小头采用紧固螺栓连接，活塞销只能在两端座孔内自由摆动，与连杆小头没有相对运动，活塞销不会轴向窜动，不需要锁片。

4. 连杆

（1）作用

连杆的作用是连接活塞与曲轴。连杆小头通过活塞销与活塞相连，连杆大头与曲轴的连杆轴颈相连，并把活塞承受的气体压力传给曲轴，使活塞的往复运动转变成曲轴的旋转运动。

（2）工作条件、性能要求及材料

连杆工作时，承受活塞头部气体压力和惯性力的作用，这些力的大小和方向都是周期性变化的。因此，连杆受到的是压缩、拉伸和弯曲等交变载荷。这就要求连杆强度高、刚度大、重量轻。连杆一般都采用中碳钢或合金钢经模锻制成，然后再进行机加工和热处理。

（3）结构

连杆由连杆小头、连杆杆身和连杆大头（包括连杆盖、连杆轴瓦）等部分组成，连杆小头与活塞销相连，如图 2-2-11 所示。

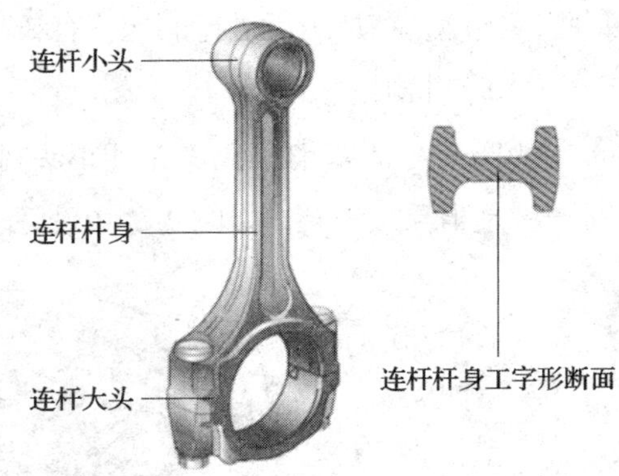

图 2-2-11　连杆结构

1）连杆小头。对于全浮式活塞销，其在工作过程中小头孔与活塞销之间有相对运动，故常在连杆小头孔中压入具备减磨功能的青铜衬套。为了确保活塞销与衬套的润滑效果，在小头和衬套上设计有油槽或油孔，以收集发动机运转时飞溅的润滑油并确保其得到充分润滑。某些发动机连杆小头则采用压力润滑方式，在连杆杆身内设计有纵向的压力油通道。对于采用半浮式活塞销的活塞，由于其与连杆小头是紧配合的，所以小头孔内无须装配衬套，也无须额外的润滑。

2）连杆杆身。连杆杆身通常为“工”字形断面，其抗弯强度好、重量轻，有大圆弧过渡，且整体结构上小下大。对于采用压力润滑的连杆，杆身中部均制有连通大、小头的油道。

3）连杆大头。连杆大头与曲轴的连杆轴颈相连，其有整体式和分开式两种类型。一般都采用分开式，分开式又分为平切口和斜切口两种形式。

①平切口。平切口连杆大头的剖分面与连杆杆身轴线垂直，如图 2-2-12a 所示。汽油机多采用这种连杆。因为一般汽油机连杆大头的横向尺寸都小于气缸直径，以便通过气缸进行拆装操作，因此常采用平切口连杆。

②斜切口。斜切口连杆大头的剖分面与连杆杆身轴线成 30°～60°夹角，如图 2-2-12b 所示。柴油机多采用这种连杆。因为柴油机压缩比大，承受转矩较大，其曲轴的连杆轴颈较粗，导致连杆大头尺寸超过了气缸直径，为了使连杆大头能通过气缸，便于装配与拆卸，通常采用斜切口，45°夹角是常用的设计选择。

4）连杆盖。连杆大头可分离的部分称为连杆盖，它与连杆本身高配对加工。加工完成后，在它们同一侧标记配对记号，以确保在安装时不会相互调换或改变方向，为此，在

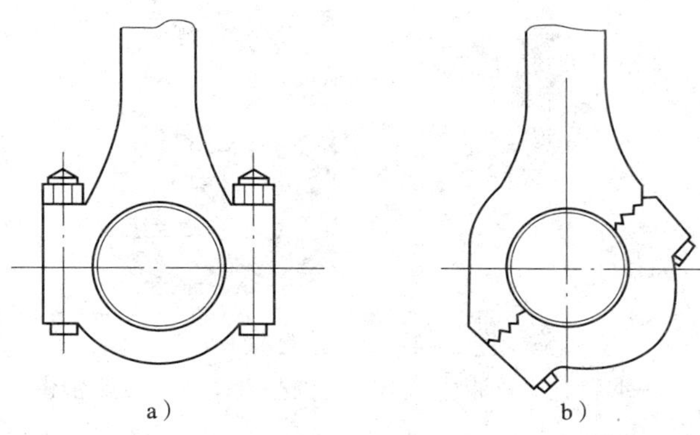

图 2–2–12　连杆大头
a）平切口式　b）斜切口式

结构上采取了定位措施。平切口式连杆盖与连杆的定位多采用螺栓定位，利用连杆螺栓中部精加工的圆柱凸台或光圆柱部分与同样经过精加工的螺栓孔来保证定位精度。斜切口式连杆常用的定位方法有锯齿定位、圆销定位、套筒定位和止口定位。部分发动机还采用了连杆涨断工艺，其中连杆大头在生产过程中先作为一个整体生产，然后通过激光割槽，再插入涨断轴，使连杆盖和连杆在割槽处断裂。这种工艺生产的连杆各项指标均优于上述其他各种定位方式。

连杆盖和连杆大头用连杆螺栓紧固在一起，由于连杆螺栓在工作过程中承受较大的冲击力，因此其折断或松脱都将造成严重事故。为此，连杆螺栓均采用优质合金钢制造，并经精加工和热处理等特殊工艺处理。在安装连杆盖拧紧连杆螺栓螺母时，要用扭力扳手分 2 ~ 3 次交替均匀地拧紧到规定的力矩，并在拧紧后确保可靠地紧固。连杆螺栓损坏后绝不能用其他类型的螺栓代替。

5）连杆轴瓦。为了降低摩擦阻力和减少曲轴连杆轴颈的磨损，连杆大头孔内装有瓦片式滑动轴承，即连杆轴瓦，如图 2–2–13 所示。连杆轴瓦由上、下两个半片组成，多采用薄壁钢背轴瓦，在其内表面浇铸有耐磨合金层。耐磨合金层具有质软、易于保持油膜、磨合性好、摩擦阻力小、不易磨损等特点。常用的耐磨合金材料包括巴氏合金、铜铝合金和高锡铝合金。连杆轴瓦的背面具有很高的光洁度。在自由状态下，半个轴瓦并非半圆形，但当它们被装入连杆大头孔内时，由于存在过盈，它们能够均匀地紧贴在大头孔壁上，从而具备良好的承载和导热性能，这有助于提高工作的可靠性和延长使用寿命。

连杆轴瓦上制有定位凸键，用于安装时嵌入连杆大头和连杆盖的定位槽中，以防轴瓦前后移动或转动。部分轴瓦上还制有油孔，安装时必须确保与连杆上相应的油孔精确对齐。

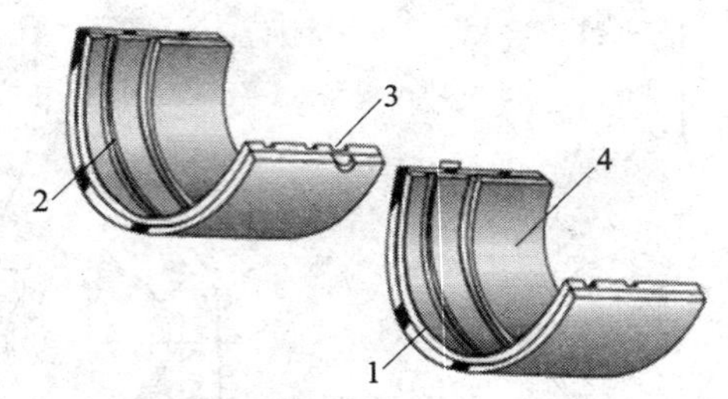

图 2-2-13　连杆轴瓦

1—钢背　2—油槽　3—定位凸键　4—减摩合金

三、活塞连杆组的常见故障及检修

1. 活塞的常见故障及选配

活塞的常见故障有活塞环槽磨损、活塞裙部磨损和活塞销座孔磨损等。

（1）活塞环槽磨损

活塞环槽的磨损是活塞的最大磨损部位，其中第一道环槽的磨损最严重。活塞在高速往复运动中，由于气体压力的作用，活塞环对环槽的冲击很大，加上高温的影响，导致环槽的下平面磨损较大，上平面磨损较小，形成内小外大的梯形磨损状态，如图 2-2-14 所示。

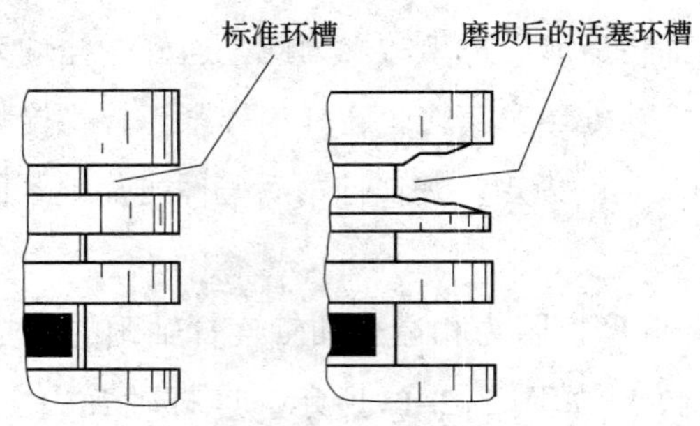

图 2-2-14　活塞环槽的磨损示意图

环槽磨损严重会导致气缸漏气和润滑油窜入气缸，因此，当环槽磨损超过规定极限时，应更换活塞。

活塞环槽磨损的检查如图 2-2-15 所示，将一新活塞环放入环槽中，使用塞尺测量环的侧隙，若侧隙过大，说明环槽存在磨损，应予以更换。

（2）活塞裙部磨损

活塞裙部的磨损程度相对较小，当活塞裙部与气缸壁之间的间隙过大时，发动机易出现敲缸现象，并伴随有严重的润滑油窜流现象。

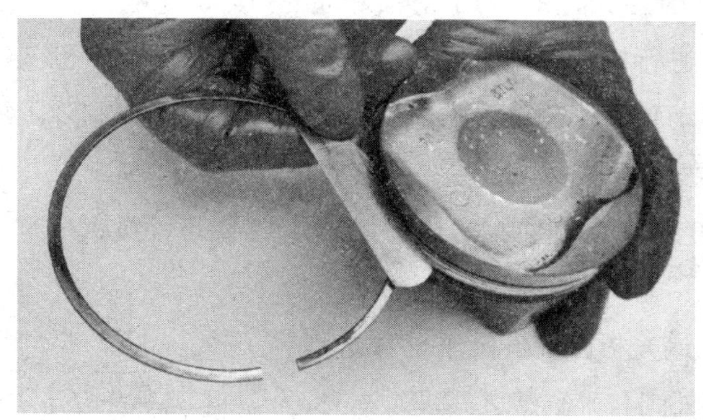

图 2-2-15　活塞环槽磨损的检查

（3）活塞销孔磨损

活塞在工作时，由于气体压力和交变惯性力的作用，使活塞销与活塞销孔之间发生磨损，其最大磨损发生在垂直于活塞销孔与活塞轴线平行的方向，这会导致活塞销与销孔配合松旷，出现类似于敲缸的声音。

（4）活塞的选配

当活塞发生异常损坏或磨损超过规定值时，要更换为原厂新活塞，且保证其材料和性能的一致性。

2. 活塞环的常见故障及选配

（1）活塞环的常见故障

活塞环长期在高温、高压、高速下工作且润滑条件差，其磨损速度比气缸磨损至极限的速度快。随着活塞环磨损的加剧，活塞环的弹力逐渐减弱，端隙、侧隙增大，这会导致气缸密封性能下降，造成润滑油窜流和漏气，严重影响发动机动力性和经济性。因此，如果气缸的最大圆柱度误差小于使用极限时，可采用更换同级尺寸活塞环的方法来改善发动机的性能，并延长发动机的大修间隔里程。此外，活塞环还可能因侧隙、端隙过小或安装不当而发生断裂损坏。

（2）活塞环的选配

为确保活塞环正常工作，安装时应留有一定的端隙、侧隙和背隙，以防止活塞环受热膨胀卡在环槽或气缸内，造成损坏。

端隙又称开口间隙，是指活塞环置于气缸内时在开口处所形成的间隙。

侧隙又称边隙，是指活塞环在高度方向与环槽之间的间隙。

背隙是指活塞环随活塞装入气缸后，其背面（即内圆柱面）与环槽底部之间的间隙。

为确保活塞环与活塞环槽及气缸的良好配合，在选配活塞环时，需进行以下检验，任何一项不符合要求时，均需重新选配。

1）活塞环弹力的检验（图 2–2–16）。活塞环的弹力是保证气缸密封性的关键因素之一，一般在弹力检测仪上进行检验。检验时，首先把活塞环置于弹力检测仪上，使环的开口处于水平位置，然后移动弹力检测仪上的量块，将活塞环的开口间隙压缩至标准值，观察秤杆上的质量，应符合技术要求。

2）活塞环漏光度的检验（图 2–2–17）。首先将活塞环平放入气缸内，并使用活塞顶部推平活塞环。然后在活塞环上方覆盖一个比缸径略小的硬纸板做成的遮光板，在气缸下部放置灯光照明，观察活塞环外圆与气缸壁之间是否漏光，用塞尺和量角器测量其漏光度，应符合技术要求。活塞环开口处左右对应的圆心角在 30° 范围内不允许漏光；同一活塞环上的漏光处不得多于两处，每处漏光弧长所对应的圆心角不得超过 25°；同一活塞环上漏光弧长所对应的圆心角总和不超过 45°，且漏光缝隙不大于 0.03 mm。

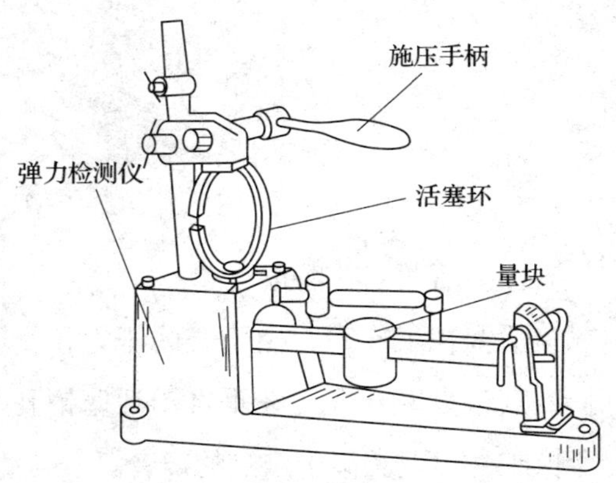

图 2–2–16　活塞环弹力的检验

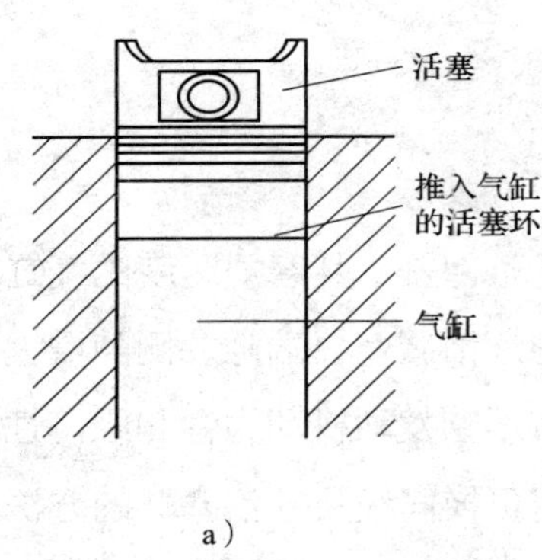

a）

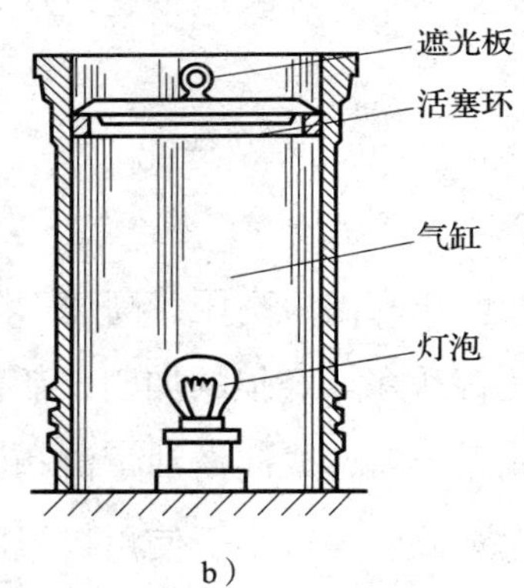

b）

图 2–2–17　活塞环漏光度的检验

3）活塞环端隙的检验（图 2–2–18）。将活塞环放在气缸内，用活塞顶部将活塞环推正。

将塞尺插入活塞环开口处进行测量，其端隙值应符合以下要求（以丰田 1ZR–FE 发动机维修数据为例）：

第一道气环：标准端隙为 0.2 ~ 0.3 mm，最大端隙不超过 0.5 mm；

第二道气环：标准端隙为 0.3 ~ 0.5 mm，最大端隙不超过 0.7 mm；

油环：标准端隙为 0.1 ~ 0.4 mm，最大端隙不超过 0.7 mm。

4）活塞环侧隙的检查（图 2–2–19）。将活塞环置于环槽内，并使其围绕环槽转动一圈，活塞环在环槽内应能自由转动，无阻滞现象。

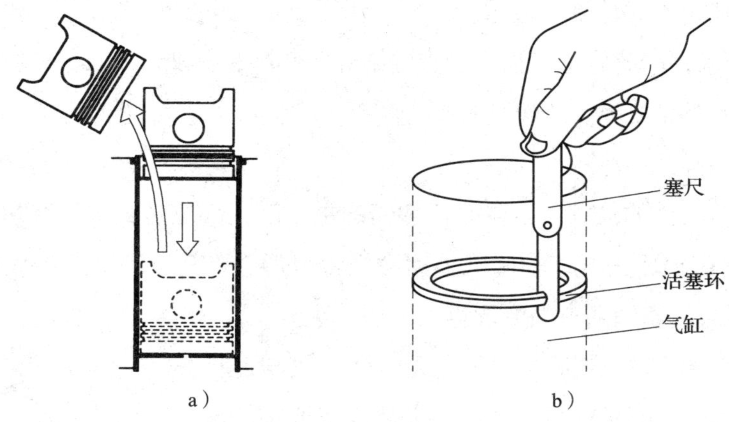

图 2-2-18　活塞环端隙的检验

图 2-2-19　活塞环侧隙的检查

活塞环侧隙值如下（以丰田 1ZR-FE 发动机维修数据为例）：

第一道气环：0.02 ~ 0.07 mm；

第二道气环：0.02 ~ 0.06 mm；

油环：0.02 ~ 0.065 mm。

侧隙过大、过小都应重新选配活塞环。

5）活塞环背隙的检查（图 2-2-20）。将活塞环置于环槽内，确保活塞环的宽度低于活塞环槽；用深度游标卡尺测量，环槽深度与环宽度的差值即为环的背隙，一般为 0~

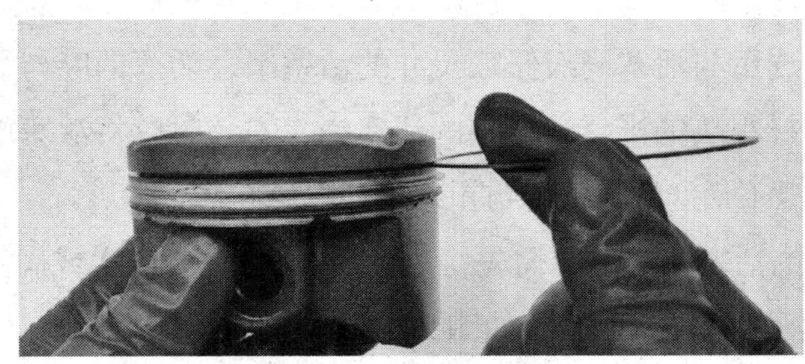

图 2-2-20　活塞环背隙的检查

0.35 mm。若背隙超出此范围，应重新选配。由于制造工艺比较先进，一般活塞环的侧隙和背隙均能满足要求，因此修理厂很少检查活塞环的侧隙和背隙。

3. 活塞销的常见故障、选配及安装

（1）活塞销的常见故障

1）全浮式活塞销的磨损。全浮式活塞销的主要磨损部位是其与活塞和连杆的连接配合处，其经过径向磨损后失圆，轴向磨损后会呈台阶形。当活塞销磨损过大时，会产生异常的敲击声。全浮式活塞销的弯曲变形程度一般较小。

2）半浮式活塞销的磨损。半浮式活塞销一般与连杆小头无相对转动，因此不易发生磨损。半浮式活塞销的磨损主要出现在其与座孔配合的表面，且磨损不均匀，在气缸轴线的上下方向上，活塞销受的力最大，因此该部位也是磨损最严重的区域。这种连接形式的活塞销在磨损过程中，往往伴随着一定程度的弯曲变形。活塞销与活塞销座孔的损伤还有可能导致活塞销座孔破裂，如图 2–2–21 所示。

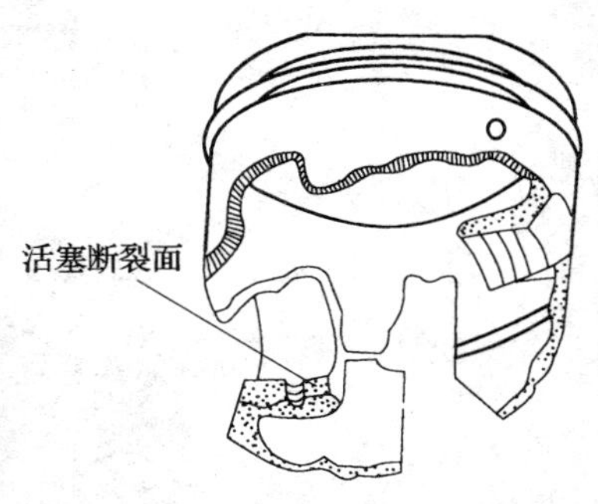

图 2–2–21　活塞销座孔破裂

（2）活塞销的选配

同一台发动机应选用同一厂牌、同一修理尺寸的成组活塞销；活塞销表面应无任何锈蚀和斑点；表面粗糙度 *Ra* 值不大于 0.2 μm，圆柱度误差不大于 0.002 5 mm，质量差在 10 g 范围内。

为了适应修理的需要，可以根据活塞销座孔和连杆衬套的磨损程度来选择相应修理尺寸的活塞销。

对于汽油机的全浮式活塞销与活塞销座孔的配合，其在常温下应有微量的过盈配合，过盈量一般为 0.002 5 ~ 0.007 5 mm。当活塞处于 75 ~ 80 ℃时，又保留有微量的间隙配合，活塞销能在座孔内自由转动，但无间隙感觉，且要求接触面积在 75% 以上。

（3）活塞销的安装

更换活塞时，应选用与活塞同级修理尺寸的活塞销，活塞销应与活塞销座孔进行适当的选配。采用固定连杆小头的半浮式连接的活塞销，安装时应将活塞放置在与活塞销座孔垂直的方向上，在常温下活塞销应能靠自重缓缓通过座孔。

采用全浮式连接的活塞销安装前需先将活塞在 70 ~ 80 ℃的水或润滑油中加热，然后用手指将涂有润滑油的活塞销推入座孔，如图 2–2–22 所示。

4. 连杆的检修

（1）连杆裂纹的检修

连杆在工作中因受到交变载荷作用，可能会出现裂纹，严重时会导致连杆断裂。连杆裂纹一般采用磁力探伤的方法进行检查。磁力探伤的基本原理是在磁力线通过被检测的零件时，如果零件存在表面或内部裂纹时，会因磁阻增大而中断或偏散，进而形成磁极，如图 2-2-23 所示。此时在零件表面上撒的铁粉会被磁化，吸附在裂纹处，从而显现出裂纹的位置及形状。零件经过磁力探伤后，必须进行退磁处理。一旦发现连杆出现任何形式的裂纹，均应更换。

图 2-2-22 活塞销的安装

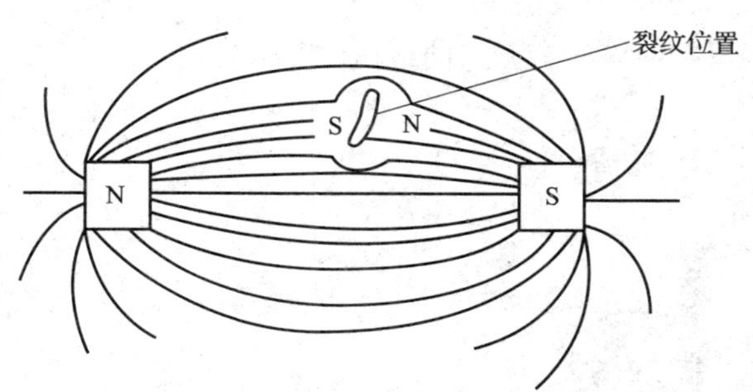

图 2-2-23 磁场在缺陷边缘的分布和磁极的形成

（2）连杆大头内孔磨损的检修

连杆大头内孔磨损会导致其形状失圆或呈锥形，当其圆度误差和圆柱度误差超过 0.025 mm，而内孔圆周尺寸未变时，可通过对连杆轴承进行镗削来确保其与连杆轴颈的装配精度。轴承内孔与对应连杆轴颈的径向间隙一般应为 0.01 ~ 0.116 mm。丰田 1ZR-FE 发动机要求连杆径向间隙为 0.030 ~ 0.070 mm，如果径向间隙大于最大值，则应更换连杆轴承，如有必要，应检查曲轴。

（3）连杆螺栓损坏的检修

连杆螺栓在工作过程中，由于受到较大的交变载荷作用，会发生拉长、裂纹和滑牙等损坏，严重时会导致断裂，造成敲坏气缸体的事故。连杆螺栓在修理中不能重复使用，必须更换。

（4）连杆变形的检修

1）连杆变形的原因。连杆变形主要包括弯曲变形和扭曲变形。其原因是连杆在工作中承受气体压力、离心力和惯性力的作用，特别是发动机非正常工作时（如超负荷、爆燃、用汽车惯性启动发动机等），会引起连杆弯曲、扭曲甚至双重弯曲；另外镗缸定位不准，也可能导致连杆变形。连杆变形的主要危害是会导致发动机活塞偏缸、偏磨，引起气缸敲缸、拉缸等故障。

2）连杆变形的检验。连杆有无弯曲、扭曲变形一般是在连杆检验器上进行检验，如图 2–2–24、图 2–2–25 所示。检验时，应先将连杆大端轴承取下，清洁轴承孔（被镗削后的连杆在校正时不可以拆下轴承），然后将连杆盖装在连杆体上，并用标准力矩拧紧连杆螺栓，连杆大端安装在连杆检验器的可调横轴上，拧动调整柄使半圆键向外扩张，从而将连杆固定在连杆检验器上。检验工具是带有 V 形槽的三点规。三点规上的三个测点在同一平面上，并与 V 形槽相垂直，下面两测点的距离为 100 mm，上面的一个测点位于下面两测点连线的垂直等分线上，与下面两测点连线的距离也是 100 mm。测量时，将三点规放在连杆小端的心轴或活塞销上，使三点规的三个测点与连杆检验器的平板相接触，根据三测点与平板的接触情况，可判断连杆有无弯曲或扭曲变形。

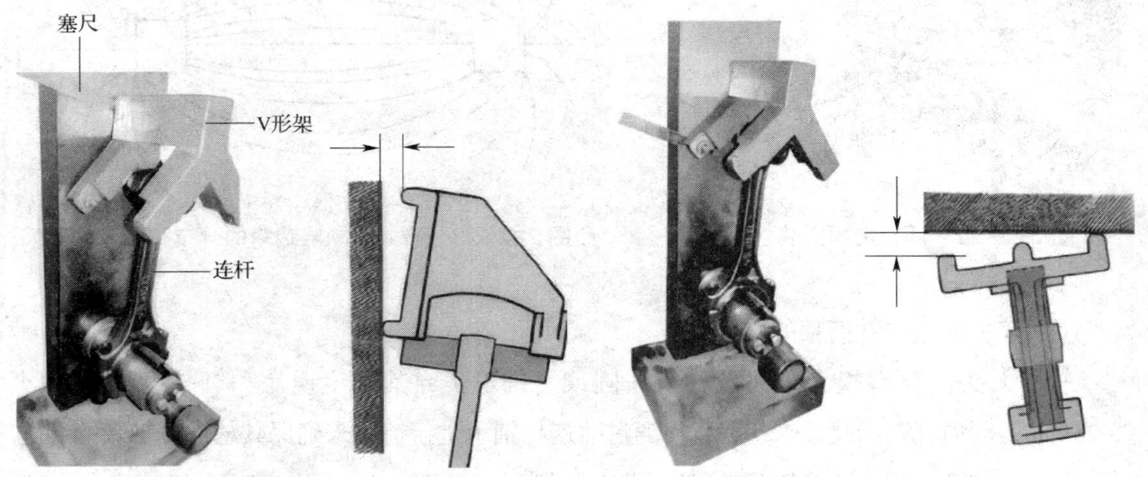

图 2–2–24　连杆弯曲的检验　　图 2–2–25　连杆扭曲的检验

①若三点规的三测点均与连杆检验器平板紧密接触，说明连杆无变形。

②若三点规仅上测点（或两下测点）与平板接触，两下测点与平板间隙相等，说明连杆有弯曲变形。这时应使用塞尺测量测点与平板的间隙值，即为连杆在 100 mm 长度范围内的弯曲值。

③若只有一个下测点与检验平板相接触，且上测点与检验平板的间隙等于另一个测点与平板间隙的一半，则说明连杆发生了扭曲变形，其下测点与平板的间隙即为连杆在 100 mm 长度范围内的扭曲值。

④若一个下测点与检验平板接触，但上测点与检验平板的间隙不等于另一个下测点与平板间隙的一半，则说明连杆同时存在弯曲和扭曲变形。

3）连杆变形的校正。连杆的变形一般利用连杆校正器的附属工具进行校正。当弯曲、扭曲并存时，通常是先校正扭曲后校正弯曲。

①连杆扭曲变形的校正。将连杆大端轴承盖安装好，并将其套在连杆校正器的心轴上，然后使用扳钳进行校正，直到合格为止，如图 2–2–26 所示。

②连杆弯曲变形的校正。如图 2–2–27 所示，将弯曲的连杆置于专用压具上，连杆弯曲的部位朝上，施加压力，使连杆向原弯曲方向的反方向发生变形，并使连杆的变形量达到原弯曲部位变形量的数倍以上，维持一定时间，等金属组织稳定后，再去掉外载荷。重新复查校正情况，确定是否需要再校正。

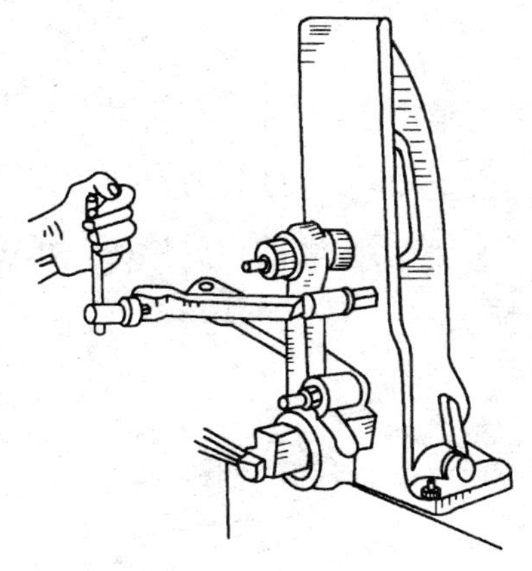

图 2–2–26　校正连杆扭曲

图 2–2–27　校正连杆弯曲

连杆的校正通常是在常温下进行冷压校正，卸除压力后，连杆会有恢复原状的倾向。因此，在校正弯曲、扭曲变形较大的连杆后，最好进行时效处理，即将连杆加热至 300 ℃左右，并保温一段时间。校正弯曲、扭曲变形较小的连杆时，只需在校正负荷下保持一定时间即可。

连杆经弯曲、扭曲校正后，两端座孔轴线的距离变化应不大于 0.15 mm，否则会影响气缸的压缩比。

（5）连杆衬套的修配

在修理过程中，如果活塞、活塞销已更换新件，应同时更换连杆衬套。

1）连杆衬套的选择。连杆衬套与连杆小头轴承孔的配合应有 0.10 ~ 0.20 mm 的过盈量，以保证连杆衬套工作时不发生转动。

新衬套垫上垫块后，可用台虎钳压入连杆小头，压入前应进行以下几项检查：

①检查连杆小头轴承孔是否有损伤、毛刺。

②连杆衬套倒角端应对着连杆小头有倒角的一侧，且要求对正。

③确保油孔对准。使用锉刀修平露出连杆小头端面的部分。

某些发动机的连杆衬套无加工余量，压装后不需修配。对有加工余量的连杆衬套，压入连杆小头后需进行铰削或镗削，恢复它与活塞销的正常配合。

2）连杆衬套的铰削

①选择铰刀。根据活塞销实际尺寸，选择相应的可调铰刀。

②调整铰刀。连杆小头轴承孔套入铰刀，使其互相垂直，以刀刃露出衬套上端面 3 ~ 5 mm 为第一刀的铰削量来进行铰削。每次铰刀调整量以旋转螺母 60° ~ 90° 为宜，当接近配合尺寸时，每次宜调整铰刀 30° ~ 60° 或调整量更小一些。

③铰削。铰削时，一手托住连杆大头，另一手把持住连杆小头，向下略施加压力，并保持连杆杆身与铰刀轴线垂直，如图 2–2–28 所示。

④试配。在铰削过程中要不断用活塞销试配，以防止铰削过量，当铰削到用手掌力能将活塞销推入衬套 1/3 ~ 2/5 时，应停止铰销。将活塞销压入连杆小头衬套内，并夹在台虎钳上，往复扳转连杆，如图 2–2–29 所示，然后压出活塞销，查看衬套的接触情况，正常接触面积应在 75% 以上，且接触点分布均匀。

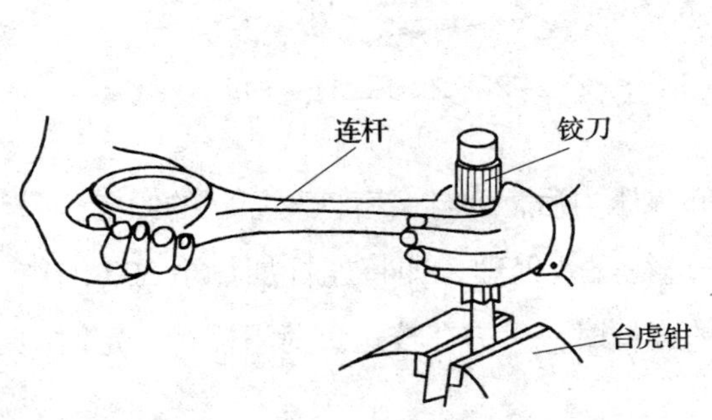

图 2–2–28　铰削连杆衬套

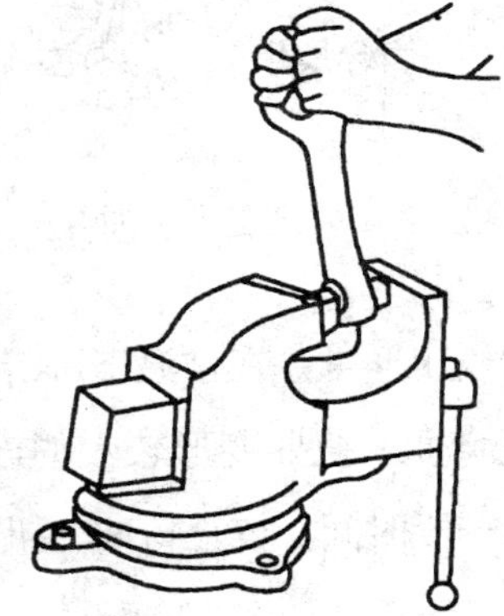
图 2–2–29　检验活塞销与连杆衬套的接触面积

⑤修刮。根据活塞销与衬套的接触面积和松紧度情况，用刮刀修刮，直至能用手掌力量把活塞销推入连杆衬套为止。

3）连杆衬套的镗削。镗削连杆衬套时，以衬套的内孔为定心基准，固定好连杆大头，支承好连杆小头，最后一刀用比标准活塞销小 0.01 mm 的尺寸进行镗削。镗削后进行试配和必要的修刮。图 2–2–30 所示为在小型镗削机上镗削定位的情况。

四、活塞连杆组的装配

活塞连杆组各零件经修复、选配、检测合格后，应装成组合件。装配前应彻底清洗，特别是当连杆有油道时，要清洗干净连杆油道中的污垢。

1. 活塞和连杆的组装

（1）组装

1）将活塞置于水中加热至 70 ~ 80 ℃取出，并擦拭干净。

2）在座孔、连杆小头衬套孔和活塞销上涂上薄薄一层润滑油，用拇指把活塞销推入座孔，如图 2–2–31 所示，并迅速通过连杆小头衬套孔，直至另一侧活塞销孔的锁环槽边。

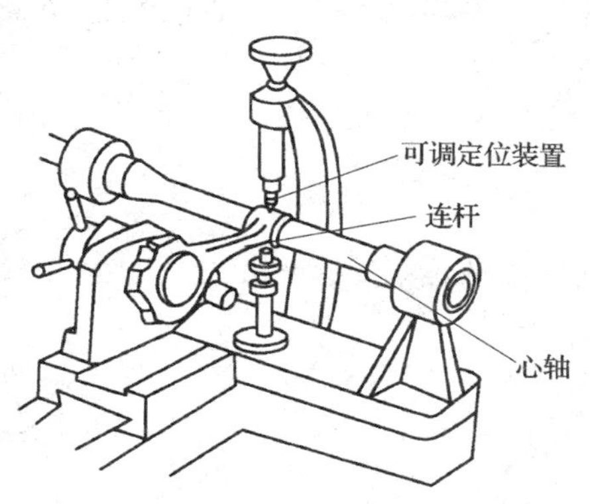

图 2–2–30 连杆衬套镗削的定位

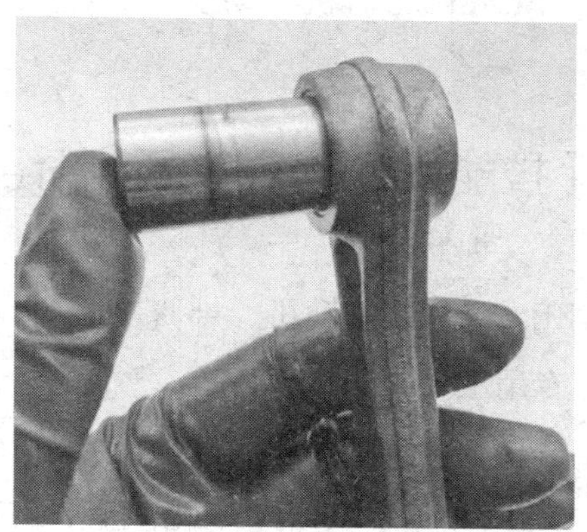
图 2–2–31 将活塞销推入座孔

3）安装活塞销两边的锁环。有磨损的锁环应予以更换。

（2）检验

1）锁环嵌入环槽中的深度应不少于锁环直径的 2/3，锁环与活塞销两端有 0.10 ~ 0.20 mm 的间隙。

2）活塞上的箭头标记和连杆上浇铸的方向标记必须朝着同一方向。

3）检验连杆大头中心线和活塞中心线的垂直度，具体检查方法如下：

①将连杆大头装到连杆校正器的心轴上，使活塞裙部紧贴连杆校正器平板，用塞尺测量活塞顶部边缘与平板间的间隙，如图 2–2–32 所示。

②翻转 180°，重新测量一次。

③两次测量值之差即为垂直度误差，垂直度误差不得大于 0.03 mm，若达不到要求，应重新校正连杆后再组装。

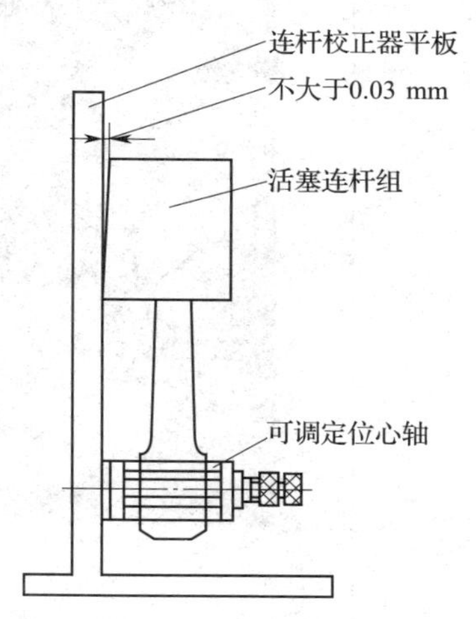

图 2–2–32 活塞连杆组垂直度检测

2. 活塞环的安装

组合油环弹性强不容易变形，用手撑开即可安装。气环（压缩环）安装时应使用活塞环扩张器，一般来说活塞环上会有顺序标记，如1ZR-FE发动机在气环上标有A1、A2两个标记，A1代表第一道气环在安装时标记字母应朝上，A2代表第二道气环在安装时标记字母应朝上，但是旧环因长期使用可能标记不太明显，因此应在拆卸时就记录位置，尽可能避免安装错误。气环的开口方向在维修手册里也有要求，1ZR-FE发动机气环开口示意图如图2-2-33所示。

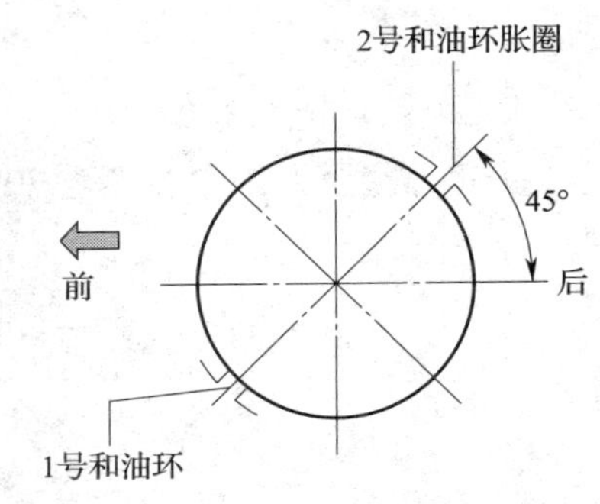

图2-2-33　1ZR-FE 气环开口示意图

【技能训练——活塞连杆组的拆装】

一、实训器材

丰田1ZR-FE发动机、维修手册、活塞环钳、活塞环收缩器、零件车、工具车、常用工具、专用工具、抹布等。

二、实训内容与要求

1. 掌握发动机活塞连杆组的拆装顺序。
2. 掌握发动机活塞连杆组的安装注意事项。

三、实训步骤

序号	图示	步骤及技术要点
1	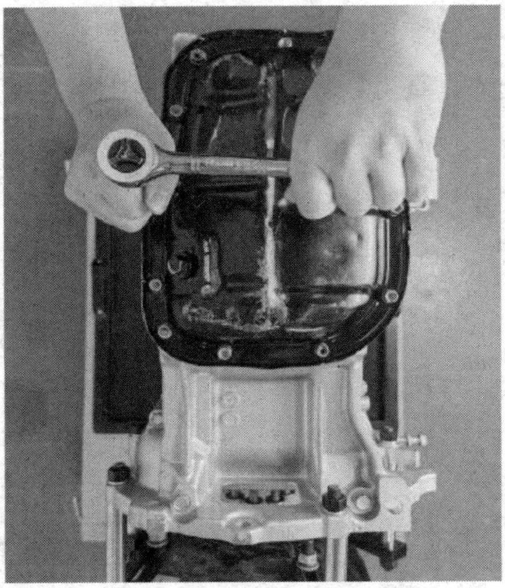	拆卸2号油底壳分总成

续表

序号	图示	步骤及技术要点
2	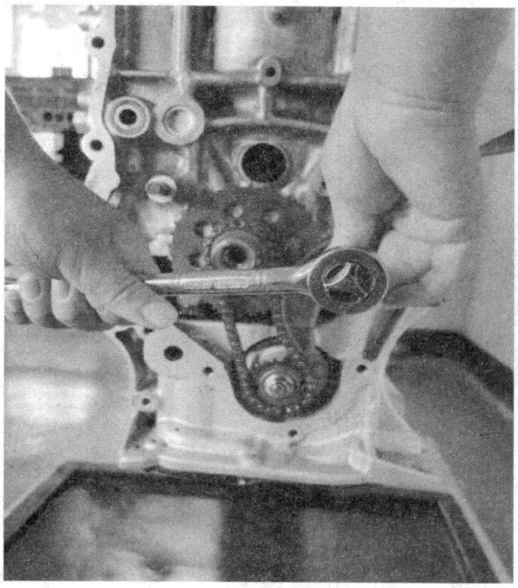	拆卸链条张紧器盖板
3	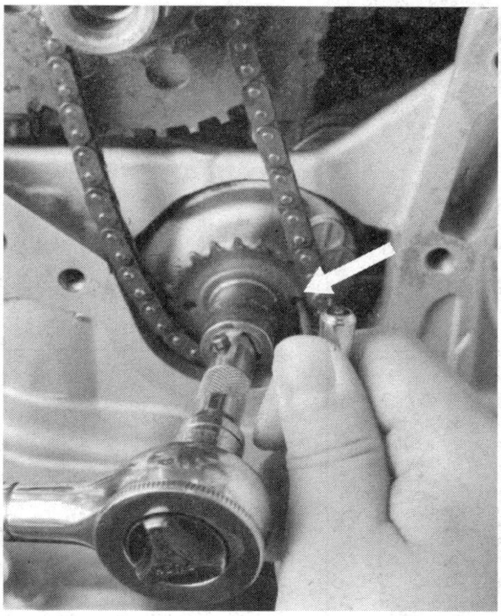	使用专用工具穿过机油泵主动轴齿轮，使其卡住链轮，拧松螺母并拆下机油泵主动轴齿轮和 2 号链条分总成

续表

序号	图示	步骤及技术要点
4		拆卸机油泵固定螺栓
5	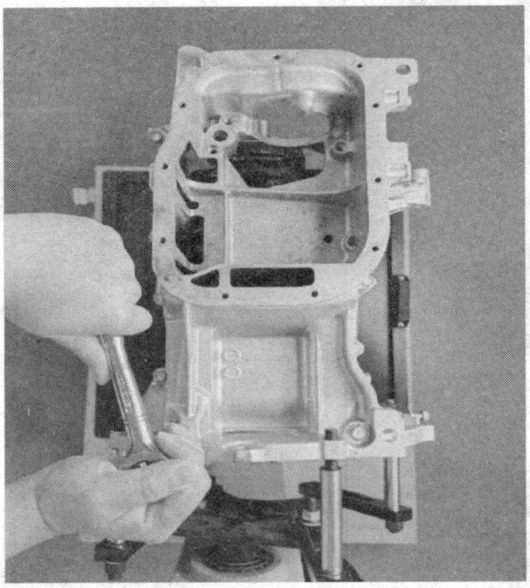	拆卸加强曲轴箱总成
6		拆卸连杆大头螺栓，取下连杆盖

续表

序号	图示	步骤及技术要点
7		从气缸体上部取出活塞，每组活塞必须做好记号，以防装复时顺序弄乱
8	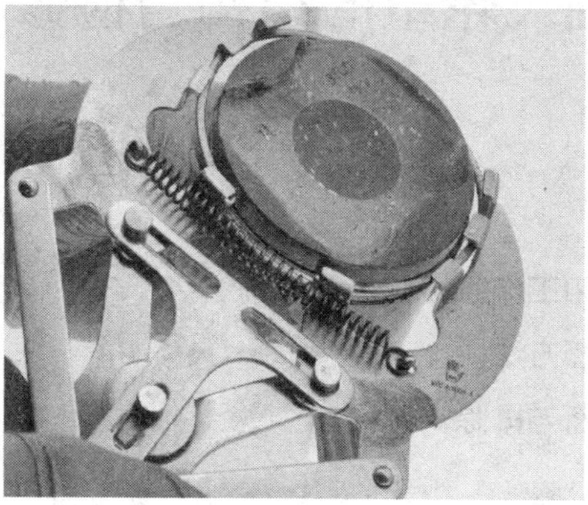	用活塞环钳取下第一、二道气环
9	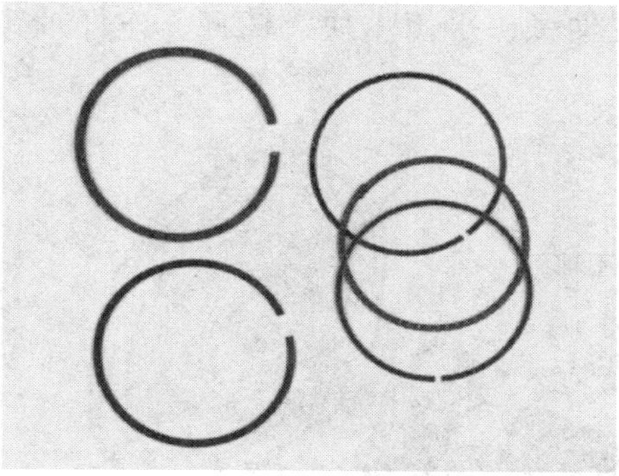	拆下组合油环
10		取出活塞销

续表

序号	图示	步骤及技术要点
11	活塞连杆组安装注意事项： （1）安装时按与拆卸相反的顺序进行 （2）注意活塞环的开口角度 （3）利用活塞环收缩器安装活塞 （4）注意活塞连杆的安装方向 （5）所有金属活动接触面在安装前都应清洁并润滑	

课题❸ 曲轴飞轮组的结构与检修

学习目标

1. 掌握曲轴飞轮组的作用、组成。
2. 熟悉曲轴飞轮组主要零件的结构和工作原理。
3. 掌握曲轴飞轮组主要零部件的检修方法。
4. 能对曲轴飞轮组常见故障进行诊断与排除。

一、曲轴飞轮组的组成

曲轴飞轮组主要由曲柄、飞轮、主轴颈、平衡重块、轴瓦、连杆轴颈等组成，如图 2–3–1 所示。

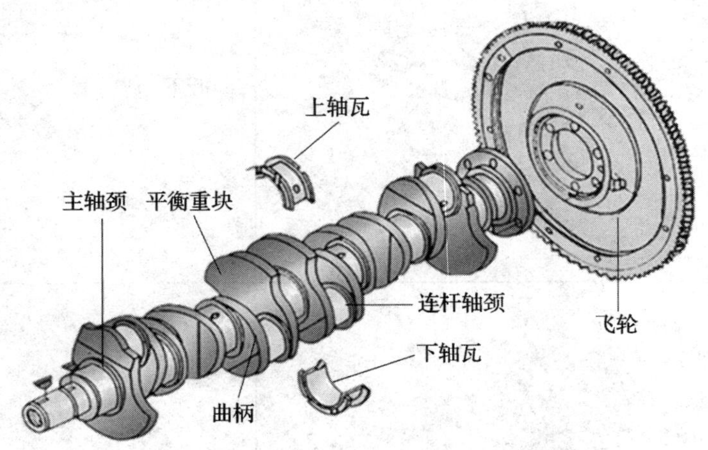

图 2–3–1　曲轴飞轮组的组成

1. 曲轴

（1）作用

曲轴是发动机最重要的部件之一，它与连杆配合将作用在活塞上的气体压力变为旋转的动力，通过飞轮传给底盘的传动机构。同时，驱动配气机构和其他辅助装置，如风扇、水泵、发电机等。

（2）性能要求

工作时，曲轴承受气体压力、惯性力及惯性力矩的作用，同时还受到交变载荷的冲击作用。同时，曲轴又是高速旋转件，因此要求其具有足够的刚度和强度，具有良好的承受冲击载荷的能力，且具备良好的耐磨性和润滑性能。

（3）材料

曲轴由中碳钢或中碳合金钢模锻而成，为提高其耐磨性和抗疲劳强度，轴颈表面经高频淬火或氮化处理，并经精磨加工，以达到较高的表面硬度和表面粗糙度的要求。

（4）结构

曲轴一般由主轴颈、连杆轴颈、曲柄、曲轴前端和曲轴后端等组成，如图 2–3–2 所示。一个主轴颈、一个连杆轴颈和一个曲柄组成了一个曲拐，直列式发动机曲轴的曲拐数等于气缸数，V 形发动机曲轴的曲拐数等于气缸数的一半。

图 2–3–2　曲轴

1）主轴颈。主轴颈是曲轴的支承部分，通过主轴承支承在曲轴箱的主轴承座中。主轴承数不仅与发动机气缸数有关，还取决于曲轴的支承方式。曲轴的支承方式一般有两种，一种是全支承曲轴，另一种是非全支承曲轴，如图 2–3–3 所示。

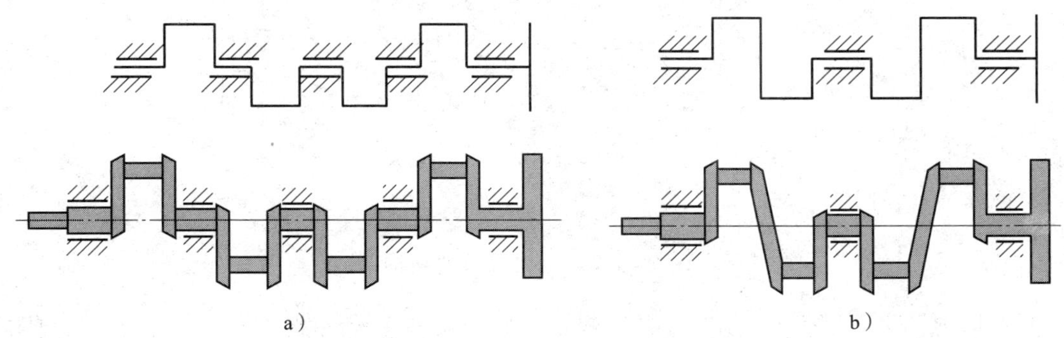

图 2–3–3　曲轴支承方式
a）全支承曲轴　b）非全支承曲轴

全支承曲轴的主轴颈数比气缸数目多一个，即每一个连杆轴颈两边都有一个主轴颈。如六缸发动机全支承曲轴有七个主轴颈，四缸发动机全支承曲轴有五个主轴颈。全支承曲轴的强度和刚度都比较好，并且减轻了主轴承载荷，减小了磨损。柴油机和大部分汽油机多采用这种形式。

非全支承曲轴的主轴颈数比气缸数少或与气缸数相等。这种支承方式的主轴承载荷较大，但缩短了曲轴的总长度，使发动机的总体长度有所减小。有些汽油机承受载荷较小可以采用这种曲轴形式。

2）连杆轴颈。连杆轴颈是曲轴与连杆的连接部分，通过曲柄与主轴颈相连，在连接处用圆弧过渡，以减少应力集中。直列式发动机的连杆轴颈数和气缸数相等，V 形发动机的连杆轴颈数等于气缸数的一半。

3）曲柄。曲柄是主轴颈与连杆轴颈的连接部分，其断面为椭圆形，为了平衡惯性力，曲柄处铸有（或紧固有）平衡重块。平衡重块用来平衡发动机不平衡的离心力矩，有时还用来平衡一部分往复惯性力，从而使曲轴旋转平稳。

4）曲轴前端。曲轴前端装有正时齿轮、带轮等。为了防止润滑油沿曲轴轴颈外漏，在曲轴前端还装有一个甩油盘，在齿轮室盖上装有油封。曲轴前端的结构如图 2-3-4 所示。

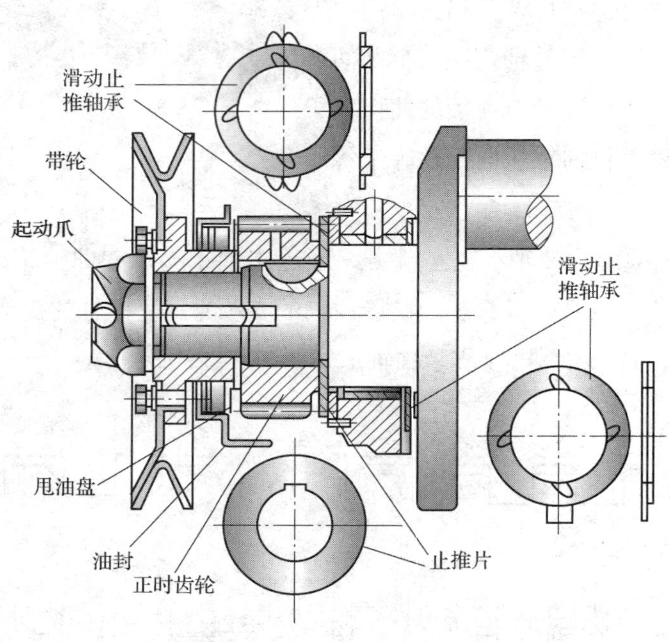

图 2-3-4　曲轴前端的结构

5）曲轴后端。曲轴后端用来安装飞轮，在后轴颈与飞轮凸缘之间设有挡油凸缘与回油螺纹，以阻止润滑油向后窜流。

（5）多缸发动机的曲拐布置

曲轴的形状和曲拐的布置取决于气缸数、气缸排列和发动机的点火顺序。多缸发动机的点火顺序应注意使连续做功的两缸相距尽可能远，以减轻主轴承的载荷，同时避免可能发生的进气重叠现象。做功间隔应力求均匀，即发动机在完成一个工作循环的曲轴转角内，每个气缸都应点火做功一次，且各缸点火的间隔时间（以曲轴转角表示，称为点火间隔角）应相等。四冲程发动机完成一个工作循环曲轴转两圈，其总转角为 720°，在 720°转角内发动机的每个气缸应该点火做功一次，且点火间隔角是均匀的。因此，四冲程发动机的点火间隔角为 720° /i，（i 为气缸数目），即曲轴每转 720° /i，就应有一缸做功，以保证发动机运转平稳。

1）四冲程直列四缸发动机的曲拐布置（图 2–3–5）。

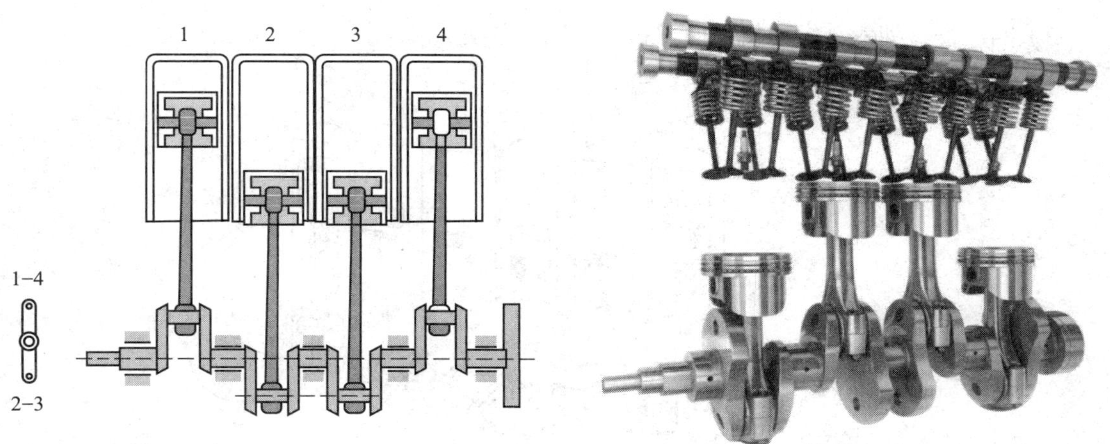

图 2–3–5　四冲程直列四缸发动机曲拐布置

四缸四冲程发动机的点火间隔角为 720° /4=180°，曲轴每转半圈（180°）做功一次，四个缸的做功行程是交替进行的，并在 720°转角内完成，因此，可使曲轴获得均匀的转速，工作平稳、柔和。

对于每一个气缸来说，其工作过程和单缸发动机的工作过程完全相同，唯一的区别是要求各缸按一定的顺序工作，即为发动机的工作顺序，也称发动机的点火顺序。四缸发动机四个曲拐布置在同一平面内。点火顺序的排列只有两种可能，即 1–3–4–2 或为 1–2–4–3，两种工作顺序的发动机工作循环表分别见表 2–3–1 和表 2–3–2。

表 2–3–1　点火顺序 1–3–4–2 发动机工作循环表

曲轴转角	第一缸	第二缸	第三缸	第四缸
0 ~ 180°	做功	排气	压缩	进气
180° ~ 360°	排气	进气	做功	压缩
360° ~ 540°	进气	压缩	排气	做功
540° ~ 720°	压缩	做功	进气	排气

表 2–3–2　点火顺序 1–2–4–3 工作循环表

曲轴转角	第一缸	第二缸	第三缸	第四缸
0 ~ 180°	做功	压缩	排气	进气
180° ~ 360°	排气	做功	进气	压缩

续表

曲轴转角	第一缸	第二缸	第三缸	第四缸
360° ~ 540°	进气	排气	压缩	做功
540° ~ 720°	压缩	进气	做功	排气

2）四冲程直列六缸发动机的曲拐布置（图 2–3–6）

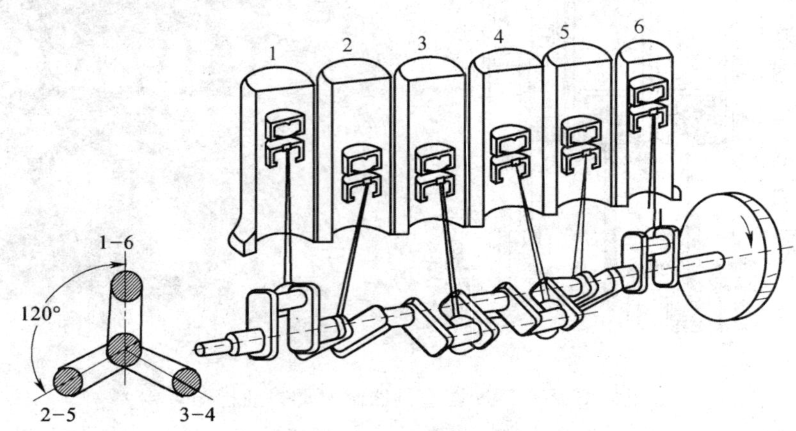

图 2–3–6　四冲程直列六缸发动机曲拐布置

四冲程直列六缸发动机点火间隔角为 720° /6=120°，六个曲拐分别布置在三个平面内，一种点火顺序是 1–5–3–6–2–4，见表 2–3–3，另一种点火顺序是 1–4–2–6–3–5。

表 2–3–3　点火顺序 1–5–3–6–2–4

<table>
<tr><th colspan="2">曲轴转角</th><th>第一缸</th><th>第二缸</th><th>第三缸</th><th>第四缸</th><th>第五缸</th><th>第六缸</th></tr>
<tr><td rowspan="3">0 ~ 180°</td><td>60°</td><td rowspan="3">做功</td><td rowspan="2">排气</td><td>进气</td><td>做功</td><td rowspan="2">压缩</td><td rowspan="3">进气</td></tr>
<tr><td>120°</td><td rowspan="3">压缩</td><td rowspan="3">排气</td></tr>
<tr><td>180°</td><td rowspan="3">进气</td><td rowspan="3">做功</td></tr>
<tr><td rowspan="3">180° ~ 360°</td><td>240°</td><td rowspan="3">排气</td><td rowspan="3">压缩</td></tr>
<tr><td>300°</td><td rowspan="3">做功</td><td rowspan="3">进气</td></tr>
<tr><td>360°</td><td rowspan="3">压缩</td><td rowspan="3">排气</td></tr>
<tr><td rowspan="3">360° ~ 540°</td><td>420°</td><td rowspan="3">进气</td><td rowspan="3">做功</td></tr>
<tr><td>480°</td><td rowspan="3">排气</td><td rowspan="3">压缩</td></tr>
<tr><td>540°</td><td rowspan="3">做功</td><td rowspan="3">进气</td></tr>
<tr><td rowspan="3">540° ~ 720°</td><td>600°</td><td rowspan="3">压缩</td><td rowspan="3">排气</td></tr>
<tr><td>660°</td><td rowspan="2">进气</td><td rowspan="2">做功</td></tr>
<tr><td>720°</td><td>排气</td><td>压缩</td></tr>
</table>

（6）轴向定位

发动机工作过程中，由传动系传递来的力作用在曲轴上使曲轴产生轴向移动的趋势。曲轴轴向移动将会破坏曲柄连杆机构各零件之间的相对位置，因此曲轴必须采取轴向定位。

曲轴的轴向定位一般采用止推片或翻边轴瓦，定位装置可以装在前端第一道主轴承处或中部某轴承处，如图 2–3–7 所示。为保证曲轴在受热膨胀时能够自由伸张，曲轴的轴向定位只能设置在一处。

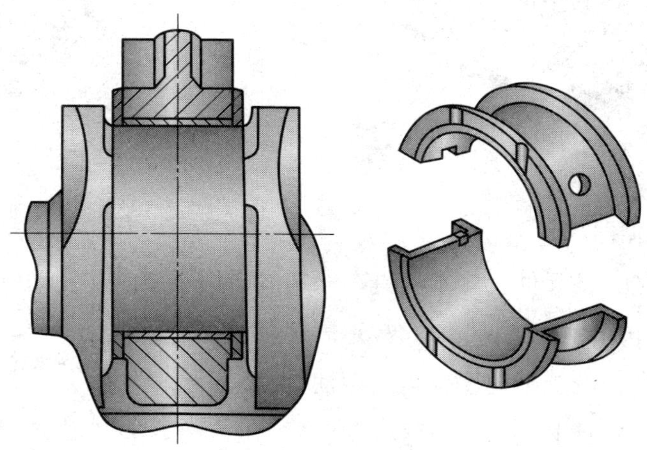

图 2–3–7　曲轴的轴向定位

（7）径向定位

曲轴的径向定位一般用主轴承，主轴承的基本结构与连杆轴承相同。主轴承一般开有周向油槽和主油孔。有的发动机为了不降低负荷较重的下轴承的强度，只在上轴承上开有油槽。

2. 飞轮（图 2–3–8）

飞轮的主要作用是用来储存做功行程的能量，用于克服进气、压缩和排气行程的阻力和其他阻力，使曲轴能均匀地旋转。飞轮外缘压有齿圈，其与起动机的驱动齿轮啮合，用来启动发动机。

飞轮是高速旋转件，因此要进行精确的平衡校准，平衡性能要好，达到静平衡和动平衡。

在飞轮轮缘上做有标记（刻线或销孔），以便确定活塞上止点，四缸发动机为 1 缸或 4 缸压缩上止点，六缸发动机为 1 缸或 6 缸压缩上止点，如图 2–3–9 所示。当飞轮上的标记与外壳上的标记对正时，活塞处于上止点位置。

飞轮与曲轴在制造时一起进行过动平衡实验，在拆装时为了不破坏它们之间的平衡关系，飞轮与曲轴之间应有严格不变的相对位置，通常用定位销和非对称布置的螺栓来定位。

图 2–3–8　飞轮

图 2–3–9　飞轮标记

3. 曲轴扭转减振器

曲轴是一种扭转弹性元件，其本身具有一定的自振频率。在发动机工作过程中，经连杆传给连杆轴颈的作用力的大小和方向都是周期性变化的，所以曲轴各个曲拐的旋转速度也呈周期性变化，由此造成曲轴各曲拐的转动时快时慢，这种现象称为曲轴扭转振动，振动强烈时甚至会扭断曲轴。

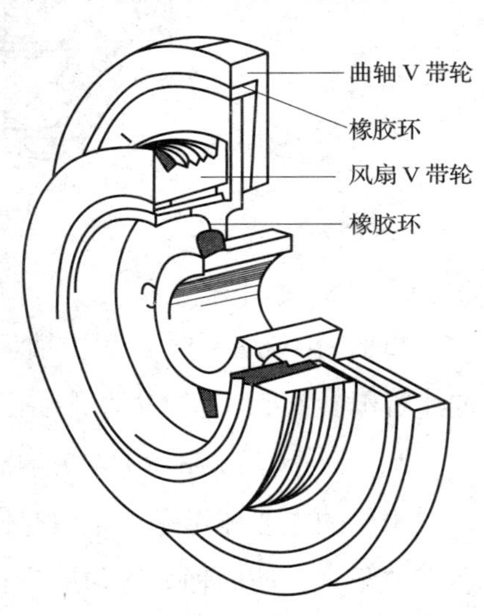

图 2–3–10　橡胶摩擦式曲轴扭转减振器

曲轴扭转减振器的作用是吸收曲轴扭转振动的能量，消减扭转振动，避免发生强烈的共振。一般曲轴刚度小、旋转质量大、缸数多、转速高的发动机，由于其自振频率低，强迫振动频率高，容易达到临界转速而发生强烈的共振，因此加装曲轴扭转减振器是很有必要的。

发动机最常用的曲轴扭转减振器是橡胶摩擦式曲轴扭转减振器，如图 2–3–10 所示。

二、曲轴飞轮组的检修

1. 曲轴的检修

（1）曲轴裂纹的检修

1）曲轴裂纹的检查。取出曲轴后，清洗干净，先检查主轴颈、各连杆轴颈表面有无毛刺、疤痕或凹槽，然后再检查有无裂纹。

目视检查曲轴裂纹或使用 DPT–5 渗透探伤剂检查。曲轴裂纹多发生在曲柄臂与轴颈之间的过渡圆角处或油孔处，如图 2–3–11 所示。

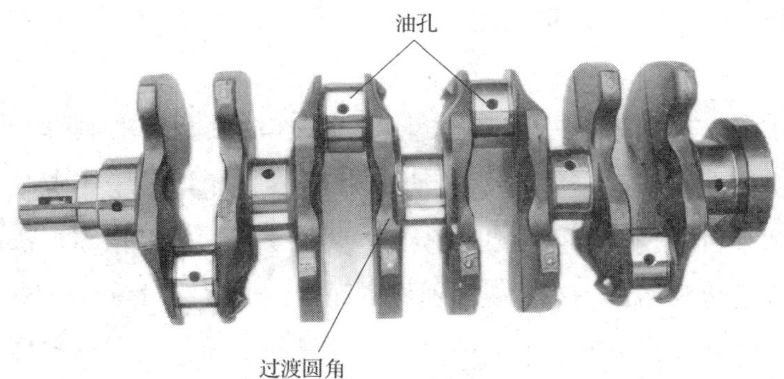

图 2-3-11　目视检查曲轴裂纹

还可用渗油敲击法检查曲轴裂纹。将清洗干净的曲轴放在煤油中浸泡，再把曲轴取出擦净表面，并在表面上撒滑石粉，然后用锤子沿轴向敲击曲轴非工作面，滑石粉中如有明显裂纹状油迹出现，则该处有裂纹。曲轴裂纹的检查方法还有磁力探伤、荧光探伤等，其中磁力探伤法最为准确。

2）曲轴裂纹的修复。曲轴裂纹发生在非受力部位或裂纹不会延伸时，可进行焊修；曲轴裂纹发生在曲柄臂或轴颈等受力部位时，应更换新件。

（2）曲轴变形的检修

1）曲轴变形的检测。将曲轴放在检验平板的 V 形架上，百分表触头与中间一道主轴颈垂直接触，如图 2-3-12 所示，转动曲轴，百分表指针的最大偏差（径向圆跳动误差）即为曲轴主轴颈的同轴度偏差。1ZR-FE 发动机维修手册要求曲轴主轴颈的同轴度偏差不大于 0.03 mm，否则应予以校正；若小于 0.03 mm，一般可磨削轴颈修复，若无法修磨，应予以报废。

图 2-3-12　曲轴变形的检测

2）曲轴变形的修复。曲轴弯曲超过允许极限时，通常采用冷压校正法和表面敲击法进行校正。

①如图 2–3–13 所示冷压校正可在压床上进行。在曲轴两端主轴颈上垫 V 形架（与主轴颈接触处垫铜皮），放在压床台面上；转动曲轴，使曲轴向上弯，并将压头对准中间主轴颈；使曲轴下面两个百分表指针接触到轴颈上，调整表盘使表针指零；在曲轴弯曲最大的凸面加压，压力应缓缓增加，压弯量视曲轴材料而定，一般压弯量为曲轴弯曲量的 10 ~ 15 倍（对于球墨铸铁的曲轴，压弯量不大于曲轴弯曲量的 10 倍），并保持压力 2 ~ 3 min。为消除冷压时产生的内应力，可进行时效热处理（加热到 300 ~ 500 ℃，保温 0.5 ~ 1 h）。曲轴弯曲变形较大时，必须反复多次校正，防止一次压校变形量过大而造成曲轴折断。

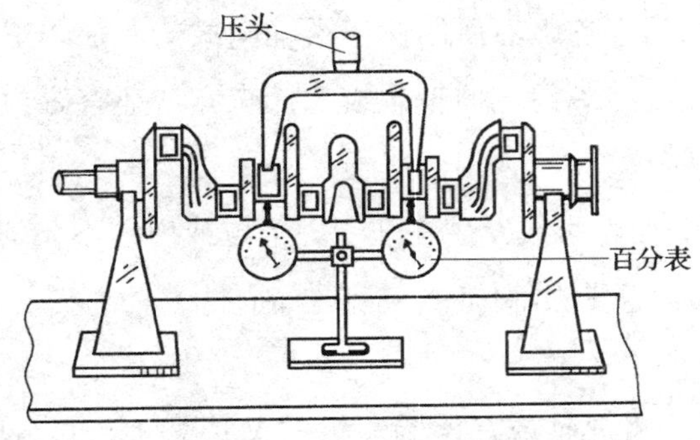

图 2–3–13　冷压校正曲轴

②表面敲击法适用于弯曲量不大于 0.30 ~ 0.50 mm 的曲轴。可用球形锤子或风动锤敲击曲柄臂表面的非加工面，使曲轴变形，从而达到校正弯曲的目的。敲击的部位、程度和方向要根据弯曲量的大小、方向确定，如图 2–3–14 所示。

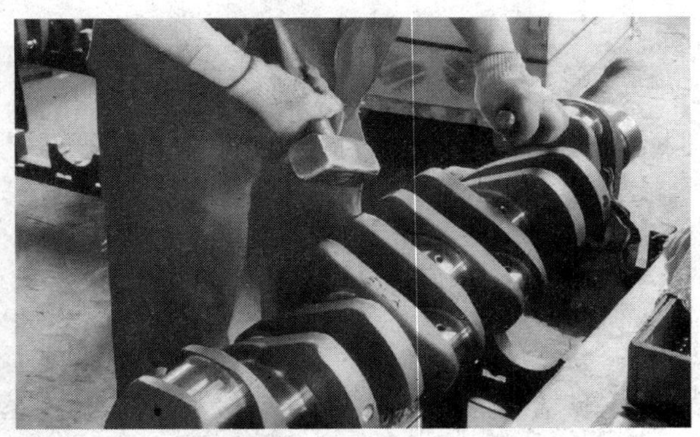

图 2–3–14　敲击校正曲轴

（3）曲轴轴颈的检修

1）曲轴轴颈磨损的检测。曲轴轴颈的磨损通常用外径千分尺来测量。每个轴颈测量两个截面，每个截面测量两个垂直方向的直径并记录，如图 2–3–15 所示。丰田 1ZR–FE 发动机曲轴的主轴颈尺寸为 47.988 ~ 48.000 mm，同时其锥度和变形程度不能大于 0.004 mm，否则应更换曲轴。

2）曲轴轴瓦的选用。1ZR–FE 发动机气缸体上压印有曲轴轴颈孔径标记，如图 2–3–16 所示，其相应的曲轴轴颈孔径大小见表 2–3–4，由此可选用曲轴轴瓦。

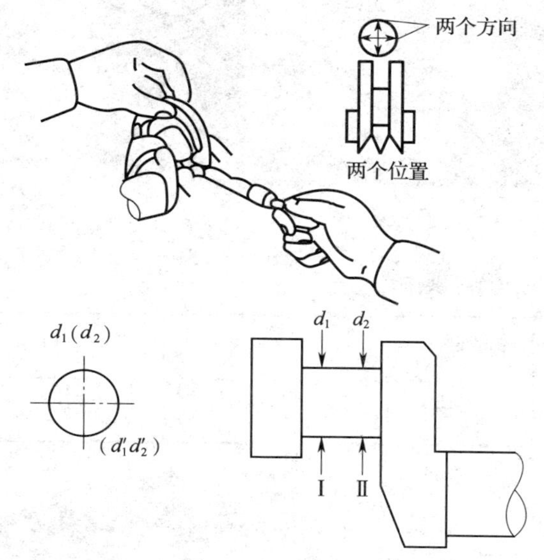

图 2–3–15　测量曲轴轴颈的直径

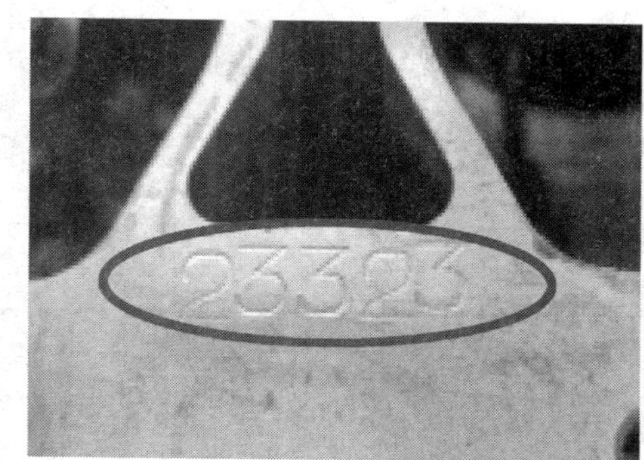

图 2–3–16　气缸体上曲轴轴颈孔径标记

表 2–3–4　1ZR–FE 发动机气缸体上曲轴轴颈孔径标记对应的曲轴轴颈孔径

标记	曲轴轴颈孔径
0	52.000 ~ 52.003 mm
1	52.003 ~ 52.005 mm
2	52.005 ~ 52.007 mm
3	52.007 ~ 52.010 mm
4	52.010 ~ 52.012 mm
5	52.012 ~ 52.014 mm
6	52.014 ~ 52.016 mm

曲轴上压印有曲轴轴颈直径标记，如图 2–3–17 所示。

如果更换轴瓦，则选择同号的新轴瓦。

如果轴瓦号无法确定，则将气缸体上的标记编号和曲轴上压印的标记编号相加，计算得到相应的轴瓦号，然后根据表 2–3–5，用计算的号码选择新轴瓦。例如当气缸机体上的标记为“5”，曲轴标记为“4”，二者相加是“9”，那么选取的轴瓦就应该是“4”。

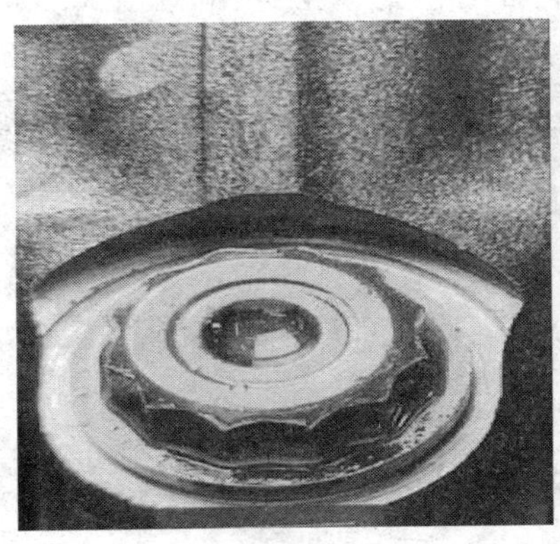

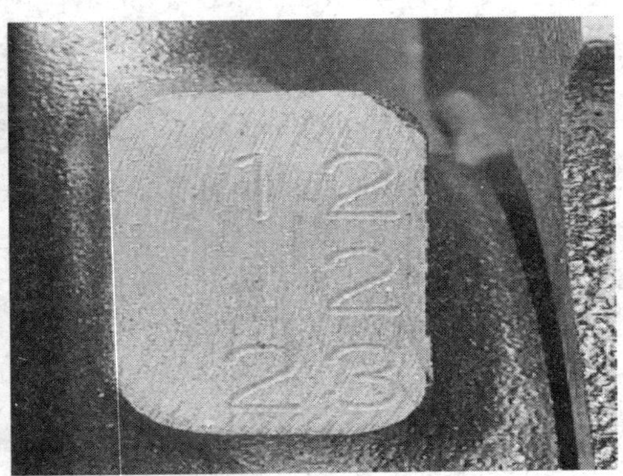

图 2–3–17　曲轴轴颈直径标记

表 2–3–5　曲轴轴瓦选用换算表

气缸体标记 + 曲轴标记	0 ~ 2	3 ~ 5	6 ~ 8	9 ~ 11
选用轴瓦标记	“1”	“2”	“3”	“4”

有四种标记的轴瓦可供选用，分别标有“1”“2”“3”“4”，轴瓦尺寸标记如图 2–3–18 所示。轴瓦中心壁厚尺寸见表 2–3–6，例如标记为“4”的轴瓦，其中心壁厚为 2.004 ~ 2.006 mm。

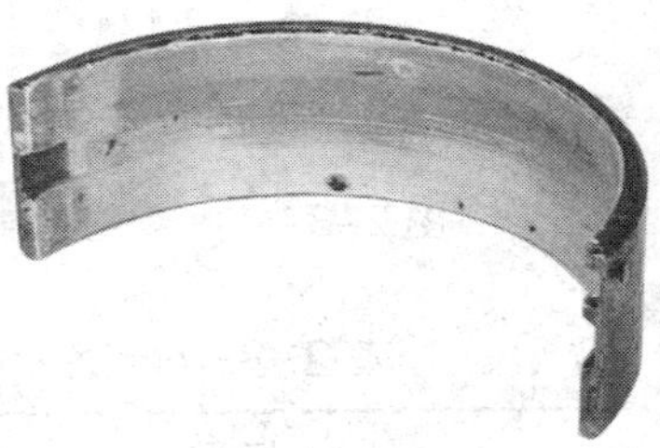

图 2–3–18　轴瓦尺寸标记

表 2–3–6　曲轴轴瓦标记与其中心壁厚尺寸对应表

标记	轴瓦中心壁厚尺寸
1	1.994 ~ 1.997 mm
2	1.998 ~ 2.000 mm
3	2.001 ~ 2.003 mm
4	2.004 ~ 2.006 mm

3）连杆轴瓦的选用。图 2–3–19 所示为 1ZR–FE 发动机连杆轴承盖上的孔径标记，其相应的连杆轴承孔径大小见表 2–3–7。

连杆轴瓦标记与其对应的中心壁厚尺寸见表 2–3–8。

图 2-3-19 连杆轴承孔径标记

表 2-3-7 连杆轴承孔径标记对应的连杆轴承孔径

标记	连杆轴承孔径
1	47.000 ~ 47.008 mm
2	47.009 ~ 47.016 mm
3	47.017 ~ 47.024 mm

表 2-3-8 连杆轴瓦标记与其对应的中心壁厚尺寸

标记	连杆轴瓦中心壁厚尺寸
1	1.489 ~ 1.493 mm
2	1.494 ~ 1.497 mm
3	1.498 ~ 1.501 mm

与曲轴轴瓦的选择类似，连杆轴瓦的选择应该保持轴承盖和轴瓦的尺寸标记相同，即如果轴承盖标记为“2”，那么新换轴瓦的尺寸标记也应该为“2”。

（4）曲轴轴承的检测

汽车发动机的曲轴上分布的主轴承和连杆轴承多为薄壁滑动轴承。

1）目测检查。先将主轴承、主轴承座、主轴承盖清洗干净，目测检查主轴承若存在明显的环状沟槽或麻点时，应予以报废。

2）曲轴轴向和径向间隙测量。测量曲轴轴向间隙时，将百分表触杆顶在飞轮或曲轴的其他端面上，用橇棒前后撬动曲轴，百分表指针的最大摆差即为曲轴轴向间隙。也可用塞尺插入止推片与曲轴的承推面之间，测量曲轴的轴向间隙。丰田 1ZR-FE 发动机的曲轴轴向间隙标准值为 0.04～0.18 mm。

图 2-3-20 所示为连杆轴向间隙测量，将百分表触杆顶在连杆盖上，来回移动连杆，百分表的最大摆差即为连杆的轴向间隙。丰田 1ZR-FE 发动机的连杆轴向间隙标准值为 0.160～0.342 mm。

测量曲轴主轴承径向间隙时，将侧隙规放入轴颈中部，按标准力矩拧紧轴承盖后拆下，根据换算尺得出侧隙规最宽处对应的间隙尺寸。丰田 1ZR-FE 发动机的主轴径向间隙标准值为 0.016～0.050 mm。

图 2-3-21 所示为曲轴连杆径向间隙测量，将侧隙规放入轴颈中部，按标准力矩拧紧轴承盖后拆下，根据换算尺得出侧隙规最宽处对应的间隙尺寸。丰田 1ZR-FE 发动机的连杆径向间隙标准值为 0.030～0.070 mm。

图 2-3-20　连杆轴向间隙测量

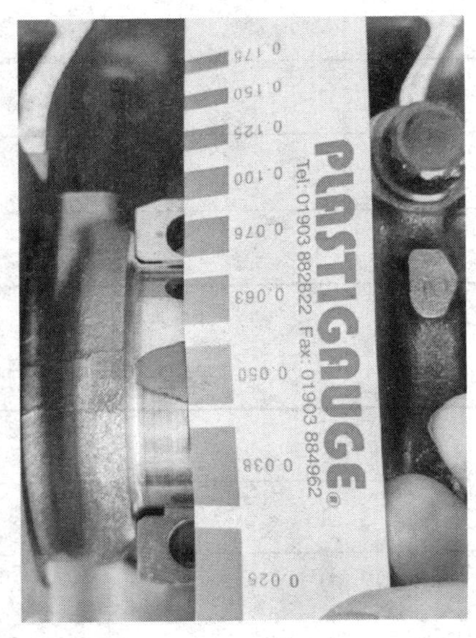

图 2-3-21　连杆径向间隙测量

2. 飞轮的检修

（1）飞轮的常见故障及原因

1）飞轮齿圈的磨损和轮齿折断。在启动发动机时，起动机与飞轮齿圈产生碰撞或两齿轮啮合不良，易造成轮齿磨损和折断，且易出现在压缩行程终点前对应段的齿圈上。

2）飞轮工作面的磨损。飞轮工作面即离合器摩擦片接合面，工作时，由于离合器在分离和接合时与飞轮平面存在转速差，产生相对滑动摩擦，使飞轮工作面正常磨损。由于操作不当，有时飞轮工作面还会因高速摩擦所产生的高温出现烧灼印痕，甚至在飞轮表面形成裂纹，导致发动机动力传递能力下降。

飞轮齿圈及其工作面的常见损伤如图 2-3-22 所示。

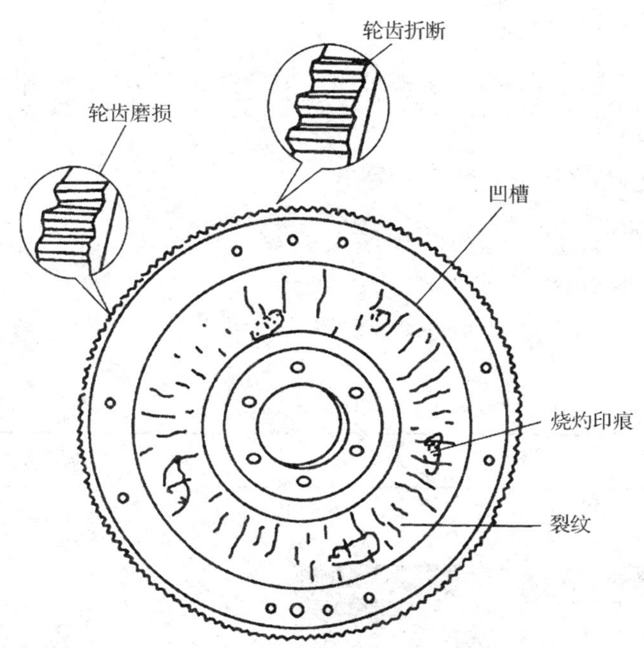

图 2-3-22　飞轮齿圈及其工作面的常见损伤

3）飞轮螺栓孔的损伤。由于飞轮承受转矩较大，并伴随冲击载荷，会导致飞轮螺栓孔产生损伤变形，飞轮螺栓未拧紧到规定力矩或飞轮与曲轴凸缘配合松旷，将加剧这种损伤。

（2）飞轮的检修

1）飞轮齿圈的检修。飞轮齿圈如只有个别齿损坏，齿圈单面磨损，可在轮齿另一端重新倒角，将齿圈翻边使用。若齿面严重磨损超过齿长的 30% 或连续损坏四齿以上，应予以更换。新换齿圈与飞轮外圆的配合过盈量一般为 0.30～0.60 mm。安装时，应将齿圈加热至 350～400 ℃，高温状态下压至对接孔位，冷却后即安装牢固。

2）飞轮工作面的检修。飞轮工作面磨损形成波浪形槽，应用油石磨平；深度超过 0.5 mm 或平面度误差大于 0.15 mm 时，应车削或磨削加工。飞轮加工后，其总厚度一般不得少于 12 mm。

3. 曲轴、飞轮、离合器总成的动不平衡试验

组件动不平衡量应不大于原厂规定，组件动不平衡量过大，会使组件共振临界转速降低。若共振临界转速降至发动机经济转速内，曲轴就会长期在共振条件下工作，造成曲轴

疲劳断裂、飞轮壳产生纵向裂纹、手动变速器自动脱挡等故障。因此，更换飞轮、离合器压盘或总成后，都应重新进行组件的动不平衡试验。

【技能训练——曲轴飞轮组的拆装】

一、实训器材

丰田 1ZR–FE 发动机、维修手册、零件车、工具车、常用工具、专用工具、抹布等。

二、实训内容与要求

1. 掌握发动机曲轴飞轮组的拆卸顺序。
2. 掌握发动机曲轴飞轮组的拆卸注意事项。
3. 掌握发动机曲轮飞轮组的安装顺序。
4. 掌握发动机曲轮飞轮组的安装注意事项。

三、实训步骤

序号	图示	步骤及技术要点
1		按图示顺序分 2 ~ 3 次拧松 10 个轴承盖螺栓

续表

序号	图示	步骤及技术要点
2	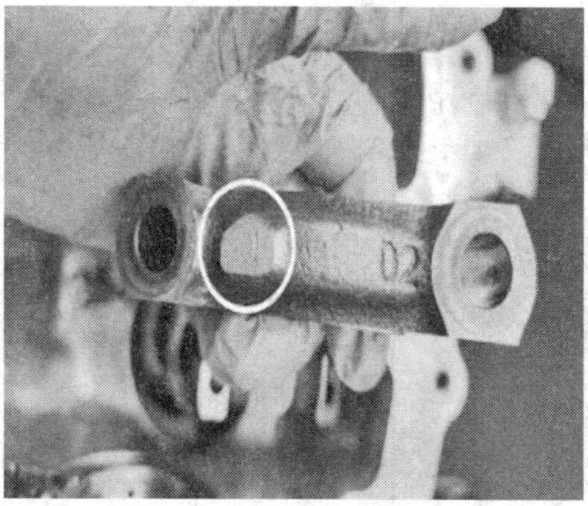	拆卸轴承盖时注意方向和顺序标记，并将拆下的轴承盖按顺序放好
3		抬出曲轴
4	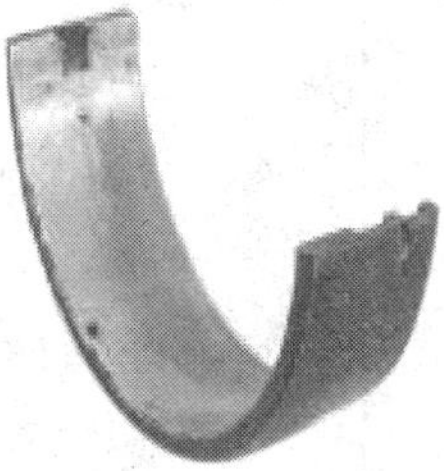	清洁曲轴轴承座，并区分轴瓦方向（左图所示为下轴瓦）
5		润滑并安装轴瓦

续表

序号	图示	步骤及技术要点
6		放入曲轴
7		按顺序装好轴承盖，并分 2～3 次以对角顺序拧紧轴承盖螺栓

知识总结

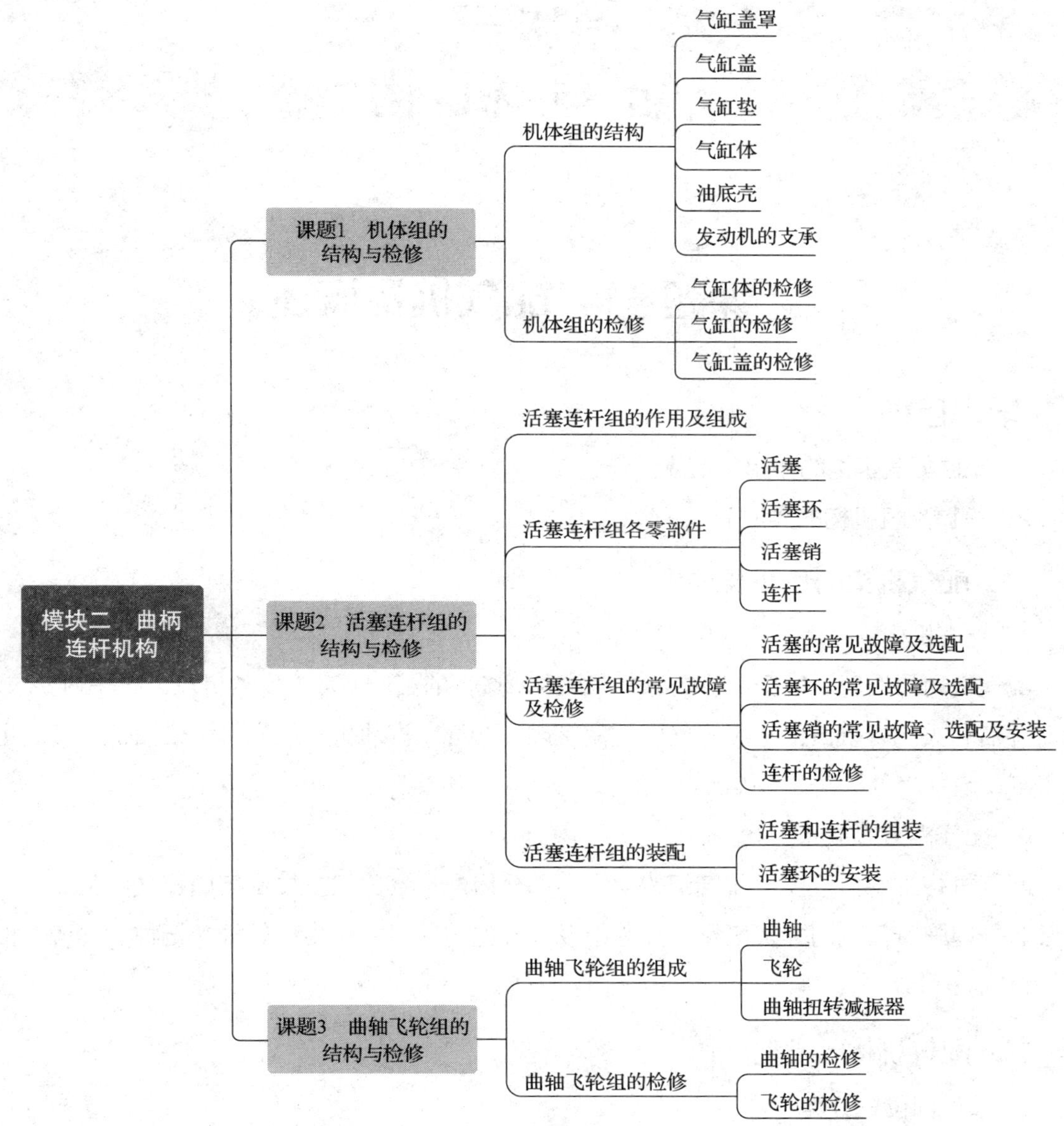
模块二 曲柄连杆机构
课题1 机体组的结构与检修
机体组的结构
气缸盖罩
气缸盖
气缸垫
气缸体
油底壳
发动机的支承
机体组的检修
气缸体的检修
气缸的检修
气缸盖的检修
课题2 活塞连杆组的结构与检修
活塞连杆组的作用及组成
活塞连杆组各零部件
活塞
活塞环
活塞销
连杆
活塞连杆组的常见故障及检修
活塞的常见故障及选配
活塞环的常见故障及选配
活塞销的常见故障、选配及安装
连杆的检修
活塞连杆组的装配
活塞和连杆的组装
活塞环的安装
课题3 曲轴飞轮组的结构与检修
曲轴飞轮组的组成
曲轴
飞轮
曲轴扭转减振器
曲轴飞轮组的检修
曲轴的检修
飞轮的检修

模块三
配 气 机 构

课题❶ 配气机构概述

学习目标

1. 掌握配气机构的作用及组成。
2. 掌握配气机构的类型。

一、配气机构的作用及组成

1. 配气机构的作用

配气机构的作用是根据发动机每一气缸内所进行的工作循环或发动机点火次序的要求，定时开启和关闭各气缸的进、排气门，使可燃混合气（汽油机）或空气（柴油机）及时进入气缸，废气及时从气缸内排出。

2. 配气机构的组成

配气机构主要由气门组和气门传动组两部分组成。气门组主要由气门、气门座、气门导管、气门弹簧、气门弹簧座及锁片等组成。气门传动组主要由凸轮轴、挺柱、摇臂、推杆等组成。

二、配气机构的类型

1. 按气门位置分类

配气机构按气门的位置不同，可以分为气门侧置式和气门顶置式，如图 3–1–1 所示。气门顶置式配气机构应用较广。

2. 按凸轮轴位置分类

按凸轮轴位置不同，配气机构可分为凸轮轴下置式、凸轮轴中置式和凸轮轴上置式。

（1）凸轮轴下置式

图 3–1–2a 所示为凸轮轴下置式，凸轮轴布置在曲轴一侧，由于曲轴和凸轮轴位置靠近，只常用一对正时齿轮传动，使得传动比较简单，但气门和凸轮轴相距较远，导致气门

传动零件较多，结构较复杂，发动机高度也有所增加。

（2）凸轮轴中置式

图 3-1-2b 所示为凸轮轴中置式，这种形式减小了气门传动组零件往复运动的惯性力。

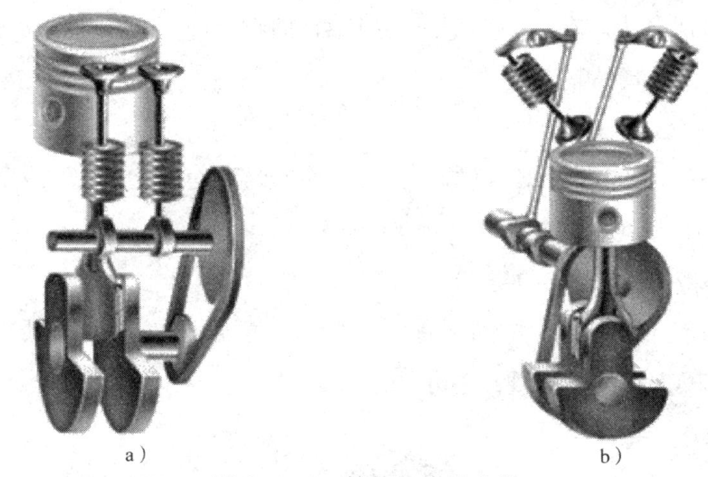

a） b）

图 3-1-1　按气门位置分类

a）气门侧置式　b）气门顶置式

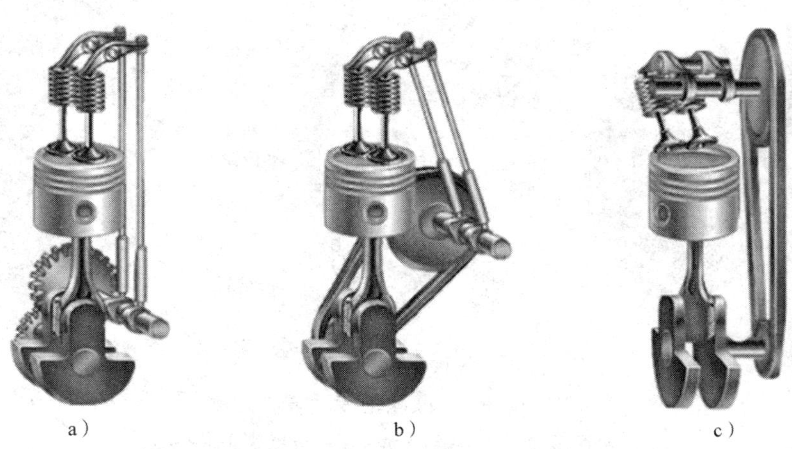

a） b） c）

图 3-1-2　按凸轮轴位置分类

a）凸轮轴下置式　b）凸轮轴中置式　c）凸轮轴上置式

（3）凸轮轴上置式

图 3-1-2c 所示为凸轮轴上置式，凸轮轴位于气缸盖顶部。凸轮轴直接通过摇臂来驱动气门，省去了推杆、挺柱等，使往复运动零件的质量减小，因此这种布置形式适用于高速发动机。由于凸轮轴离曲轴中心较远，一般都采用链传动或同步齿形带传动，使得正时传动机构较为复杂，拆装气缸盖也比较困难。

3. 按凸轮轴传动方式分类

按曲轴和凸轮轴的传动方式，配气机构可以分为齿轮传动式、链传动式和同步齿形带传动式等。

（1）齿轮传动（图 3–1–3a）

凸轮轴下置式、中置式的配气机构大多采用圆柱形正时齿轮传动，从曲轴到凸轮轴的传动只需一对正时齿轮，若齿轮直径过大，可在中间加装一个惰轮。为保证啮合平稳，噪声小，正时齿轮多用斜齿。在中小功率发动机上，曲轴正时齿轮用钢来制造，凸轮轴正时齿轮则用铸铁制造，以减小噪声。

（2）链传动（图 3–1–3b）

链传动用于凸轮轴上置式配气机构。为使工作时链条有一定的张紧力而不至脱链，通常装有导链板、液压张紧装置等。

（3）同步齿形带传动（图 3–1–3c）

同步齿形带由氯丁胶制成，中间夹有玻璃纤维和尼龙织物，以增加强度。采用同步齿形带传动，能减小噪声和结构质量，也可以降低成本。

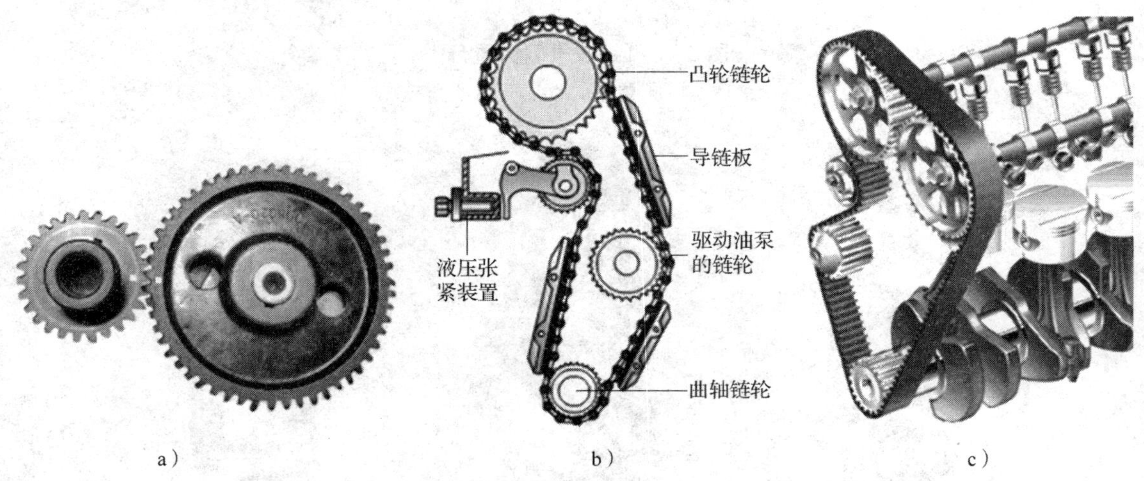

图 3–1–3　按凸轮轴传动方式分类
a）齿轮传动　b）链传动　c）同步齿形带传动

4. 按每缸气门数目分类

按每缸气门数目，配气机构可分为二气门、三气门、四气门和五气门。

当气缸直径较大、活塞平均线速度较高时，为保证良好的换气质量，有些发动机采用每缸多气门的结构。

二气门发动机每缸一个进气门，一个排气门。

三气门发动机每缸两个进气门，一个排气门，排气门头部直径比进气门大。

四气门发动机气门排列方式有两种，一种是同名气门排成两列，如图 3–1–4a 所示，由一根凸轮轴通过 T 形驱动杆同时驱动，所有气门都可以由一根凸轮轴驱动，采用这种排列方式时，由于两同名气门在气道中的位置不同，可能会使两同名气门的工作条件和工作效果不一致；另一种是同名气门排成一列，一般需要两根凸轮轴驱动，如图 3–1–4b 所示。

五气门发动机每缸三个进气门、两个排气门，这种形式能明显地增加进气量，从而优化发动机性能，如图 3–1–5 所示。

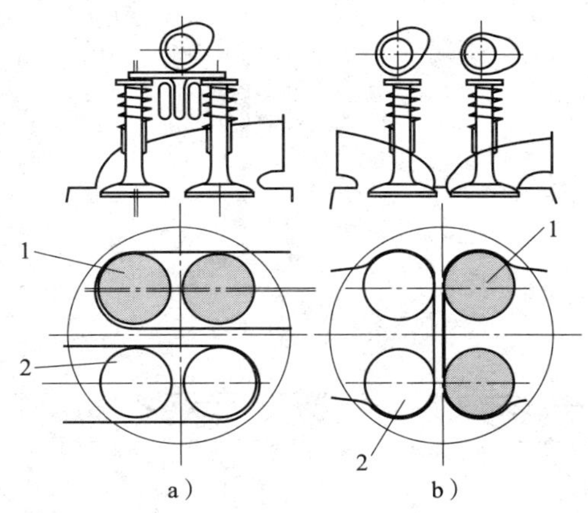

图 3–1–4 四气门发动机每缸气门排列方式
a）同名气门排成两列 b）同名气门排成一列
1—排气门 2—进气门

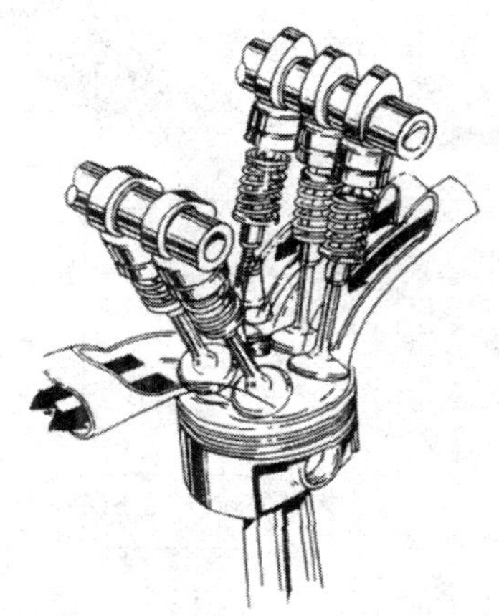

图 3–1–5 五气门发动机每缸气门排列方式

课题❷ 气门组的结构与检修

学习目标

1. 掌握气门组的作用和结构。
2. 能进行气门组各零件的检修。

一、气门组的作用和结构

气门组的作用是接通和切断进、排气系统与气缸之间的通道。气门组包括气门、气门座、气门导管、气门弹簧、气门弹簧座及气门锁紧装置等，如图 3–2–1 所示。

1. 气门

气门由头部和杆部组成，如图 3–2–2 所示。头部用来封闭气缸的进、排气通道，杆部则对气门的运动起导向作用。气门分为进气门和排气门两种。进气门由于工作温度稍低，一般采用普通合金钢；排气门普遍采用耐热合金钢。为了节约成本，有时杆部选用一般合金钢，而头部采用耐热合金钢，然后将两者通过特殊工艺焊接在一起。

（1）气门头部

气门头部有球面顶、平顶和凹顶，如图 3–2–3 所示。

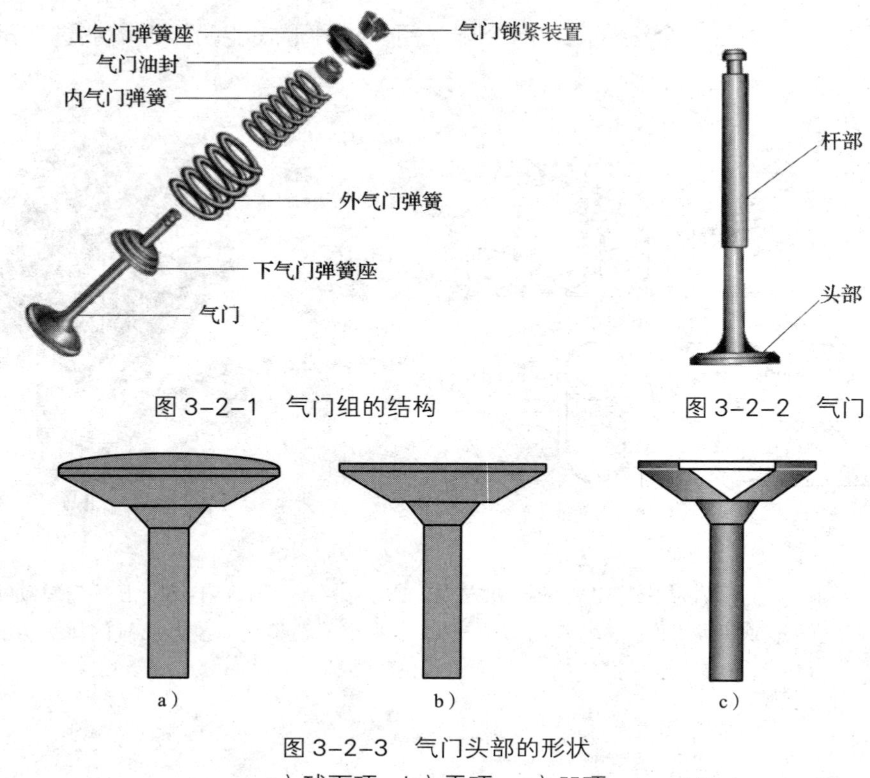

图 3-2-1　气门组的结构

图 3-2-2　气门

图 3-2-3　气门头部的形状

a）球面顶　b）平顶　c）凹顶

球面顶也称凸顶，这种结构刚度大，受热面积大，主要用于排气门。平顶结构简单，制造方便，受热面积小，质量小，进、排气门均可采用。凹顶质量小、惯性小，头部与杆部均有较大的过渡圆弧，气流阻力小，具有较大的弹性，对气门座的适应性较好，容易获得较好的磨合，但其受热面积大，易存废气，容易过热或受热易变形，因此仅用作为进气门。

气门头部的直径对气流的阻力影响较大，其头部直径越大，流通截面积越大，阻力越小，但直径的大小受气缸顶面的限制。考虑到进气阻力对发动机性能的影响比排气阻力更大，因此一般都使进气门的直径比排气门稍大。有些发动机的进、排气门直径相同，以便于制造和维修，但如果两者材料不同，则必须打上标记，以免安装错误。

气门头部边缘应保持一定的厚度，一般为 1 ~ 3 mm，以防止工作时由于气门与气门座之间的冲击气门头部被损坏或被高温气体烧蚀。

（2）气门锥面

气门锥面是气门与气门座之间的配合面，气门的密封性是依靠气门与气门座间的两个表面严密贴合来保证的。通常要求气门锥面密封环带的宽度为 1 ~ 2 mm。

（3）气门锥角

气门锥角一般为 30°或 45°，如图 3-2-4 所示。

（4）气门杆部

气门杆部具有较高的加工精度和较低的表面粗糙度，其与气门导管保持适当的配合间隙，以减小磨损和起到良好的导向、散热作用。

2. 气门导管（图 3-2-5）

气门导管主要起导向作用，保证气门做直线往复运动，使气门与气门座能正确贴合，此外，气门导管还在气门杆部与气缸盖之间起导热作用。

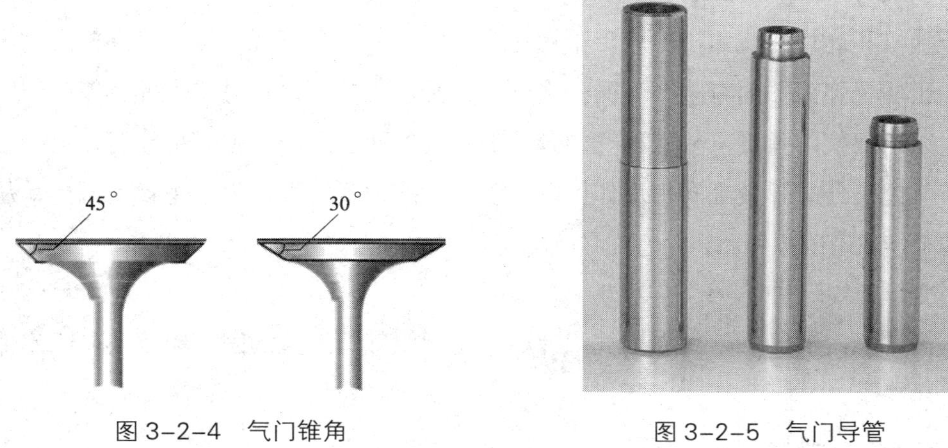

图 3-2-4 气门锥角

图 3-2-5 气门导管

3. 气门座

气缸盖（或气缸体）的进、排气道与气门锥面相结合的部位称为气门座，如图 3-2-6 所示。气门座与气门头部密封锥面相互配合密封气缸，同时气门头部的热量也可通过气门座传导。气门座可以在气缸盖或气缸体上直接镗出，也可以采用镶嵌式结构，镶嵌式结构的气门座都采用较好的材料（合金铸铁、奥氏体钢等）单独制作。

图 3-2-6 气门座

4. 气门弹簧

气门弹簧的作用是保证气门关闭时能使其紧密地与气门座贴合，并克服气门开启时配气机构所产生的惯性力，使传动件始终受凸轮轴控制而不相互脱离。

工作中气门弹簧承受着频繁的交变载荷，为保证气门弹簧可靠工作，要求其具有合适的弹力、足够的强度和抗疲劳能力。

气门弹簧一般为等螺距圆柱形螺旋弹簧。当气门弹簧的工作频率与其固有的振动频率相等或为整数倍时，气门弹簧就会发生共振。共振时将使配气正时遭到破坏，使气门发生反跳和冲击，甚至使弹簧折断。为防止共振的发生，常采取下列结构：

（1）双气门弹簧（图 3–2–7a）

在柴油机和高性能汽油机上广泛采用每个气门安装两个直径不同、旋向相反的内、外弹簧。由于两个弹簧的固有频率不同，当一个弹簧发生共振时，另一个弹簧能起到阻尼减振作用。采用双气门弹簧可以减小气门弹簧的高度，而且当一个弹簧折断时，另一个弹簧仍可维持气门工作。弹簧旋向相反，可以防止折断的弹簧圈卡入另一个弹簧圈内，从而影响气门的工作或造成损坏。

（2）变螺距气门弹簧（图 3–2–7b）

某些高性能汽油机采用变螺距气门弹簧，变螺距气门弹簧的固有频率不是固定值，因此可以避开共振。

（3）锥形气门弹簧（图 3–2–7c）

锥形气门弹簧的刚度和固有频率是沿弹簧轴线方向变化的，因此可以消除发生共振的可能性。

（4）等螺距气门弹簧（图 3–2–7d）

等螺距气门弹簧的刚度和固有频率沿弹簧轴线方向是不变的，是最简单的一种，但由于弹簧刚度大，会增加功率消耗和零件之间的冲击载荷。

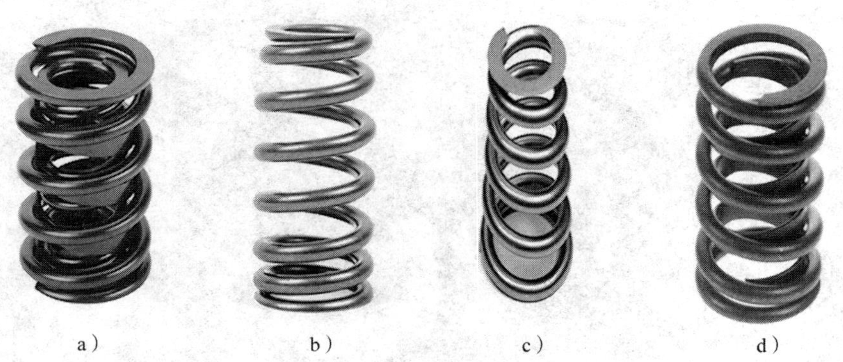

a）　b）　c）　d）

图 3–2–7　气门弹簧的结构

a）双气门弹簧　b）变螺距气门弹簧　c）锥形气门弹簧　d）等螺距气门弹簧

5. 气门弹簧锁紧装置

气门弹簧安装在气门杆部外侧，其一端支承在气缸盖上，另一端通过锁紧装置固定在弹簧上。

第一种气门弹簧锁紧装置为锁片式锁紧装置。该装置的气门杆尾部有凹槽，锥形锁片的两半分别卡在凹槽中，锥形锁片外圆与弹簧座锥孔配合，在弹簧的作用下使锁片不致脱落。这种气门弹簧锁紧装置应用最为普遍。

第二种气门弹簧锁紧装置为锁销式锁紧装置。该装置在气门杆尾部钻有小孔，在孔内可插入一根锁销，锁销两端露在气门杆外。气门弹簧座先放入气门杆中。当锁销插入孔中后，再将气门弹簧座提起，锁销即卡在气门弹簧座的凹槽中不致跳出。

第三种气门弹簧锁紧装置为锁环式锁紧装置。该装置在气门杆尾部制出锥面，锥形大端靠尾部，弹簧座内孔也制成锥面。为使弹簧座装入气门杆中，在弹簧座上铣有宽度略大于气门杆直径的缺口。气门杆尾部加粗后，气门导管如为整体，则气门无法装入气门导管，因此必须分为两半。显然，这种结构在制造和装配方面都比较麻烦。

6. 气门旋转机构（图 3–2–8）

当气门工作时，气门旋转机构能使气门产生缓慢的旋转运动。气门旋转机构可使气门头部周向温度分布比较均匀，从而减小气门头部的热变形。气门旋转的同时，在密封锥面上会产生轻微的摩擦力，能够清除锥面上的沉积物。

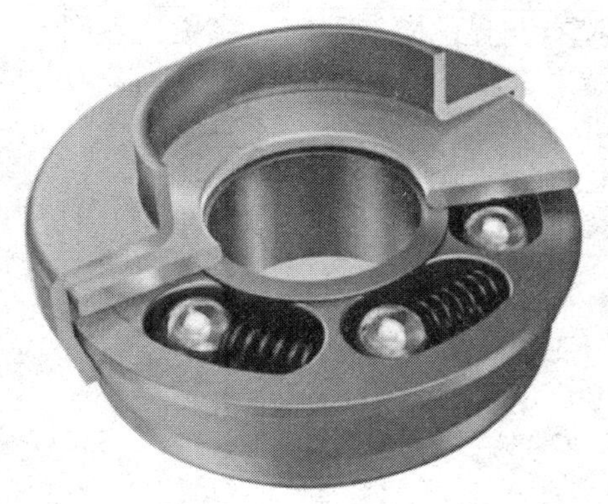

图 3–2–8　气门旋转机构

二、气门组检修

1. 气门的检修

（1）气门常见故障

1）气门工作面偏磨

①空气中的尘埃或燃烧杂质渗入或滞留在接触面间，造成气门工作面磨损。

②发动机在工作过程中，气门不停地开启和关闭，由于气门与气门座的撞击、敲打，引起工作面磨损和变宽。

③进气门直径较大，在燃气爆发压力作用下产生变形。

④光磨后气门边缘厚度下降。

⑤排气门受高温气体冲击，使工作面溶蚀，出现斑点和凹陷。

2）气门头部偏磨。气门杆在气门导管内不断摩擦，使两者间配合间隙增大，从而引起气门头部偏磨。

3）气门杆的磨损与弯曲变形。气缸内的气体压力和凸轮通过挺柱对气门的撞击，会造成气门杆的磨损和弯曲变形。

上述气门的常见故障均会导致进、排气门关闭不严而漏气。

（2）气门工作面检修

气门工作面磨损或烧蚀，出现起槽或斑点，应进行光磨。气门光磨是在气门光磨机上进行的，光磨后，气门工作面的径向圆跳动误差一般应不大于 0.01 mm，表面粗糙度值应小于 1.25 μm。

（3）气门杆检修

1）气门杆磨损检修。用外径千分尺检测气门杆的直径，测量部位如图 3–2–9 所示，通常将测量值与气门杆尾端未磨损部分的直径值对比，若测量数值差超过 0.05 mm，或用手触摸有明显的阶梯形时，应更换气门。

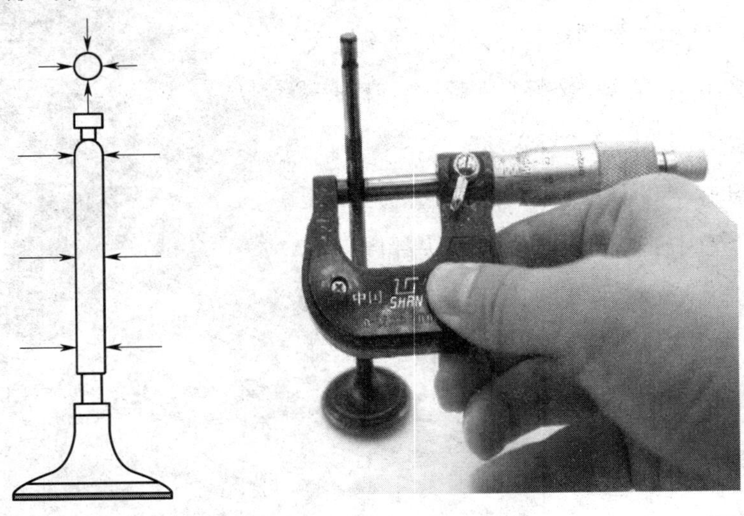

图 3–2–9　测量气门杆

2）气门杆弯曲检修。用百分表检测气门杆的弯曲变形。将气门支承在两 V 形架上，用顶尖顶住气门两端面，如图 3–2–10 所示。检测时，百分表触头与气门杆中间接触，转动气门杆一周，百分表摆差的 1/2 即为气门杆的直线度误差。气门杆的直线度误差大于 0.05 mm 时，应更换或校直。

3）气门杆端面磨损检修。用百分表检测气门杆端面磨损。用 V 形架支承气门杆，用百分表检查气门杆端面，百分表摆差应不大于 0.03 mm，若超出此范围，则用气门光磨机将气门端面磨平。

2. 气门座的检修

（1）气门座常见故障

1）气门座锥形工作面磨损变宽或产生沟槽。这是因为内燃机在工作过程中，气门座反复受到气门的冲击。

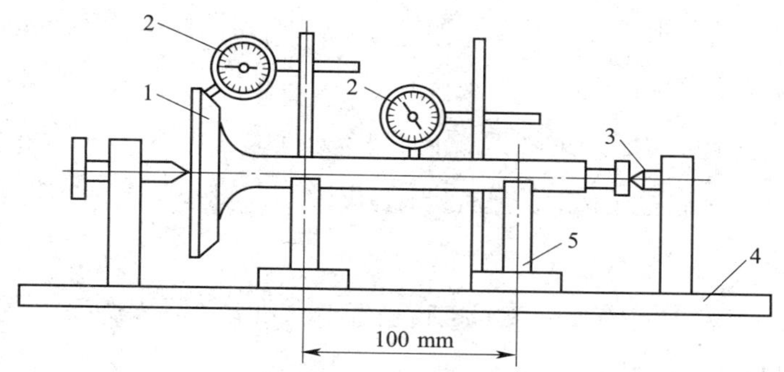

图 3-2-10 气门杆弯曲检修
1—气门 2—百分表 3—顶尖 4—平板 5—V 形架

2）气门座锥形工作面产生斑点、烧蚀或裂纹。这是因为气门座受高温气体的冲刷（特别是排气门）及化学腐蚀作用。

上述故障均会造成气门关闭不严。

（2）气门座的检验

1）检验气门座与气门的接触面宽度。宽度过小，则气门与气门座接触差、导热差，甚至漏气；宽度过大，则容易积炭，且气门关闭不严，使工作面烧蚀而漏气。

2）检查气门座工作面有无烧蚀、斑点、裂纹和沟槽。

气门座工作面磨损变宽，或烧蚀较严重，出现较深的凹陷、沟槽和斑点时，应进行铰削或磨削。

（3）气门座的铰削

气门座的铰削如图 3-2-11 所示。

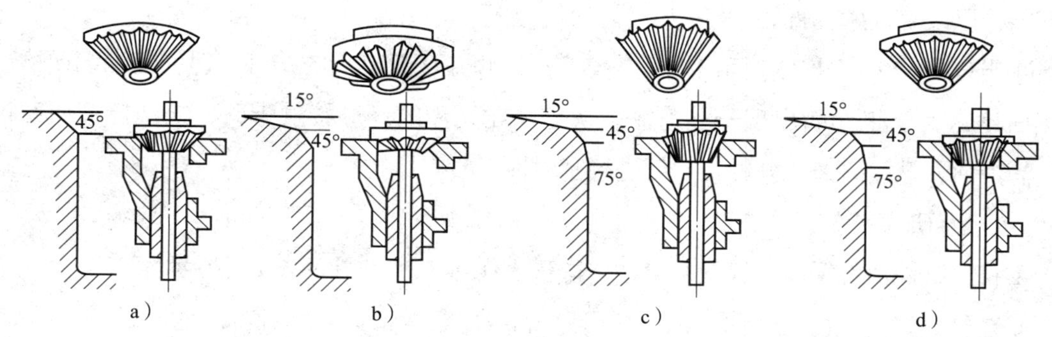

图 3-2-11 气门座的铰削
a）粗铰 b）接触面偏上，铰上口 c）接触面偏下，铰下口 d）精铰

1）根据气门导管的内径选择匹配的铰刀导杆，导杆的选择以能轻易插入气门导管内，且无松旷为宜。

2）把砂布垫在铰刀下，磨除气门座口硬化层，以防止铰刀打滑并延长铰刀使用寿命。

3）用与气门锥角相同的粗刃铰刀铰削工作面，直到凹陷、斑点全部除去，并保证有2.5 mm以上的完整锥面为止。

4）气门座和气门的选配，用相匹配的气门进行涂色试配，并查看印迹。接触带应位于气门和锥面的中部靠里位置，若位置过上或过下，可用15°或75°锥角的铰刀进行调整。

5）用与工作面锥度相同的细刃铰刀进行精铰，并在铰刀下垫细砂布磨修，以降低气门座工作面的表面粗糙度。

（4）气门座的磨削

气门座铰削完毕，一般还要进行磨削，工艺如下：

1）根据气门工作面锥度和尺寸选用砂轮。

2）将砂轮工作面修磨平整，并与轴孔同轴度公差在0.025 mm内。

3）选择合适的定心导杆，卡紧在气门导管内，磨削时，导杆不应转动。

4）光磨时，应保证光磨机正直，并轻轻施加压力，光磨时间不宜太长，要边磨边检查。

（5）气门研磨

1）手工研磨

①研磨前将气门、气门座及气门导管清洗干净，按顺序为气门做标记。

②在气门工作面上涂上一层薄薄的研磨砂，气门杆上涂上少许润滑油，套上一只细软螺旋弹簧，将气门杆插入气门导管内。

③利用橡胶捻子或旋具往复旋转气门，转角一般以10°～30°为宜，并适时地提起和转动气门，以改变接触位置。

④当气门和气门座工作面出现一条整齐、无斑痕、无麻点的接触带时，换涂细研磨砂，继续研磨，直至工作面出现一条整齐、灰色、无光泽的环形接触带时，再洗掉细研磨砂，涂上润滑油，继续研磨几分钟，然后进行密封性试验。

2）机器研磨

①将气缸盖清洗干净，放置在电动研磨机工作台上，如图3–2–12a所示。

②在已配好的气门工作面上涂一层研磨膏，在气门杆部涂上润滑油并装入气门导管内，调整各转轴，对正气门座孔。

③连接好电动研磨机，调整气门升程，进行研磨，一般研磨10～15 min即可。研磨好的工作面应为一条光泽、完整的圆环，如图3–2–12b所示。

（6）气门密封性的检查

气门和气门座经过修理后，需要进行密封性检查。

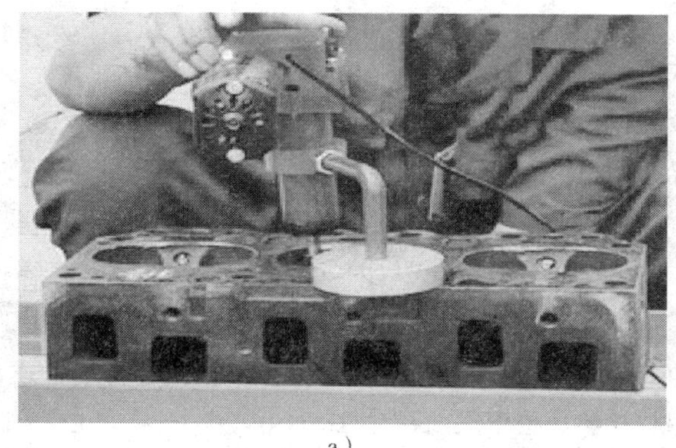

a）

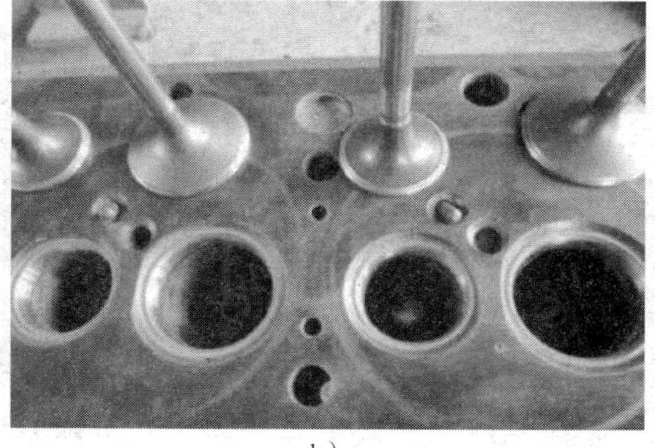

b）

图 3-2-12 机器研磨

a）将气缸盖放置在电动研磨机工作台上 b）研磨效果

1）划线法。检查前将气门及气门座清洗干净，在气门工作面上用软铅笔径向均匀地画上若干条线，如图 3-2-13 所示。然后将划好线的气门与相匹配的气门座接触，略压紧并转动气门座 45°～90°，取出气门，查看铅笔线条。如铅笔线条均被切断，则表示密封性良好，否则，应重新研磨气门。

2）涂油法。在气门工作面上涂一层红丹油，然后用橡胶捻子吸住气门，在气门座上旋转 1/4 圈，再将气门提起，若红丹油布满气门工作面一周且无间断，则表示密封性良好。

3）渗油法。将气门放入相匹配的气门座中，用汽油或煤油浇在气门顶面上，观察其有无渗漏现象，如无渗漏表明密封良好，如图 3-2-14 所示。

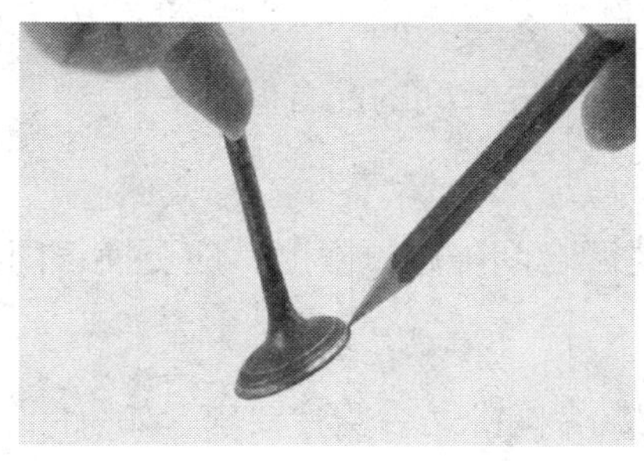

图 3-2-13 划线法检查气门密封性

图 3-2-14 渗油法检查气门密封性

4）用气门密封性检验仪检查。将气门密封性检验仪的空气容筒紧紧地压装在有气门的气门座上，捏动橡胶气囊，使空气容筒内达到 60～70 kPa 压力，停留 30 s，如气压表指示压力不下降，则密封性合格，如图 3-2-15 所示。

（7）气门座的更换

当气门座有裂纹、松动、烧蚀或磨损时，或经多次加工修理，装入新气门后，气门头部顶平面仍低于气缸盖燃烧室平面 2 mm 以上时，应更换新的气门座。更换气门座应注意以下几点：

1）拆卸旧气门座时，不要损伤气门座孔。

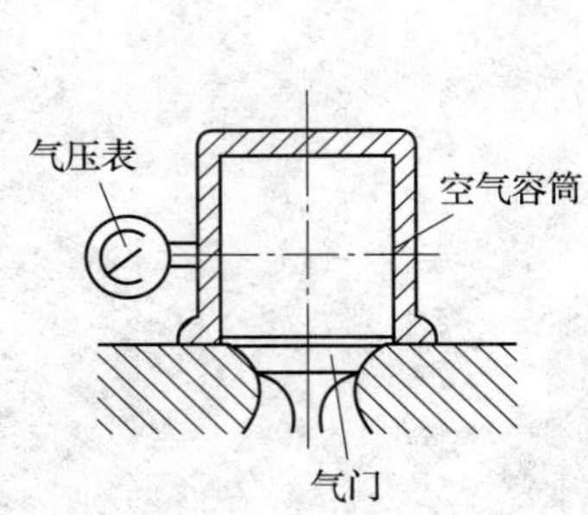

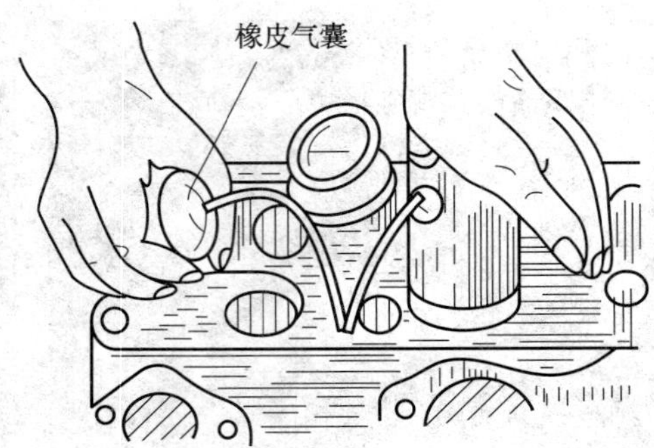

图 3-2-15　用气门密封性检验仪检查气门密封性

2）选择新气门座，使用外径千分尺测量气门座外径，用内径千分尺测量气门座孔内径，并根据气门座和气缸盖轴承孔的材质选择合适的过盈量，一般在 0.07 ~ 0.17 mm。

3）更换气门座时，检查新气门座并对其进行冷却，时间不少于 10 min，同时加热气门座孔，然后在气门座外侧涂一层密封胶，将气门座压入气门座孔中。

3. 气门导管的检修

（1）气门导管常见故障

气门导管的工作条件与气门的工作条件基本相同，其常见故障是内径磨损，这是气门与气门导管摩擦的结果。这会使气门杆部与气门导管之间配合间隙过大，加速气门杆部与气门导管间的磨损，还会影响气门散热。

（2）气门杆部与气门导管配合间隙的检查

将气门提起至距气缸平面约 15 mm 的距离，用百分表触头抵在气门头部的边缘处，摆动气门，百分表指针读数的 1/2 即为被测气门杆部与气门导管间的配合间隙。

（3）气门导管的更换

气门导管磨损严重会使气门杆部与气门导管间的配合间隙超过限度，应更换气门导管。

（4）气门导管的铰削

气门导管镶好后，应检查气门杆部与气门导管的配合间隙是否符合要求，如果间隙过小，可用气门导管铰刀进行铰削。铰削时，将铰刀放入气门导管孔内，铰刀要求正直，用扳手夹住铰刀手柄顺时针转动刀杆，双手用力要均匀，边铰边试配，直至达到规定的配合要求。

4. 气门弹簧的检修

（1）气门弹簧常见故障

气门弹簧的常见失效形式有自由长度缩短、弹力不足、歪斜变形、折断等。

（2）常见故障的检测

1）检查气门弹簧是否出现断裂或裂痕，如有应更换。

2）测量气门弹簧自由长度是否符合标准，如图 3-2-16a 所示，若低于极限值应予以更换。

3）检查气门弹簧在自由状态下，支承面对弹簧中心线的垂直度，如图 3-2-16b 所示。

4）在弹簧检测仪上测量气门弹簧弹力，若弹簧弹力的减小值大于原厂规定的 10% 时，应予以更换，如图 3-2-16c 所示。

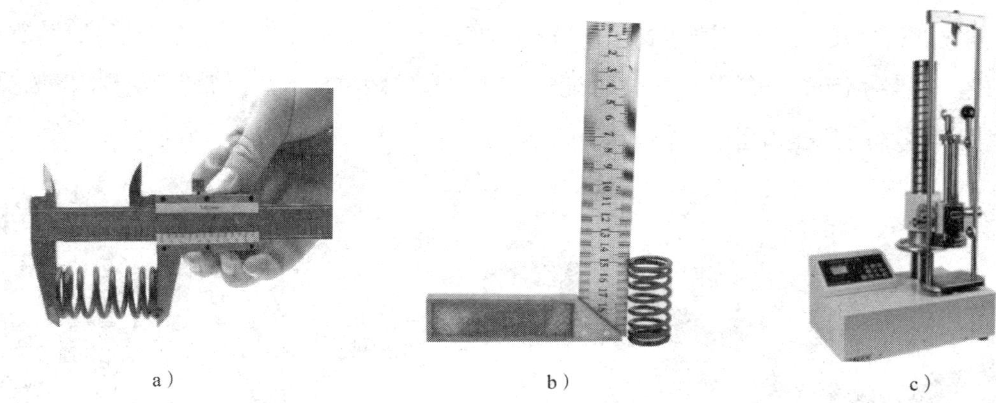

a） b） c）

图 3-2-16 气门弹簧常见故障的检测

a）测量气门弹簧的自由长度 b）测量气门弹簧支承面对中心线的垂直度 c）测量气门弹簧的弹力

课题③ 气门传动组的结构与检修

学习目标

1. 掌握气门传动组的结构及各零部件的作用、分类等。
2. 能进行气门传动组各零件的检修。

一、气门传动组的结构

气门传动组的作用是使进、排气门按照规定的时刻开闭，且保证有足够的开度。气门传动组主要由凸轮轴、挺柱、摇臂和推杆等组成，如图 3-3-1 所示。

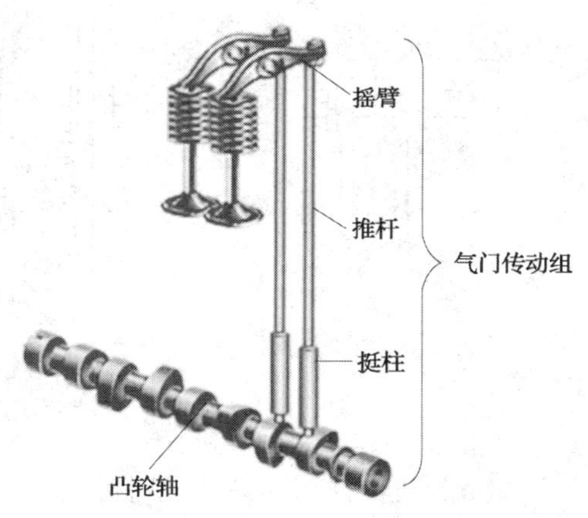

图 3-3-1 气门传动组的结构

1. 凸轮轴

（1）作用

凸轮轴的作用是驱动和控制发动机各缸气门的开启和关闭，使其符合发动机的工作顺序、配气相位及气门开度的变化规律等要求。

（2）材料

凸轮轴一般采用优质钢模锻而成，也有的用合金铸铁或球墨铸铁铸造而成。凸轮与轴颈表面经过热处理，使之具有足够的硬度和耐磨性。

（3）结构

凸轮轴主要由凸轮和轴颈组成，如图 3–3–2 所示。凸轮分为进气凸轮和排气凸轮两种，用来驱动气门的开启与关闭。轴颈对凸轮轴起支承作用。凸轮的排列影响气门的开闭时刻和工作顺序，对于四行程发动机，曲轴每转两圈（凸轮轴转一圈），各缸都完成一个完整的工作循环。

如图 3–3–3 所示，凸轮的轮廓应保证气门开启和关闭的持续时间符合配气相位的要求，且使气门有适当的升程和运动规律。

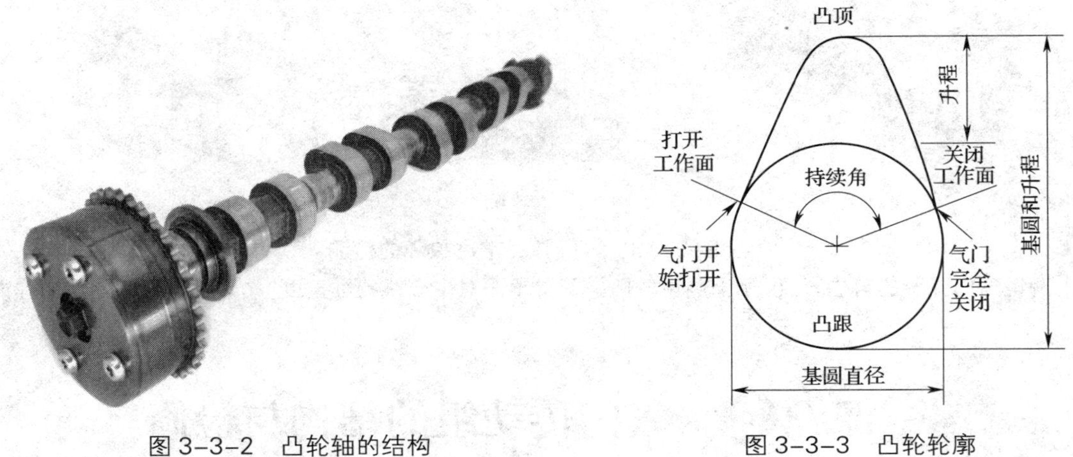

图 3–3–2　凸轮轴的结构

图 3–3–3　凸轮轮廓

（4）凸轮轴的轴向定位

为防止凸轮轴轴向窜动，影响配气机构正常工作，必须对凸轮轴进行轴向定位。常用的轴向定位装置有止推轴承、止推片、止推螺钉等，如图 3–3–4 所示。

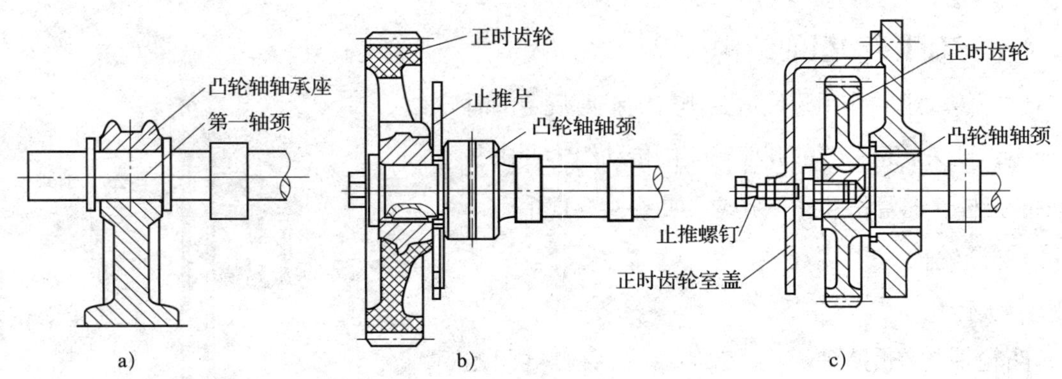

图 3–3–4　凸轮轴的轴向定位示意图

a）止推轴承　b）止推片　c）止推螺钉

（5）凸轮轴与曲轴的正时标记

为了让气门的开、闭与曲轴的位置精确配合，凸轮轴必须根据曲轴的位置要求设定正时。

双顶置凸轮轴的发动机采用一组正时齿轮，一个装在曲轴上，另外两个装在凸轮轴上。这些齿轮通过键连接安装在曲轴和凸轮轴上，键将齿轮固定在轴上的正确位置。在装配曲轴和凸轮轴时，只要对齐这三个齿轮上的正时标记，就能保证两者之间正确的位置关系。如图 3–3–5 所示，丰田 1ZR–FE 发动机凸轮轴正时齿轮总成上的正时标记要和正时链条上的凸轮轴正时齿轮标记板对准，曲轮正时齿轮标记要和正时链条上的曲轴正时齿轮标注板对准。

图 3–3–5 丰田 1ZR–FE 发动机正时链条上的标记板

2. 挺柱

挺柱的作用是将凸轮的推力传递给推杆或气门，同时还承受凸轮所施加的侧向力，并将其传给机体或气缸盖。挺柱安装在气缸体或气缸盖上的导向孔中，常用镍铬合金铸铁或冷激合金铸铁制造。

挺柱可分为机械挺柱和液压挺柱两大类。

（1）机械挺柱

机械挺柱主要包括筒式和滚轮式两种，如图 3–3–6 所示。大多数发动机采用筒式挺柱；某些大型柴油机采用滚轮式挺柱，可以减少摩擦力和侧向力，但结构复杂，质量较大。

机械挺柱的下端设有油孔，以便将漏入挺柱内的润滑油引到凸轮处进行润滑。

（2）液压挺柱（图 3–3–7）

液压挺柱消除了配气机构中的间隙，减小了各零件的冲击载荷和噪声，同时凸轮轮廓可设计得比较陡一些，气门开启和关闭更快，以减小进、排气阻力，还可改善发动机的换气，提高发动机的性能。

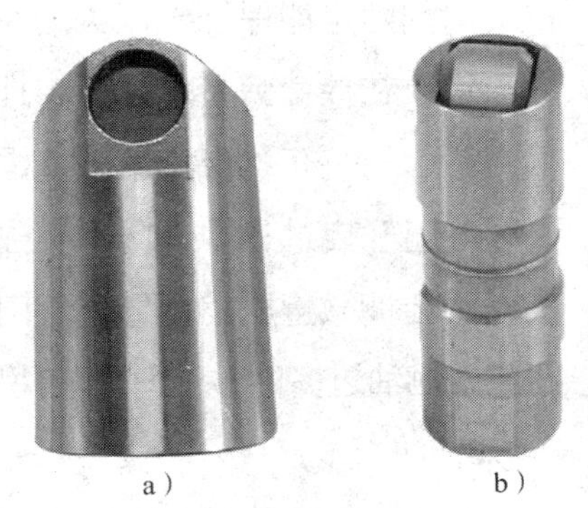

图 3–3–6 机械挺柱
a）筒式 b）滚轮式

液压挺柱的结构如图 3–3–8 所示，挺柱内装有柱塞，柱塞上端压有球座作为推杆的支承座，同时将柱塞腔密封。柱塞弹簧用来将柱塞压向上方，卡簧用来对柱塞限位。柱塞下端的单向阀内装有碟形弹簧，用以关闭单向阀。

发动机工作时，润滑油沿主油道流向液压挺柱。

图 3-3-7　液压挺柱

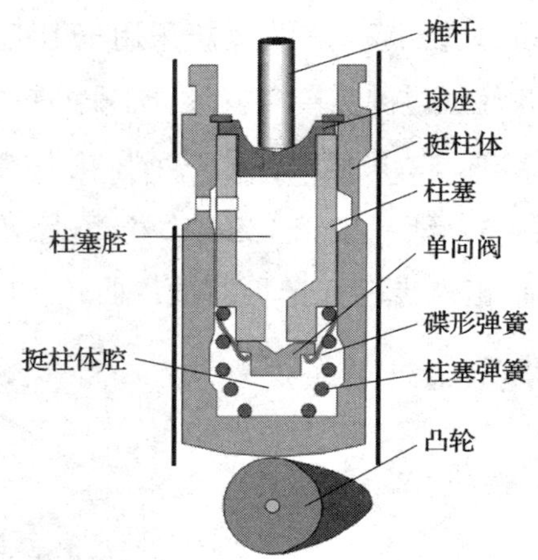

图 3-3-8　液压挺柱的结构

1）气门关闭时，润滑油经挺柱体和柱塞上的油孔压进柱塞腔内，并推开单向阀充入挺柱体腔内。柱塞在挺柱体腔内油压及弹簧的作用下上行，并与推杆压紧。此时的压力远小于气门弹簧张力，因此气门不会被打开，只是消除了整个配气机构中的间隙。与此同时，挺柱体腔内油液也已充满，单向阀在碟形弹簧的作用下关闭。

2）气门开启时，凸轮转到工作面使挺柱上行，气门弹簧的张力通过推杆作用在柱塞上，由于单向阀关闭，柱塞推压挺柱体腔内的油液使压力升高。由于液体具有不可压缩性，挺柱整体推动气门开启。在此过程中，由于挺柱体腔内油压较高，在柱塞与挺柱体的间隙处会有少许油液泄漏而使挺柱缩短。

3）气门关闭时，凸轮转到非工作面，解除了对推杆的推力，使挺柱体腔内油压降低。于是，主油道的油压将再次推开单向阀，向挺柱体腔内充油以补充工作时的泄漏，并且此油压又和弹簧一起使柱塞上行，从而始终保持配气机构无间隙传力。

4）若气门、推杆热膨胀，挺柱回落后，向挺柱体腔内补油时便会减少补油量或使挺柱体腔内的油液从柱塞与挺柱体间隙中泄漏一部分，从而使挺柱自动“缩短”。因此，即使不留气门间隙也能保证气门关闭。相反，若气门、推杆冷缩，则向挺柱体腔内补油时会增加补油量或在柱塞弹簧作用下将柱塞上推，吸开单向阀向挺柱体腔内补油，从而使挺柱自动“伸长”，这样仍能保持配气机构无间隙状态。

气门开启过程中，由于挺柱体腔内的油液会有少量泄漏，且油液并非刚性，因此挺柱工作时会被微量压缩，导致气门开启持续角稍有减小。然而，当柱塞与挺柱体配合处磨损严重或泄油过多时，配气相位将明显减小。

3. 推杆

推杆的作用是将从凸轮轴经过挺柱传来的力传给摇臂，其类型如图 3-3-9 所示。它是配气机构中最容易发生弯曲变形的零件，因此要求其有很高的刚度。

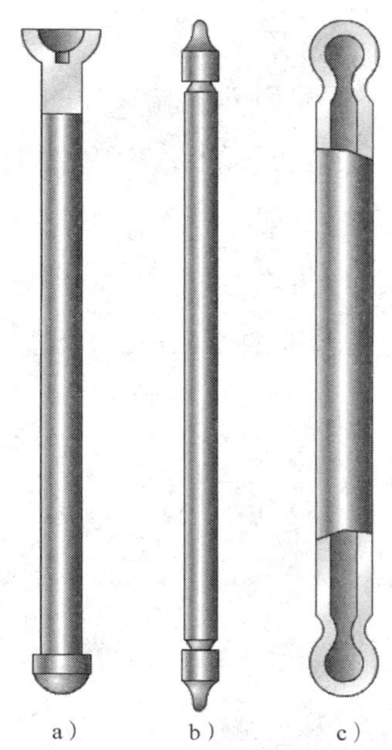

图 3–3–9　推杆的类型

a）钢制实心推杆　b）硬铝棒推杆　c）钢制空心推杆

4. 摇臂（图 3–3–10）

摇臂的作用是将凸轮轴的旋转运动转变为摇臂的上下摆动，从而控制气门的开闭。摇臂在发动机上的安装位置如图 3–3–11 所示。

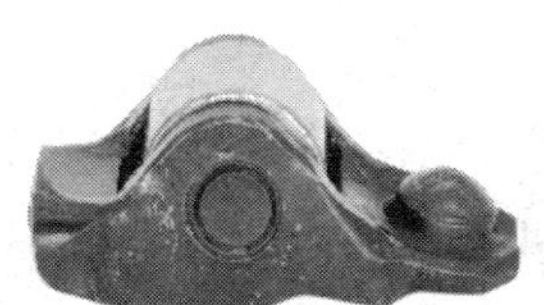

图 3–3–10　摇臂

图 3–3–11　摇臂在发动机上的安装位置

二、气门传动组的检修

1. 凸轮轴的检修

（1）凸轮轴的磨损

凸轮轴常见的磨损包括弯曲变形、凸轮轮廓磨损、支承轴颈表面的磨损以及正时齿轮驱动件的耗损等。这些磨损会使气门的最大开度和发动机的充气系数降低，导致配气相位失准，并改变气门上下运动的速度特性，从而影响发动机的动力性、经济性等。

（2）凸轮轴弯曲变形的检验

凸轮轴弯曲变形是以凸轮轴中间轴颈对两端轴颈的径向圆跳动误差来衡量，检查方法如图 3-3-12 所示。将凸轮轴放置在 V 形架上，V 形架和百分表放置在平板上，以两端轴颈为支点，使百分表触头与凸轮轴中间轴颈垂直接触，检查中间两轴颈的摆差（当凸轮轴有单数支承轴颈时，测中间轴颈；当凸轮轴有双数支承轴径时，测中间两轴径）。转动凸轮轴，观察百分表指针的摆差即为凸轮轴的弯曲度。检查完毕，将检查结果与标准值比较，以确定是修理还是更换。

图 3-3-12　凸轮轴弯曲变形的检验

（3）凸轮磨损的检修

凸轮的磨损会使气门的升程规律改变并使最大升程减小，因此凸轮的最大升程减小值是检验凸轮磨损的主要依据。当凸轮最大升程减小值大于 0.40 mm 或凸轮表面累积磨损量超过 0.80 mm 时，则需更换凸轮轴。

（4）凸轮轴轴颈的检修

用千分尺测量凸轮轴轴颈的圆度误差和圆柱度误差。凸轮轴轴颈的圆度误差不得大于 0.015 mm，各轴颈的同轴度误差不得超过 0.05 mm，否则应更换凸轮轴。

（5）凸轮轴轴向间隙的检测

采用止推凸缘进行轴向定位的发动机凸轮轴，在检查其轴向间隙时，用塞尺插入凸轮轴第一道轴颈前端面与止推凸缘之间或正时齿轮轮毂端面与止推凸缘之间，塞尺的厚度值即为凸轮轴轴向间隙，一般为 0.10 mm，如图 3-3-13 所示。凸轮轴轴向间隙的最大值为 0.25 mm，如不符合要求，可通过增减止推凸缘的厚度来调整。

图 3-3-13　用止推凸缘定位的凸轮轴轴向间隙检测方法

（6）凸轮轴油膜间隙的检测

把凸轮轴放置在气缸盖轴承座上，在各轴颈表面轴向位置上放一小段塑料线规，装上轴承盖并按规定力矩紧固螺栓。重新把轴承盖拆下，通过塑料线规被压扁的情况确定油膜间隙大小，如图 3-3-14 所示。

图 3-3-14　凸轮轴油膜间隙的检测

2. 挺柱的检修

（1）机械挺柱的检修

机械挺柱常见的损伤形式有挺柱底部出现剥落、裂纹、擦伤、划痕，还有挺柱与导向孔配合间隙过大等。如果出现这些耗损，必须进行更换。

（2）液压挺柱的检修

1）液压挺柱与导向孔的配合间隙一般为 0.01 ~ 0.04 mm，使用限度为 0.10 mm，超过此限度应更换液压挺柱。

2）液压挺柱密封性检查。液压挺柱的柱塞和液压缸是一对精密偶件，其配合间隙不得超过 0.005 mm，若间隙过大，会导致液压油过度渗漏，影响挺柱的正常工作长度。

为检测挺柱密封性，将液压挺柱浸入干净的润滑油中，使用专用工具反复按下柱塞 5~6 次，如果在尝试三次后柱塞可被压下，应更换新的液压挺柱，如图 3-3-15 所示。

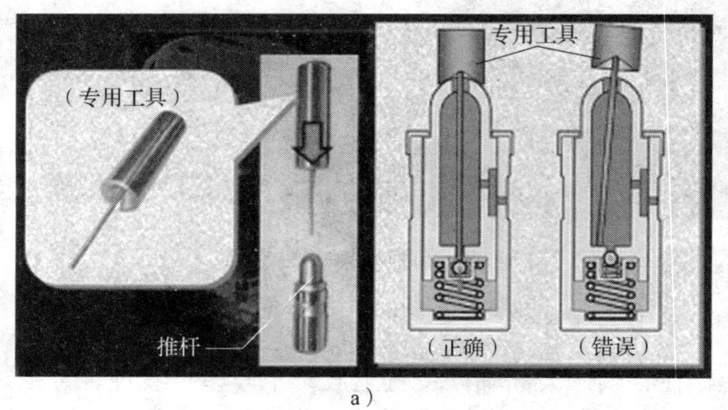

a）

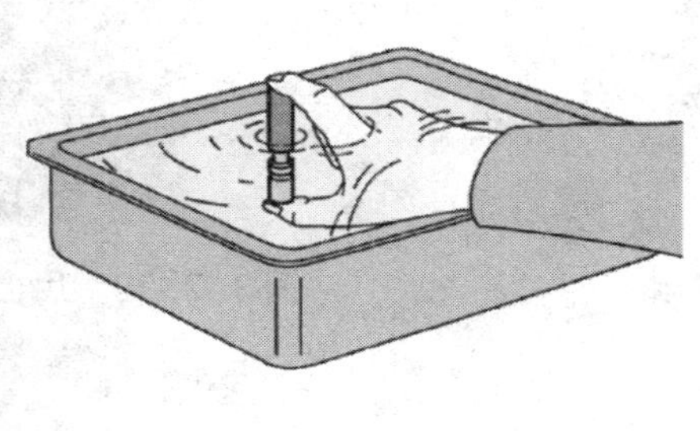
b）

图 3-3-15　液压挺柱密封性检查

a）专用工具使用注意事项　b）按压液压挺柱

3. 摇臂的检修

用手转动滚针，如图 3-3-16 所示，检查转动是否平稳，如果滚针转动不平稳，则更换气门摇臂。

4. 正时齿轮和链条的检查

（1）正时链条的检查

测量正时链条长度的方法是对链条施加一定的拉力，拉紧后使用游标卡尺测量其长度，如图 3-3-17 所示，用游标卡尺测量几个链节的长度，在任意三个位置进行测量并取平均值，如果平均伸长率大于允许伸长的最大值，则更换链条。

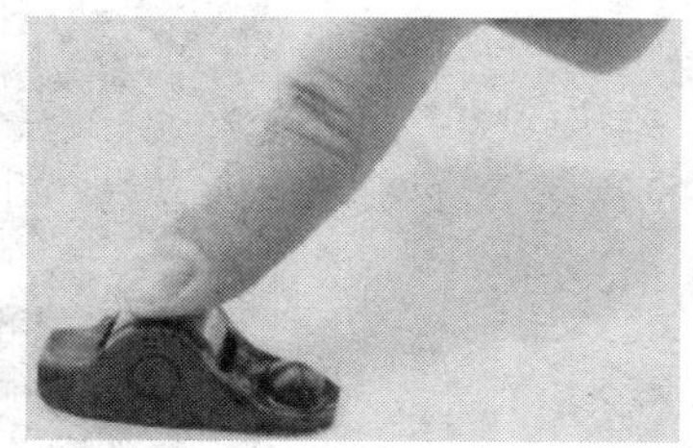

图 3-3-16　摇臂的检修

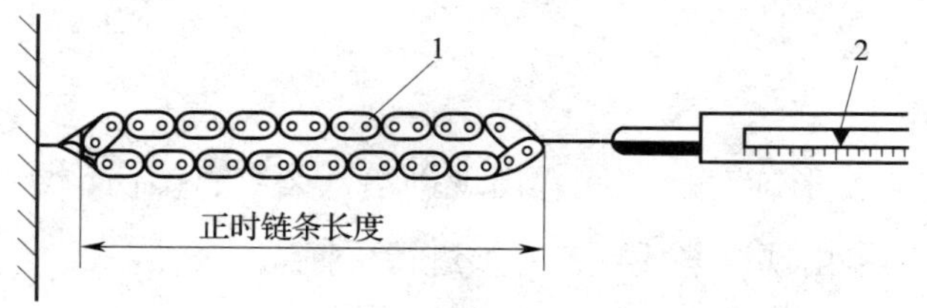

图 3-3-17　正时链条的检查

1—正时链条　2—游标卡尺

（2）正时齿轮的检查

将正时链条绕在齿轮上，用游标卡尺测量齿轮和链条的直径，如图 3–3–18 所示。如丰田 1ZR–FE 发动机凸轮轴正时齿轮总成最小直径（带链条）为 96.8 mm，曲轴正时齿轮最小直径（带链条）为 51.1 mm。测量时，游标卡尺的测量爪必须与正时齿轮紧密接触，如果测量直径小于最小值，则更换正时链条和正时齿轮。

图 3–3–18 正时齿轮的检查

课题 4 配气机构的工作原理

学习目标

1. 了解配气机构的工作过程。
2. 了解配气相位的作用、原理。
3. 掌握气门间隙的调整方法。

一、配气机构的工作过程

发动机工作时，曲轴通过正时齿轮驱动凸轮轴旋转，当凸轮的凸起部分顶起挺柱时，挺柱推动推杆一起上行，作用于摇臂上的推动力使摇臂绕轴转动，摇臂的另一端压缩气门弹簧使气门下行，气门打开，如图 3–4–1a 所示。随着凸轮轴继续转动，当凸轮的凸起部分离开挺柱时，气门便在气门弹簧弹力的作用下上行，关闭气门，如图 3–4–1b 所示。

四行程发动机每完成一个工作循环，曲轴旋转两周，各缸进、排气门各开启一次，凸轮轴旋转一周。

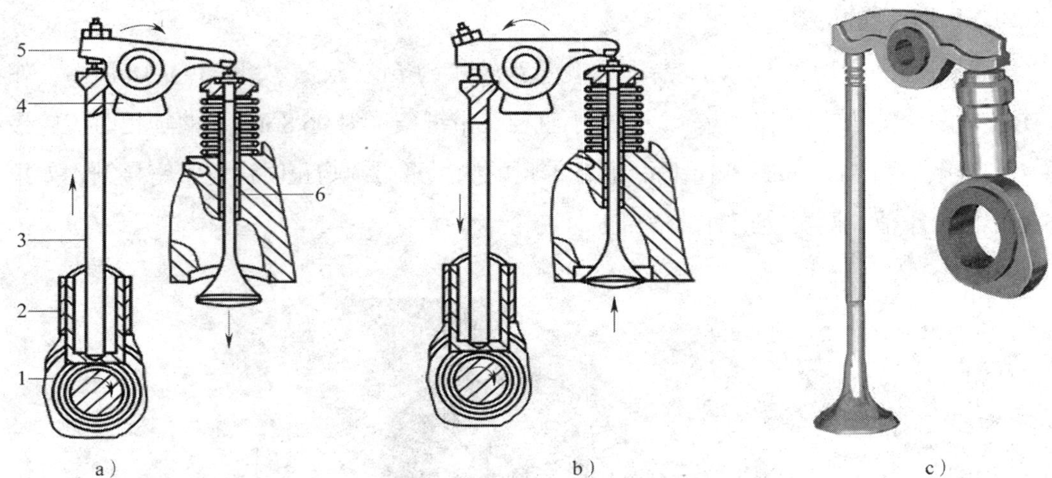

图 3–4–1　配气机构的工作原理

a）气门开启　b）气门关闭　c）配气机构结构图

1—凸轮　2—挺柱　3—推杆　4—摇臂轴支座　5—摇臂　6—气门

二、配气相位

配气相位是指用曲轴转角表示的进、排气门的开启时刻和开启延续时间，通常用环形图表示，如图 3–4–2 所示。

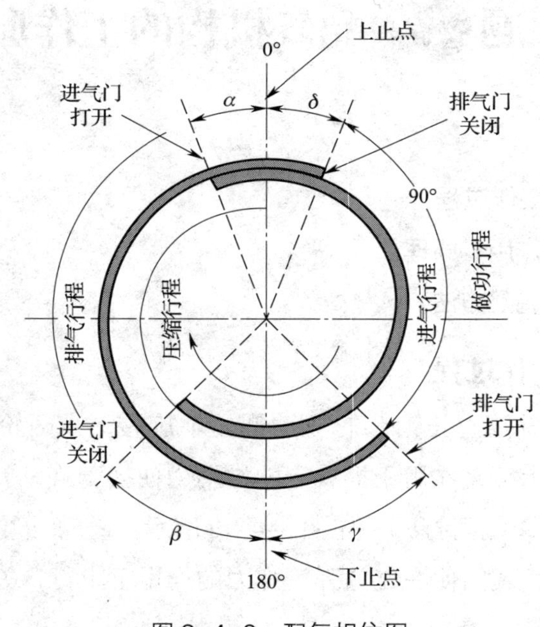

图 3–4–2　配气相位图

理论上，配气相位图中进气、压缩、做功、排气四个行程各占 180°，也就是说，进、排气门都是在上、下止点开闭，延续时间都是 180° 曲轴转角。实际上，凸轮为曲线设计，因此气门的开启和关闭需要一个过程，且发动机的转速高，气门全开的时间极短，为了提高充气效率，气门在工作中均早开、晚关。

1. 进气提前角

进气行程时，排气行程即将结束，活塞到达上止点前的某一刻，进气门早开，当排气结束活塞运动到上止点位置时，进气门已微开，如图 3–4–3 所示。

从进气门开启时刻至排气结束，活塞运动到上止点位置，这一过程所对应的曲轴转角称为进气提前角，用 α 表示，一般 α=10° ~ 30°，如图 3–4–2 所示。

进气门早开可增大进气行程开始时气门的开启高度，减小进气阻力，增加进气量。

2. 进气滞后角

进气行程结束，活塞处于下止点，如图 3–4–4a 所示，此时进气门并未完全关闭，活塞上行一段（已是压缩行程）后，如图 3–4–4b 所示，进气门才完全关闭。从活塞处于下止点位置延迟至进气门完全关闭所对应的曲轴转角称为进气滞后角，用 β 表示，一般 β=40° ~ 80°，如图 3–4–2 所示。

进气门晚关会延长进气时间，在大气压和气体惯性力的作用下，增加进气量。整个进气行程延续时间对应的曲轴转角为 180° $+\alpha+\beta$。

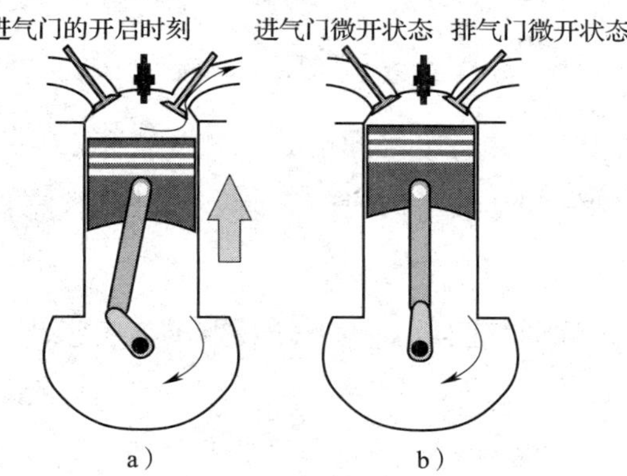

图 3–4–3 进气门的开启时刻

a）排气行程即将结束 b）排气行程结束

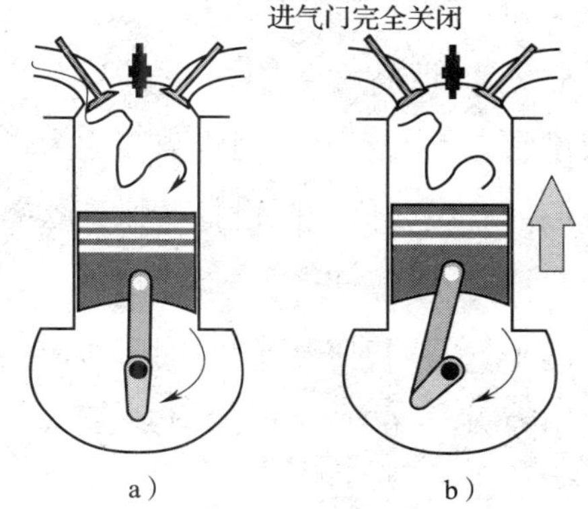

图 3–4–4 进气门完全关闭时刻

a）进气行程结束 b）压缩行程开始一段

3. 排气提前角

排气行程时，做功行程即将结束，活塞到达下止点前的某一刻，排气门早开，当做功行程结束活塞运动到下止点位置时，排气门已微开，如图 3–4–5 所示。

从排气门打开至活塞运动到下止点位置，这一过程所对应的曲轴转角称为排气提前角，用 γ 表示，一般 γ=40° ~ 80°，如图 3–4–2 所示。排气门早开，借助气缸内的高压自行排气，减小了排气阻力，使排气干净。

4. 排气滞后角

排气行程结束，活塞处于上止点，如图 3–4–6a 所示，此时排气门并未完全关闭，活塞下行一段（已是进气行程）后，如图 3–4–6b 所示，排气门才完全关闭。

从活塞处于上止点位置到排气门完全关闭所对应的曲轴转角称为排气滞后角，用 δ 表示，一般 δ=10°～30°，如图 3–4–2 所示。

整个排气行程对应的曲轴转角为 180° $+\gamma+\delta$。

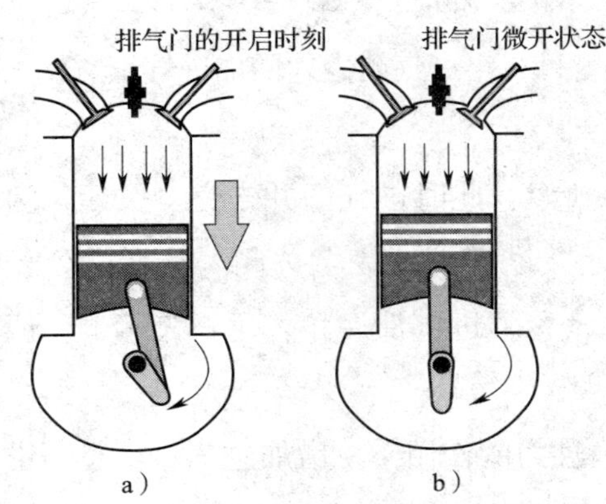

图 3–4–5　排气门的开启时刻

a）做功行程即将结束　b）做功行程结束

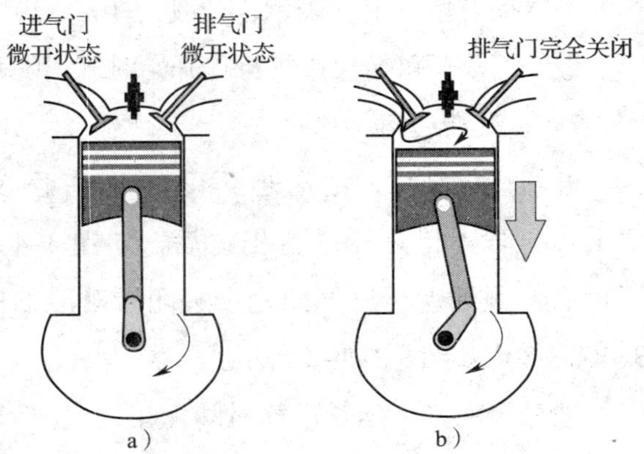

图 3–4–6　排气门完全关闭时刻

a）排气行程结束　b）进气行程开始一段

5. 气门重叠角

排气结束活塞处于上止点，因为进气门的早开，此时进气门已处于微开状态，又因为排气门的晚关，排气门也处于微开状态，进、排气门会有一段时间同时处于开启状态，这种现象称为气门叠开。

两个气门同时开启的时间所对应的曲轴转角称为气门重叠角，一般用 $\alpha+\delta$ 表示，气门重叠角为 20°～60°，如图 3–4–2 所示。

三、气门间隙

1. 气门间隙的概念

发动机运转时，在曲轴正时齿轮的驱动下凸轮轴随之旋转。当凸轮轴转到凸轮的凸起部分顶起气门摇臂的一端时，另一端即向下运动，压缩气门弹簧，从而使气门打开；当凸轮轴转到凸轮的圆弧部分时，在气门弹簧的作用下气门关闭。为消除发动机工作时因热膨胀导致的气门关闭不严的现象，在凸轮与气门摇臂之间留有一定的间隙，此间隙称为气门间隙，如图 3–4–7 所示。它的作用是给热膨胀留有余量，从而保证气门的密封。

不同的发动机，其气门间隙的大小不同。一般冷态时，排气门间隙大于进气门间隙。

采用液压挺柱的配气机构不需要留气门间隙。

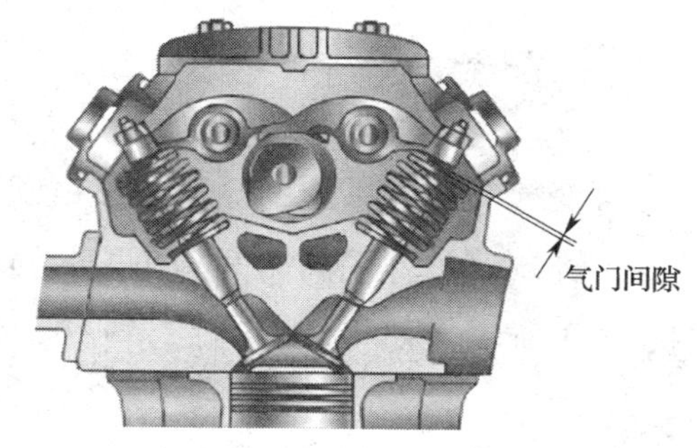

图 3-4-7　气门间隙

发动机在使用过程中，由于零件磨损、调整螺钉松动以及重新拆装气缸盖等原因，都会使气门间隙改变。如果气门间隙过小，零件会因受热膨胀而伸长，造成气门关闭不严，发动机功率下降。此外，气门间隙过小还会造成气缸内的高温气体从缝隙中漏出，使气门工作温度过热，甚至烧坏。如果气门间隙过大，会使气门与气门座等零件撞击加剧，缩短使用寿命，同时使气门开启持续时间缩短，影响气缸内新鲜空气的进入及废气的排出，导致发动机功率下降。因此，为保证发动机正常工作，必须定期检查和调整气门间隙。

2. 气门间隙的调整方法

气门间隙的调整方法有以下两种。

（1）逐缸调整法

根据气缸的点火次序，确定某缸活塞在压缩行程上止点位置，对此缸进、排气门进行调整，调整以后转动曲轴，按照相同步骤逐步调整其他各缸气门间隙。

（2）两次调整法

转动曲轴，使第一缸活塞处于压缩行程上止点，飞轮正时标记与检查孔刻线对正，这时可调 1、2、4、5、8、9 气门（指发动机气门由前向后排列顺序），然后转动曲轴一圈，使 6 缸活塞处于压缩行程上止点，再调 3、6、7、10、11、12 气门。调整时，一边拧调整螺钉，一边用塞尺插入气门杆端部与摇臂之间来回拉动，感到稍有阻力为宜，然后重新检查一遍，直到合适为止。

逐缸调整法需要多次转动曲轴，检查时间长，但对于磨损较严重的发动机用此方法调整气门间隙比较精确。

课题 5　可变气门正时系统

学习目标

1. 了解可变气门正时系统的概念、分类及应用。
2. 了解可变气门升程的常见结构及工作原理。

一、可变气门正时系统

1. 可变气门正时系统的原理

可变气门正时系统的原理是根据发动机的运行情况，通过不同的设备调整进、排气的量，控制气门开闭的时间和角度，使进入的空气量达到最佳，从而提高燃烧效率，如图 3–5–1 所示。

图 3–5–1　可变气门正时系统

2. 可变气门正时的分类

（1）连续可变气门正时和非连续可变气门正时

非连续可变气门正时系统只有两段或三段固定的相位角可选择，通常是 0° 或 30° 中的一个。连续可变气门正时系统能够实现相位角连续变化，根据转速不同，可在 0° ~ 30° 线性调整配气相位。因此，连续可变气门正时系统更适合匹配各种转速，能有效提高发动机的输出性能，特别是发动机的输出平顺性。

（2）可变进气门正时和可变排气门正时

大部分可变气门正时系统都可以实现进、排气门正时在一定范围内无级可调，少数发动机仅在进气门也配备了可变气门正时系统。

二、可变气门升程技术

1. 可变气门升程技术的作用

可变气门正时技术的功能主要是改变发动机气门开启和闭合的时间，以更合理地控制发动机转速所需的空气量，其主要作用是降低油耗，提高经济性。发动机的实质动力表现与单位时间内气缸的进气量有关，可变气门正时系统无法有效改变这一点，因此它对动力提升的作用有限，但可变气门升程技术可以弥补这一不足。

2. 可变气门升程技术的工作原理

本田可变气门正时和升程电子控制系统中的可变配气定时机构如图 3–5–2 所示。

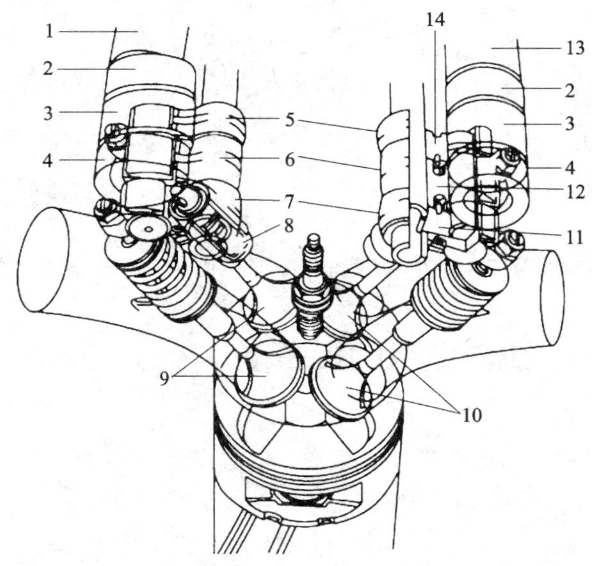

图 3–5–2 本田可变配气定时机构

1—进气凸轮轴 2—第一低速凸轮 3—高速凸轮 4—第二低速凸轮 5—第一摇臂 6—中间摇臂 7—第二摇臂 8—回位弹簧 9—进气门 10—排气门 11—液压活塞 A 12—液压活塞 B 13—排气凸轮轴 14—限位活塞

其具体工作过程如下：

（1）发动机在低负荷运转情况下，小活塞在原位置上，三根摇臂分离，第一低速凸轮和第二低速凸轮分别推动第一摇臂和第二摇臂，控制两个进气门的开闭，气门升量较少，其情形类似于普通的发动机。虽然高速凸轮也推动中间摇臂，但由于摇臂之间已分离，其他两根摇臂不受它的控制，因此不会影响气门的开闭状态，如图 3–5–3a 所示。

（2）当发动机达到某个设定的高转速时，计算机即会指令电磁阀启动液压系统推动摇臂内的小活塞，使三根摇臂锁成一体，一起由高速凸轮驱动，如图 3–5–3b 所示。由于高速凸轮比其他凸轮高，因此进气门开启时间延长，升程增大，如图 3–5–3c 所示。

（3）当发动机转速降低到某个设定的低转速时，摇臂内的液压随之降低，液压活塞在回位弹簧作用下退回原位，三根摇臂分开。这样保证了发动机低转速时对油耗的控制，同时满足发动机在高转速下动力输出的需要。

整个可变气门正时和升程电子控制系统由发动机主计算机（ECU）控制，ECU 接收发动机传感器的参数（包括转速、进气压力、车速、冷却液温度等）并进行处理，输出相应的控制信号，通过电磁阀调节摇臂活塞液压系统，从而使发动机在不同的转速下由不同的凸轮控制，影响进气门的开度和时间。

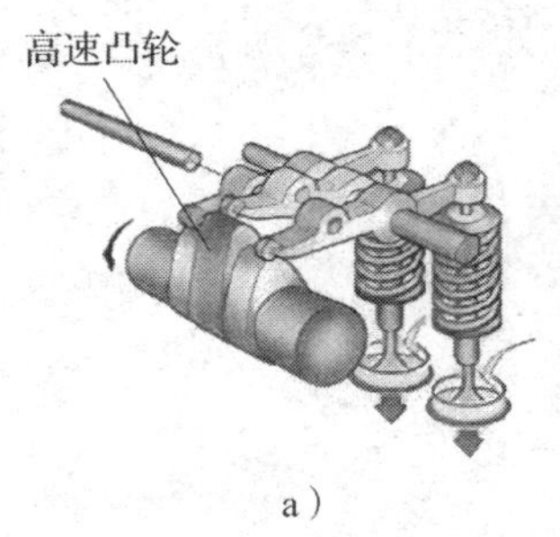

a）

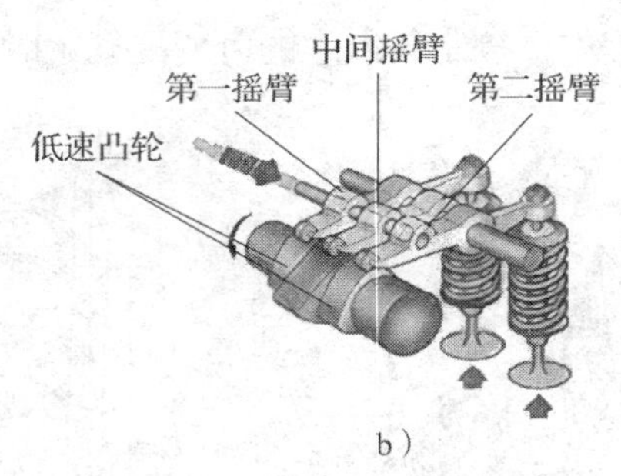

b）

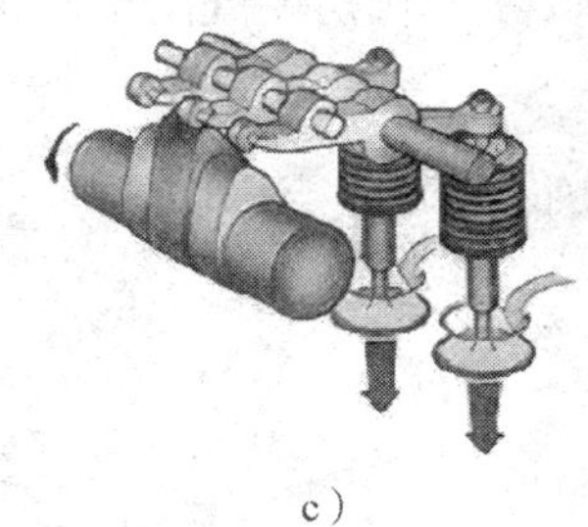

c）

图 3-5-3　可变配气定时机构的工作过程

【技能训练——正时链条的拆装】

一、实训器材

丰田 1ZR-FE 发动机、维修手册、零件车、工具车、常用工具、专用工具、抹布等。

二、实训内容与要求

1. 掌握发动机正时链条的拆装顺序。

2. 掌握发动机正时链条的拆装注意事项。

三、实训步骤

序号	图示	步骤及技术要点
1		拆卸气缸盖罩分总成和气缸盖罩衬垫 注意：拆卸气缸盖罩时，不要将气缸盖罩衬垫掉进发动机，气缸盖罩衬垫可能会黏附在气缸盖罩上

续表

序号	图示	步骤及技术要点
2		拆卸 1 号正时链条张紧器总成 注意：不要在不使用链条张紧器的情况下转动曲轴
3	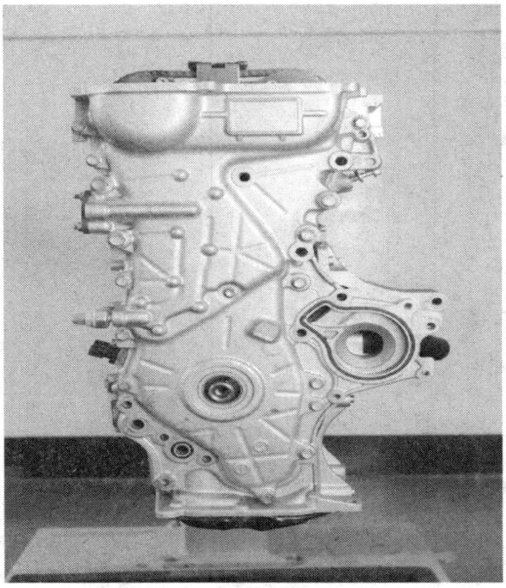	拆卸正时链条盖分总成

续表

序号	图示	步骤及技术要点
4	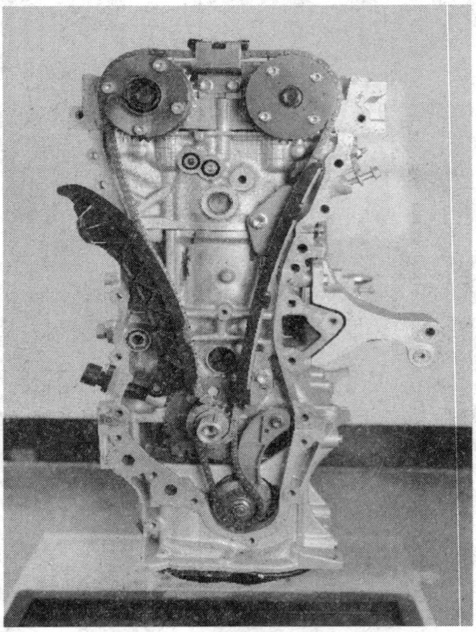	拆卸正时链条张紧器导板和1号链条振动阻尼器
5	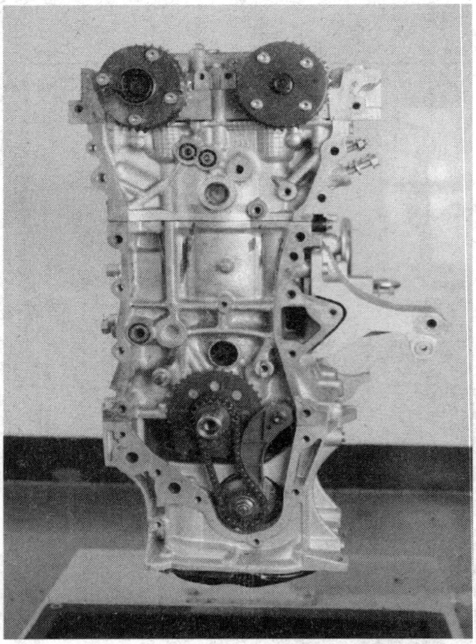	拆卸正时链条分总成
6	安装注意事项： （1）安装正时链条时按照与拆卸相反的顺序进行 （2）安装时确保正时标记对齐	

【技能训练——气门组和气门传动组的拆装】

一、实训器材

丰田 1ZR–FE 发动机、维修手册、零件车、工具车、常用工具、专用工具、气门弹簧拆装钳、气门油封钳、抹布等。

二、实训内容与要求

1. 掌握发动机气门组和气门传动组的拆装顺序。

2. 掌握发动机气门组和气门传动组的拆装注意事项。

三、实训步骤

序号	图示	步骤及技术要点
1		拆卸凸轮轴固定螺栓和轴承盖
2		拆卸凸轮轴

续表

序号	图示	步骤及技术要点
3		拆卸气门摇臂及气门间隙调节器
4		用气门弹簧拆装钳将气门弹簧座压下，取出气门锁片、气门弹簧和气门
5		用气门油封钳取出气门油封
6	安装注意事项： （1）安装气门组和气门传动组时，按照与拆卸相反的顺序安装 （2）安装气门油封时，确保按压到位，同时要防止气门油封变形或损坏 （3）注意区分进、排气门的气门油封颜色	

知识总结

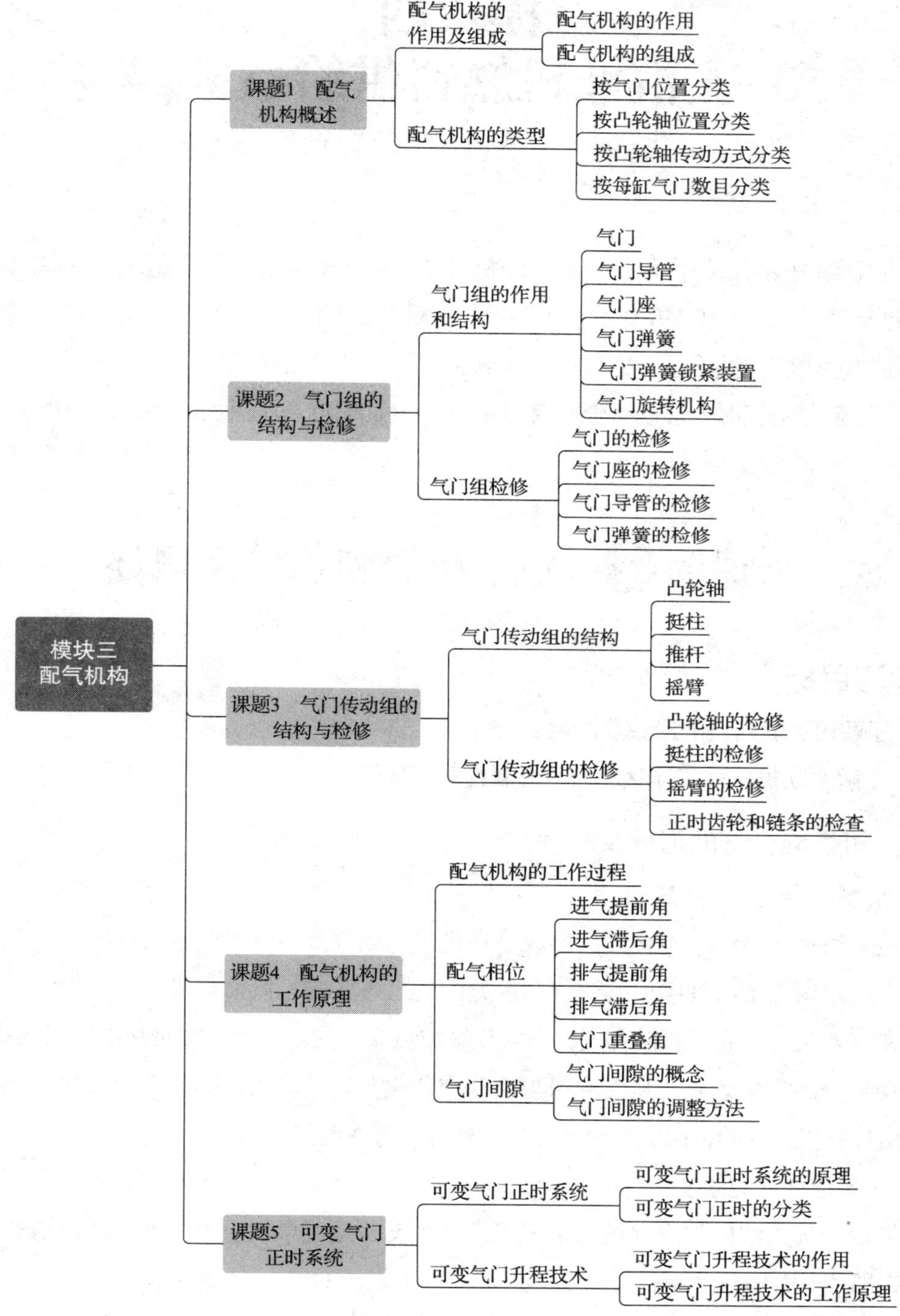
模块三
配气机构
课题1 配气机构概述
配气机构的作用及组成
配气机构的作用
配气机构的组成
配气机构的类型
按气门位置分类
按凸轮轴位置分类
按凸轮轴传动方式分类
按每缸气门数目分类
课题2 气门组的结构与检修
气门组的作用和结构
气门
气门导管
气门座
气门弹簧
气门弹簧锁紧装置
气门旋转机构
气门组检修
气门的检修
气门座的检修
气门导管的检修
气门弹簧的检修
课题3 气门传动组的结构与检修
气门传动组的结构
凸轮轴
挺柱
推杆
摇臂
气门传动组的检修
凸轮轴的检修
挺柱的检修
摇臂的检修
正时齿轮和链条的检查
课题4 配气机构的工作原理
配气机构的工作过程
配气相位
进气提前角
进气滞后角
排气提前角
排气滞后角
气门重叠角
气门间隙
气门间隙的概念
气门间隙的调整方法
课题5 可变气门正时系统
可变气门正时系统
可变气门正时系统的原理
可变气门正时的分类
可变气门升程技术
可变气门升程技术的作用
可变气门升程技术的工作原理

模块四 汽油机燃料供给系

汽油机燃料供给系的作用是根据发动机各种不同工况的要求，配制出一定数量和浓度的可燃混合气，供入气缸，并在发动机做功行程后将废气排出。

汽油喷射式燃料供给系是通过电子控制装置将汽油喷射到相应气缸进气门前方的进气歧管上，与新鲜空气混合形成可燃混合气后进入气缸燃烧，是目前应用最广泛的可燃混合气供给装置。

课题❶ 汽油机燃料供给系概述

学习目标

1. 了解可燃混合气的形成及浓度。
2. 了解发动机各种工作状况对可燃混合气浓度的要求。

一、可燃混合气的形成及浓度

1. 可燃混合气的形成过程

电控燃油喷射系统中混合气的形成是在进气管或气缸中进行的。喷油器将来自供油系统且具有一定压力的汽油喷射到进气门前方的进气歧管内，汽油与来自空气供给系统的新鲜空气在缸外混合形成可燃混合气，进入气缸被点燃做功。由于汽油是从细小的喷嘴喷出，能够实现较好的雾化效果，从而确保与空气均匀混合，形成良好的可燃混合气。此外，喷油量是由计算机控制的，因此混合气的浓度始终保持在最佳状态。

2. 可燃混合气的浓度

可燃混合气的浓度常用空燃比来表示。空燃比 R 是可燃混合气中空气质量与燃油质量的比值，即

$$R=\frac{\text{空气质量（kg）}}{\text{燃油质量（kg）}}$$

理论上，1 kg 汽油完全燃烧需要的空气量为 14.7 kg，即可燃混合气的空燃比为 14.7∶1

时，为标准混合气；$R>14.7$ 时，为稀混合气；$R<14.7$ 时，为浓混合气。

另外，可燃混合气浓度还可以用过量空气系数来表示。过量空气系数 α 是指燃烧过程中 1 kg 燃料实际供给的空气质量（kg）与 1 kg 燃料理论上完全燃烧所需要的空气质量（kg）之比，即

$$\alpha=\frac{\text{燃烧 1 kg 燃料实际所需的空气质量}}{\text{燃油质量（kg）理论上完全燃烧 1 kg 燃料所需的空气质量}}$$

$\alpha=1$ 时，为标准混合气；$\alpha>1$ 时，为稀混合气；$\alpha<1$ 时，为浓混合气。

二、可燃混合气浓度对发动机工作的影响

可燃混合气浓度对发动机工作的影响见表 4–1–1。当可燃混合气过浓或过稀时，发动机将不能工作。

表 4–1–1　可燃混合气浓度对发动机工作的影响

混合气浓度	空燃比 R	发动机功率	耗油率	原因	发动机工作情况
过浓	6.5 ~ 13	减少	显著增大	燃烧不完全	有排气冒黑烟现象，排气污染严重
稍浓	13.2 左右	最大	增大约 18%	燃烧速度快，热效率高	—
标准	14.7	减少约 2%	增大约 4%	不能充分混合，残余废气对燃烧有影响	—
稍稀	16.7 左右	减少约 8%	最小	能较好混合，燃烧较充分	加速性变坏，经济性好
过稀	17 ~ 20	显著减少	显著增大	燃烧速度过慢，热效率明显增大	出现加速不良，回火，排气有“突、突”声

发动机输出的扭矩与汽车施加给发动机的阻力矩相等，即发动机负荷相平衡。发动机的扭矩是随节气门开度变化而变化的，因此可以用节气门开度的大小来表示负荷的大小。

节气门开度在 0 ~ 25% 时发动机为小负荷工况；节气门开度在 25% ~ 85% 时发动机为中负荷工况；节气门开度在 85% ~ 100% 时发动机为大负荷和全负荷工况。

课题❷ 汽油机燃料供给系的组成

学习目标

1. 掌握汽油机燃料供给系的组成。
2. 掌握汽油机燃料供给系各组成部分的工作原理。

发动机电子控制燃油喷射系统由电子控制系统、燃油供给系统、空气供给系统、排放控制系统、电控点火系组成。

一、电子控制系统

发动机电控燃油喷射系统中的电子控制系统主要由传感器、电控单元（ECU）和执行器组成，如图 4-2-1 所示。

发动机电子控制系统是将发动机的运行工况信息，如进气量、节气门位置、冷却液温度、进气温度信息和汽车的运行状况信息（如车速）等，通过传感器转换成电信号并输送

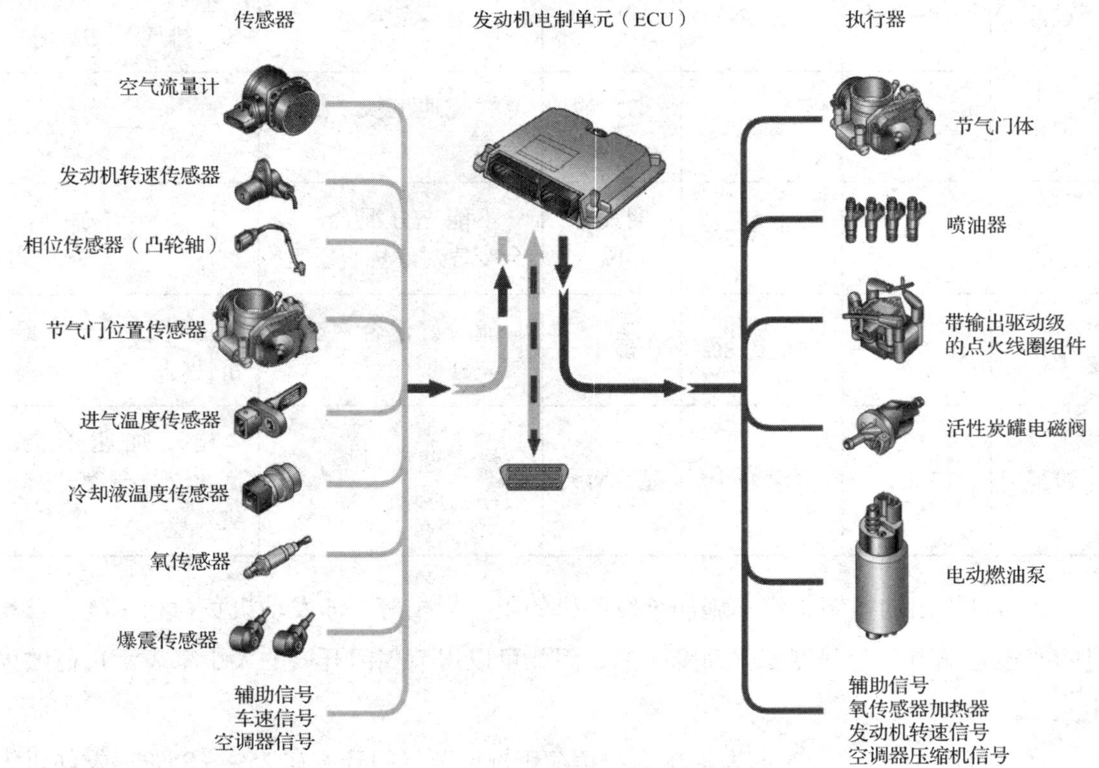

图 4-2-1 发动机电子控制系统的组成

给电控单元，电控单元对这些电信号进行实时计算、分析等处理后，确定出最佳控制方案并向各有关执行元件发出控制指令信号，控制喷油量、点火时刻等，从而控制发动机在各种工况下都处于最佳工作状态。同时，电控单元还具备有系统范围内的故障自诊断功能和后备控制（系统）功能，使某些元件出现故障时仍能保证发动机正常工作并通过故障指示灯告知驾驶员，同时使用代码对故障进行记录。

二、燃油供给系统

电控发动机的燃油供给系统主要由燃油箱、电动燃油泵、汽油滤清器、燃油分配管、压力调节器、喷油器及连接油管等组成，如图 4-2-2 所示，有些发动机还装有汽油压力缓冲器。

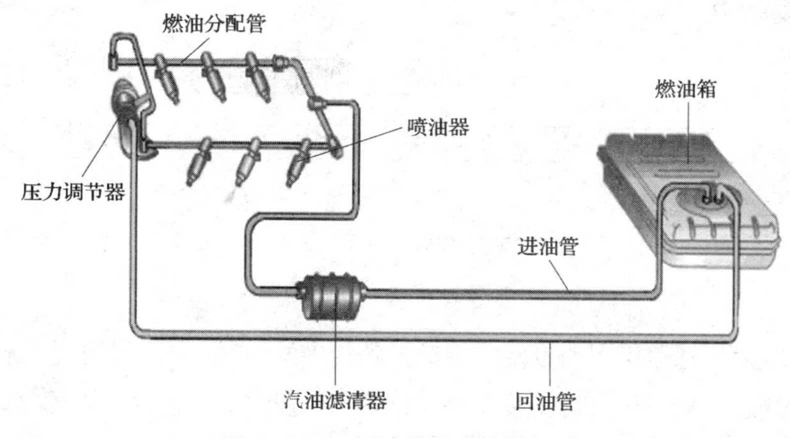

图 4-2-2　燃油供给系统的组成

燃油供给系统的作用是向发动机气缸供给燃烧所需的适量燃油。发动机工作过程中，汽油经滤网被电动燃油泵吸出并加压，经汽油滤清器过滤后送至燃油分配管，在压力调节器的控制下使油压与进气歧管内的气压差保持恒定不变，电控单元（ECU）控制喷油器适时开启，将定量的汽油喷入进气歧管，多余的汽油经回油管流回到油箱。

三、空气供给系统

空气供给系统的作用是测量和控制发动机的进气量。根据测量发动机进气量的方式不同，空气供给系统分为质量流量式和速度密度式两种。

这两种空气供给系统在测量元件和安装位置上有所区别，其他部分基本相同，其一般由空气滤清器、空气流量计或进气歧管压力传感器、节气门位置传感器、怠速控制装置等组成。

1. 质量流量式空气供给系统

图 4-2-3 所示为电控发动机质量流量式空气供给系统。在气缸真空吸力的作用下，空

气经过空气滤清器过滤，流经空气流量计、节气门体或怠速控制阀、进气总管、进气歧管，与喷油器喷出的汽油混合后被吸入气缸内燃烧。

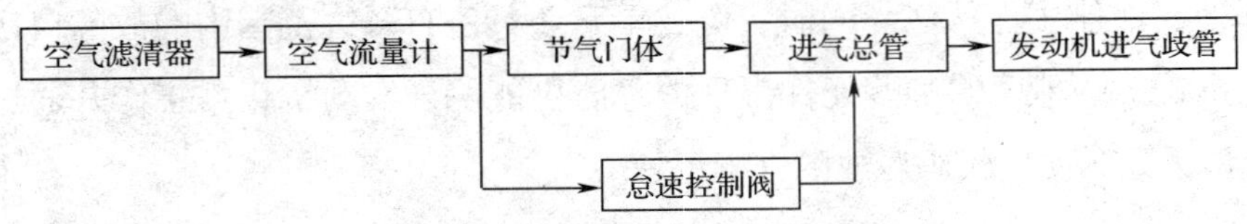

图 4-2-3　质量流量式空气供给系统示意图

2. 速度密度式空气供给系统

图 4-2-4 所示为电控发动机速度密度式空气供给系统。在气缸真空吸力的作用下，空气经过空气滤清器过滤，流经节气门体或怠速控制阀、进气总管、进气歧管，与喷油器喷出的汽油混合后被吸入气缸内燃烧。

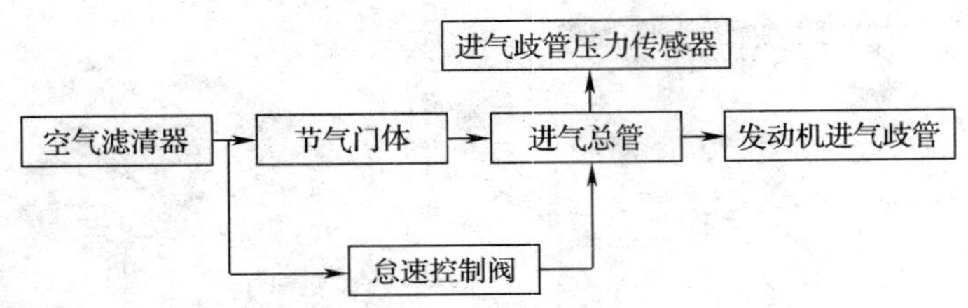

图 4-2-4　速度密度式空气供给系统示意图

进气歧管压力传感器用于测量发动机进气歧管内的绝对压力，位于节气门体后方，通过真空管与进气总管相连或直接安装在进气总管上。通过测量进气管内的气体绝对压力信号，由电控单元 ECU 换算出每个工作循环发动机吸入的空气质量，并根据这一信号和发动机工况所需的空燃比计算出汽油的基本喷射量。

四、电控点火系

电控点火系主要由电源、点火开关、控制单元、传感器、点火模块、火花塞等组成，如图 4-2-5 所示。

1. 电源

汽车的电源包括蓄电池和发电机。其中，蓄电池是在发动机刚启动、低速行驶时向汽车供电；当发动机在中速以上运转时，则由发电机向汽车供电。

2. 点火开关

点火开关主要用来控制点火电路，同时也控制发电机磁场电路、起动电路等。

3. 传感器

传感器包括空气流量计（或进气压力传感器）、曲轴位置传感器、凸轮轴位置传感器、爆震传感器、冷却液温度传感器、氧传感器、海拔高度传感器、大气压力传感器等。

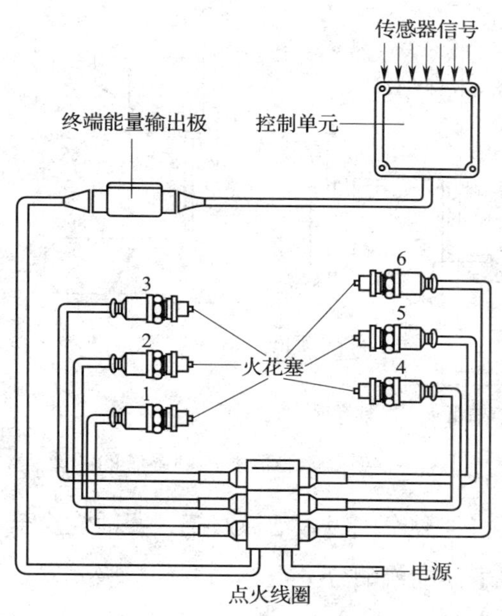

图 4–2–5　电控点火系的组成

4. 控制单元（ECU）

控制单元包括中央电器控制单元、发动机控制单元和网关。控制单元接收各传感器传来的检测信号，通过分析、计算后，发出指令（脉冲信号）给执行器。

5. 执行器

执行器包括点火驱动模块、点火线圈和火花塞等。执行器接收控制单元发出的指令，并按指令完成相应的动作。

五、排放控制系统

汽油机排放的污染物主要是 CO、HC、NOx 等。污染物的来源有排气、燃油蒸发以及曲轴箱窜气。为了减少排放污染，现代汽车采取了许多措施来加以控制。

1. 燃油蒸发控制系统

燃油蒸发控制系统的作用是阻止汽油箱内的汽油蒸汽泄漏到大气中污染环境。同时，收集的汽油蒸汽可适时送入进气管，与空气混合后进入燃烧室燃烧，提高发动机的燃油经济性。

燃油蒸发控制系统的组成如图 4–2–6 所示。当汽油箱内的汽油蒸汽压力高于外界压力时，汽油蒸汽经蒸汽管进入活性炭罐内，汽油分子被活性炭罐内的活性炭吸附，剩下的空气经活性炭罐的出气孔排入大气中。当汽油箱内的汽油蒸汽压力低于外界压力时，空气经活性炭罐、蒸汽管进入汽油箱，以平衡油箱压力。

活性炭罐上方有一出口通过真空软管和炭罐清污电磁阀与发动机进气歧管相连，炭罐清污电磁阀由 ECU 控制。当发动机在正常运转状态时，ECU 控制炭罐清污电磁阀开启，依

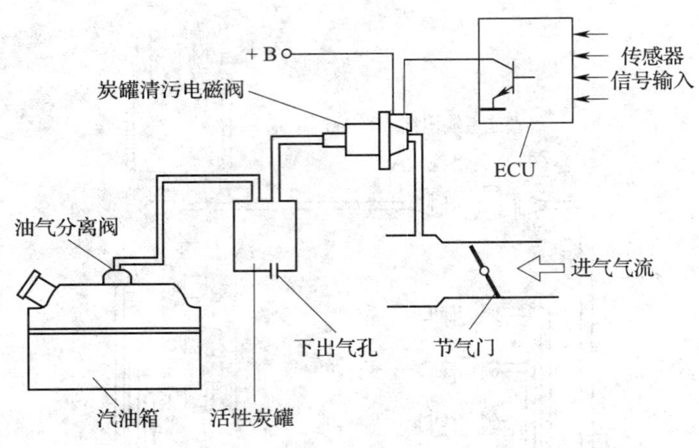

图 4-2-6　燃油蒸发控制系统的组成

靠进气管真空吸力作用，将外界空气吸入活性炭罐，经活性炭至真空管被吸入发动机。流动的空气使吸附在活性炭表面的汽油分子重新蒸发并被吸入发动机，一方面使汽油得到充分利用，另一方面恢复了活性炭的吸附能力。

2. 三元催化转换器

三元催化转换器的作用是将汽车尾气中的有害物 CO、HC 和 NOx 转化成为 H_2O、CO_2 和 N_2，有效减少排放污染。三元催化转换器由壳体、隔热密封垫和涂有铂、铑等贵重金属催化剂的蜂窝状陶瓷载体组成，如图 4-2-7 所示。

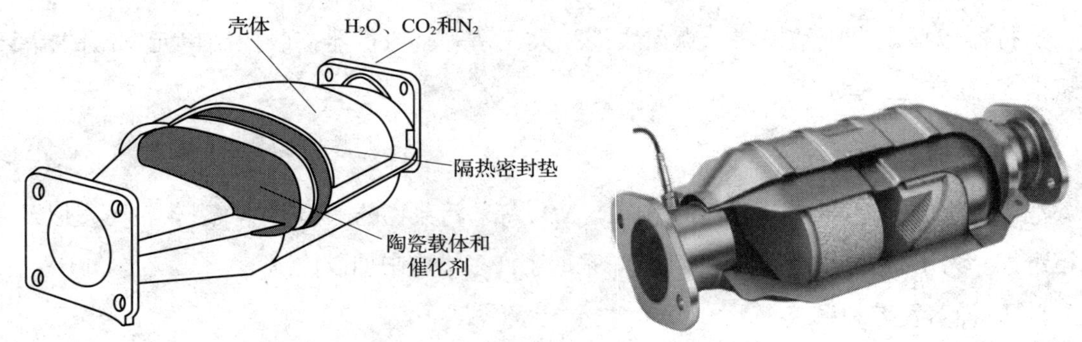

图 4-2-7　三元催化转换器

3. 废气再循环系统

废气再循环系统的作用是降低发动机 NOx 的排放量，其基本结构如图 4-2-8 所示。NOx 是在高温和富氧条件下生成的，燃烧温度越高生成的 NOx 越多。发动机在热机状态下中高速运转时，气缸内的燃烧状况良好，燃烧温度较高，加剧了 NOx 的生成量。此时，由电控单元 ECU 控制废气再循环阀打开，通过废气再循环系统将一部分废气引入进气管。废气量的增加使发动机燃烧速度降低，燃烧温度也随之降低，能有效减少 NOx 的排放量。

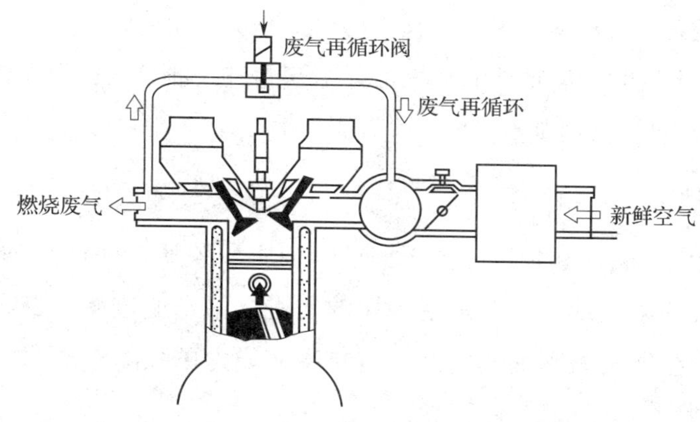

图 4-2-8 废气再循环系统

课题❸ 汽油机燃料供给系辅助装置

学习目标

1. 掌握汽油机燃料供给系各辅助装置的作用和结构。
2. 掌握汽油滤清器的更换方法。
3. 掌握空气滤清器的维护方法。

一、汽油箱

汽油箱用于储存汽油。汽车上配备油箱的容量一般能保证汽车行驶 300 ~ 600 km。汽油箱的外形和安装位置主要考虑全车的合理布置和安全性，多放置在车架的左侧中部或车身的后部。

汽油箱上部接有注油管，内部一般设有隔板，以减轻汽车行驶时汽油的振荡。图 4-3-1 所示为常见中型和大型汽车的油箱，其底部装有放油螺塞，用于排放油中的水分和杂质。

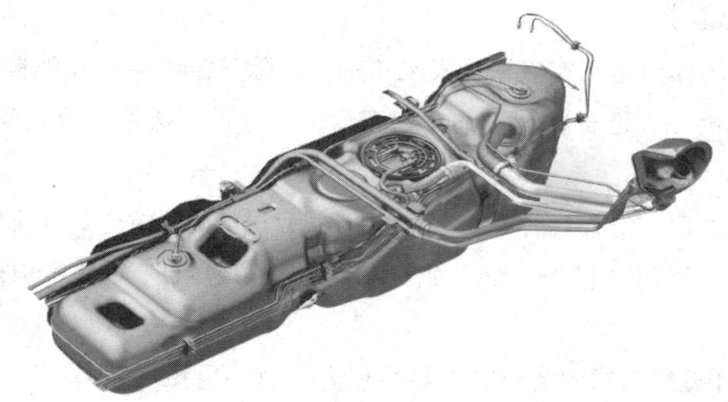

图 4-3-1 常见中型和大型汽车的油箱

汽油箱盖设有空气阀和蒸汽阀。双阀结构用于平衡油箱内、外压力，当汽油减少，油箱内压力下降到一定值时，油箱外的空气推开空气阀进入油箱内；当油箱内蒸汽过多，压力升高时，蒸汽阀打开，汽油蒸汽排出，进入大气。

二、汽油滤清器

汽油滤清器用于除去汽油中的水分、固体杂质和胶质，保证汽油泵和喷油器正常工作。在汽油进入油泵之前，一般采用金属滤网进行第一道过滤，去除大颗粒杂质，保证油泵正常工作。在油泵与喷油器之间，装有滤清能力更强的汽油滤清器，保证燃油的清洁。

如图 4–3–2 所示，汽油滤清器在结构上有可拆式和不可拆式两种，其常见滤芯有纸质滤芯和陶瓷质滤芯。多数汽车采用不可拆式汽油滤清器。纸质滤芯常用化纤或微孔滤纸材料，外壳为密封式塑料或金属。燃油经进油口进入汽油滤清器后，由于容积变大、流速变小，密度大的水分、固体杂质、胶质沉淀于外壳底部，燃油再经过滤芯过滤后从出油口流出。

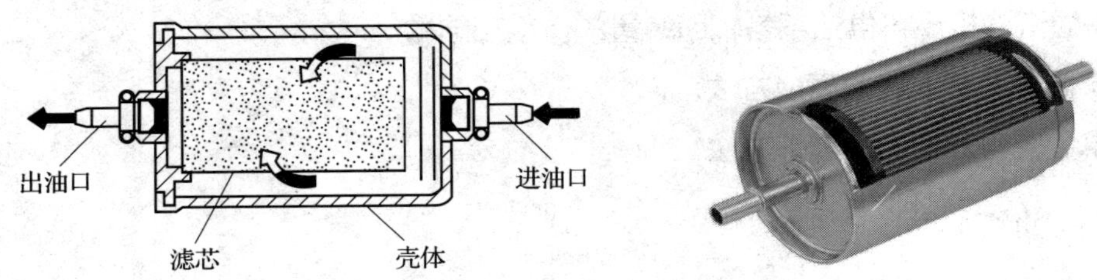

图 4–3–2 汽油滤清器的结构

汽油滤清器使用一定时间后，会因杂质的沉积造成堵塞，导致供油压力和供油量不足。一般汽车每行驶 30 000 ~ 40 000 km 应更换一次汽油滤清器。如发现使用过程中燃油杂质成分较多，应缩短汽油滤清器的更换周期。

三、空气滤清器

空气滤清器的作用是在空气进入发动机前，清除其中的尘土和沙粒，以减少气缸、活塞、活塞环的磨损，延长发动机的使用寿命，消除进气流所形成的噪声，减少环境污染。

按照滤清方式不同，空气滤清器可分为惯性式、过滤式、综合式三种类型。使用较为广泛的是过滤式纸质干式空气滤清器，它具有重量轻、成本低、使用维护方便、滤清效果好等优点。

过滤式纸质干式滤清器的结构如图 4–3–3 所示，其主要由上壳体、下壳体、空气滤芯和带粗滤器的进气管组件等组成。空气滤清器安装在进气管道的最前端。滤芯使用树脂处

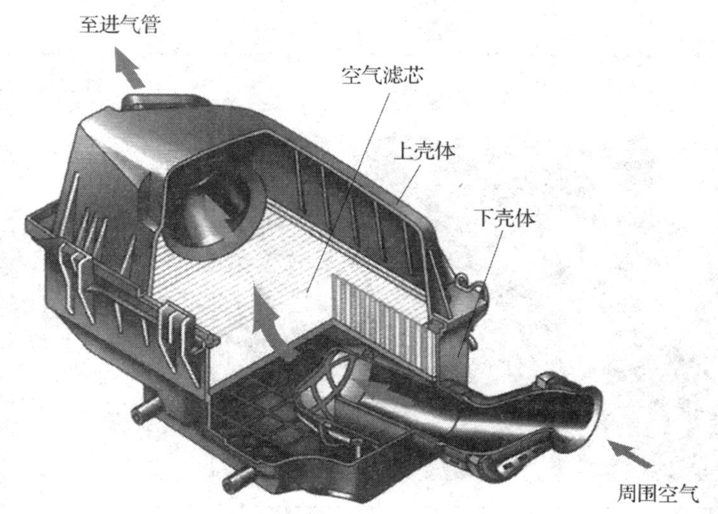

图 4-3-3　过滤式纸质干式滤清器的结构

理的微孔滤纸制成，滤芯呈波折状，以便获得较大的过滤面积。有的滤芯上、下两端均设计有塑料密封圈，以保证滤芯两端的密封。发动机工作时，空气从滤芯的四周穿过滤纸进入滤芯中心，杂质被滤芯阻留在滤芯外面，清洁的空气进入进气管，流向气缸。

【技能训练——汽油滤清器的更换】

一、实训练器材

实训车（丰田卡罗拉 1.6L）、新汽油滤清器、工具车、零件车、维修手册等。

二、实训内容与要求

能更换车辆汽油滤清器。

三、实训步骤

序号	图示	步骤及技术要点
1		断开蓄电池负极并做好车辆防护，拆卸后排座椅坐垫总成，拆下后地板维修孔盖

续表

序号	图示	步骤及技术要点
2	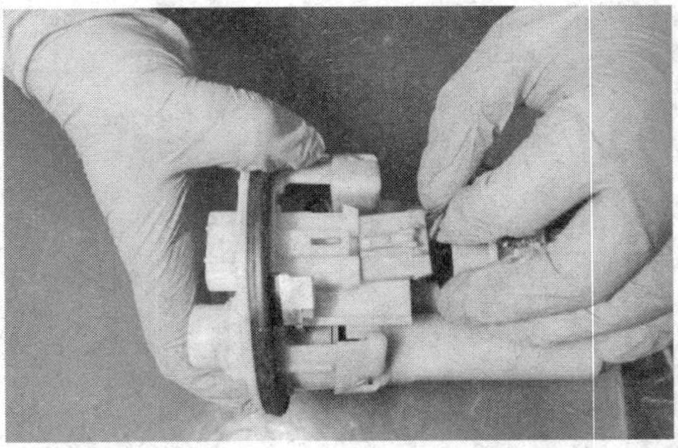	拆卸燃油表传感器总成
3	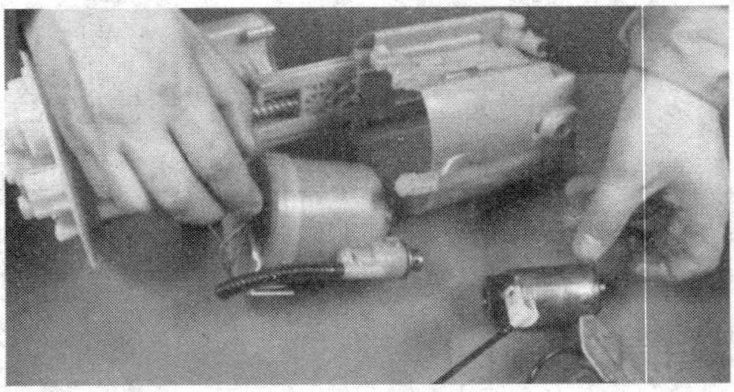	按照维修手册要求分离出汽油滤清器
4	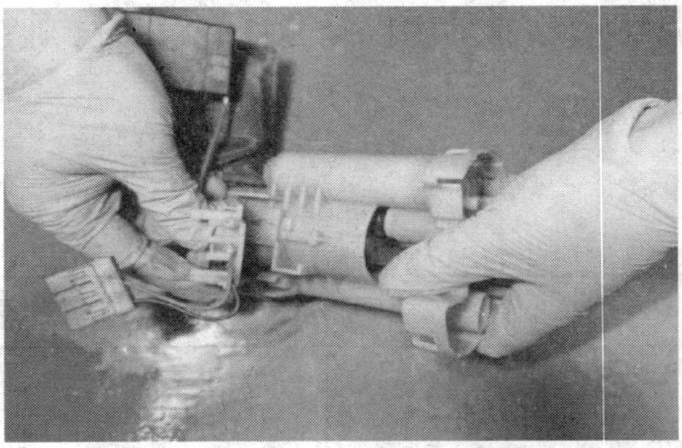	按照维修手册要求安装燃油表传感器总成
5	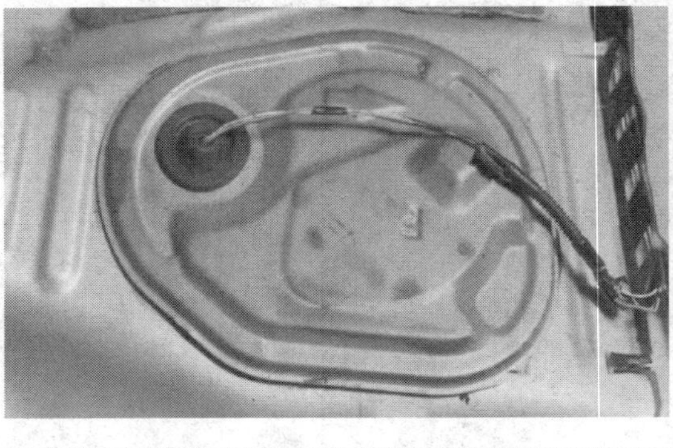	安装后地板维修孔盖，检查燃油是否泄漏，清洁现场

【技能训练——空气滤清器的维护】

一、实训器材

丰田 1ZR–FE 发动机、新空气滤清器滤芯、工具车、零件车、维修手册等。

二、实训内容与要求

1. 能够对空气滤清器进行正常清洁。

2. 能够更换空气滤清器。

三、实训步骤

序号	图示	步骤及技术要点
1		清洁空气滤清器外部壳体，松开空气滤清器锁扣，用抹布擦拭空气滤清器外部，防止杂质掉入
2	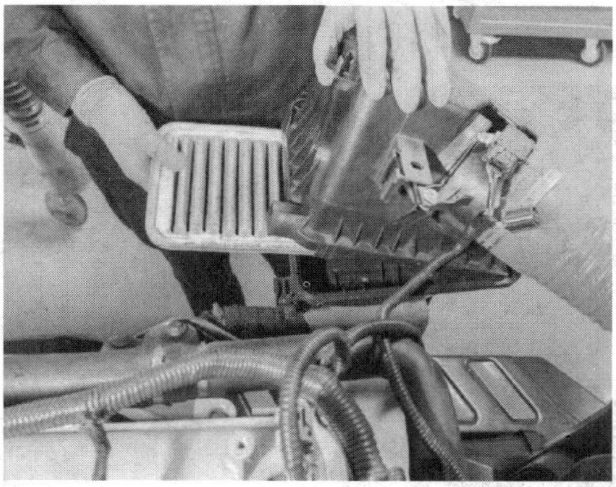	取出旧空气滤清器滤芯

续表

序号	图示	步骤及技术要点
3	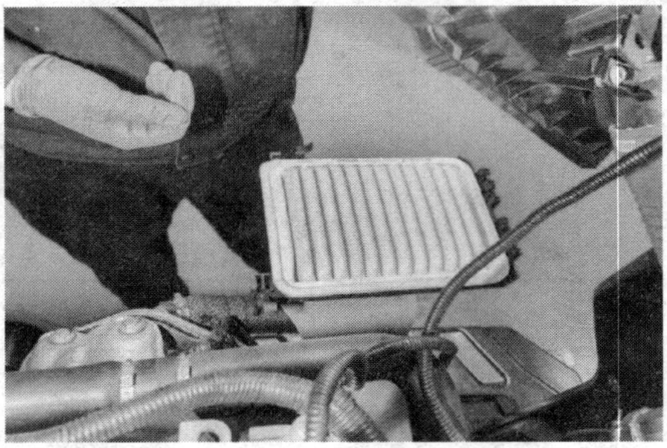	装入新空气滤清器滤芯
4	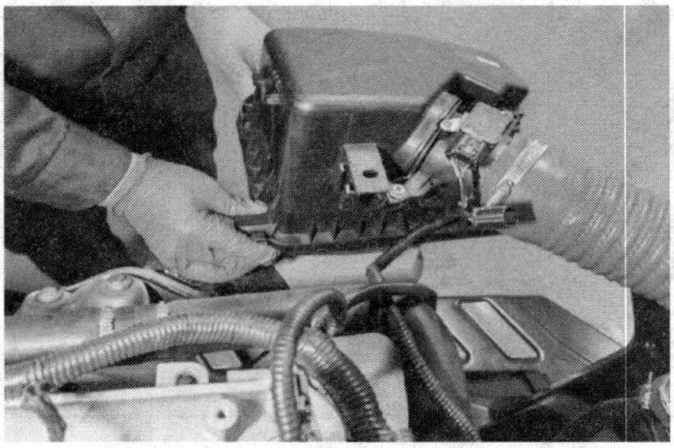	安装空气滤清器 注意：安装好的空气滤清器应完好无损，密封良好
5	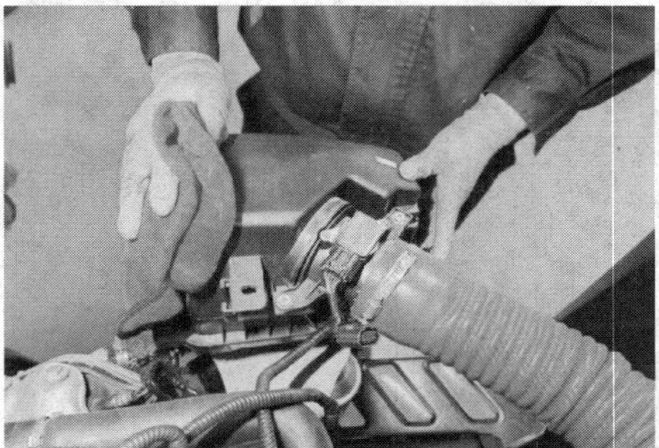	安装牢固后，按照实训规章制度，清洁空气滤清器，将工具归位，并清扫场地

知识总结

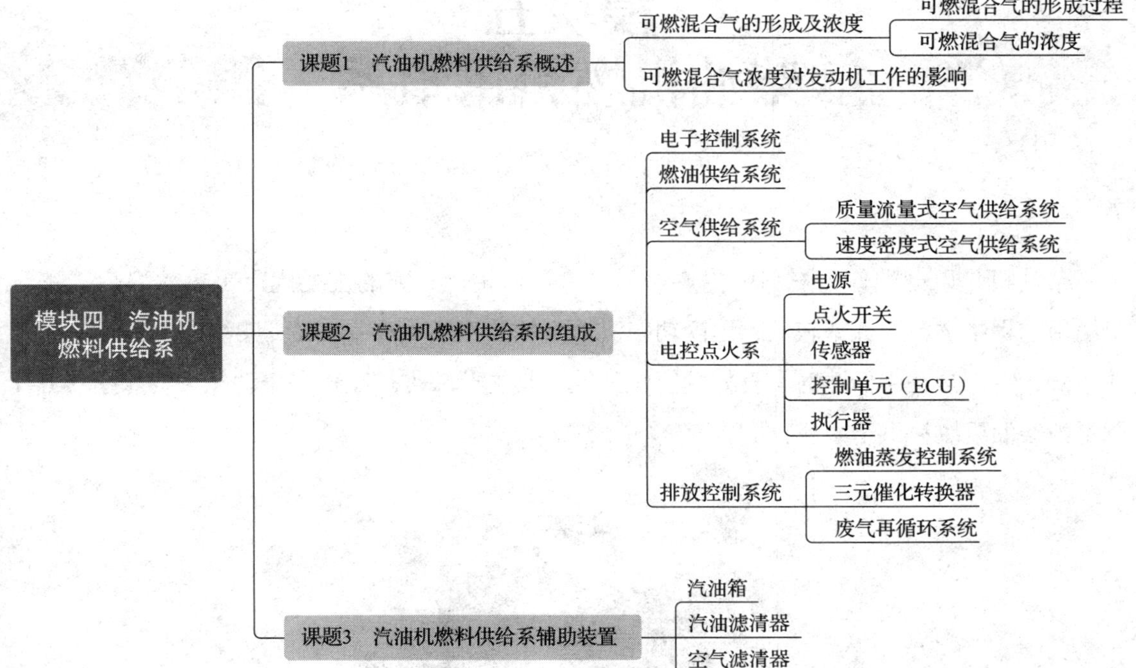
模块四　汽油机燃料供给系
课题1　汽油机燃料供给系概述
可燃混合气的形成及浓度
可燃混合气的形成过程
可燃混合气的浓度
可燃混合气浓度对发动机工作的影响
课题2　汽油机燃料供给系的组成
电子控制系统
燃油供给系统
空气供给系统
质量流量式空气供给系统
速度密度式空气供给系统
电控点火系
电源
点火开关
传感器
控制单元（ECU）
执行器
排放控制系统
燃油蒸发控制系统
三元催化转换器
废气再循环系统
课题3　汽油机燃料供给系辅助装置
汽油箱
汽油滤清器
空气滤清器

模块五 柴油机燃料供给系

柴油机是以柴油作为燃料的内燃机。与汽油机相比，它的主要优点是热效率高，在整个使用过程中燃料消耗率较低，比同功率汽油机耗油率低30%～40%。柴油机功率大，动力性能好，特别是在中低速时有良好的扭矩特性，其主要缺点是噪声和振动较大。如图5–0–1所示为柴油机燃料供给系实物图。

图5–0–1　柴油机燃料供给系实物图

柴油与汽油相比具有黏度大、挥发性差的特点。柴油机是采用高压喷射的方法，在压缩行程接近终了前把柴油喷入气缸，直接在气缸内部形成可燃混合气，并借助气缸内空气的高温自行着火燃烧。

课题❶　柴油机燃料供给系概述

学习目标

1. 掌握柴油机燃料供给系的作用、组成。
2. 了解柴油机燃烧室的结构形式。

一、柴油机燃料供给系的作用

1. 储存、过滤、输送柴油。

2. 按柴油机各种不同工况的要求和发动机工作顺序，定时、定量并以一定的喷油压力将柴油喷入燃烧室。

3. 喷射进入气缸的柴油与空气迅速且良好地混合、燃烧。

4. 将燃烧后的废气排出大气。

二、柴油机燃料供给系的组成

柴油机燃料供给系由燃油供给装置、空气供给装置、混合气形成装置和废气排出装置组成，如图 5–1–1 所示。

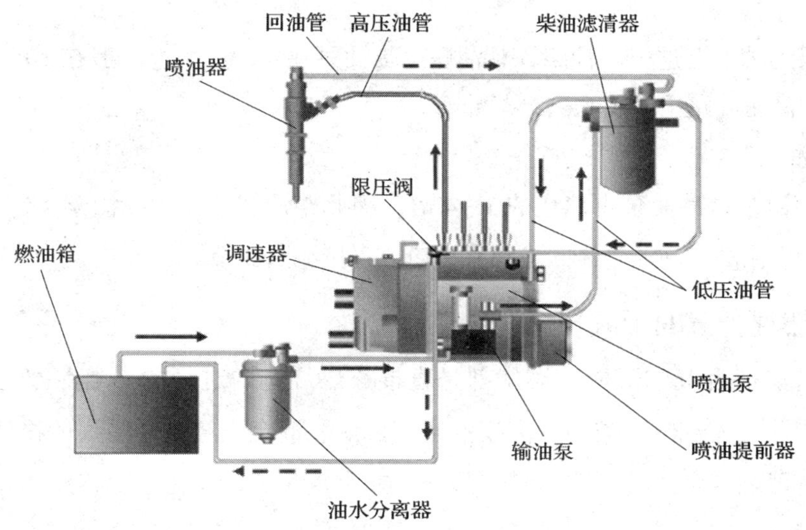

图 5–1–1　柴油机燃料供给系的组成

1. 燃油供给装置：由柴油箱、低压油管、输油泵、柴油滤清器、喷油泵、高压油管、喷油器、回油管等组成。

2. 空气供给装置：由空气滤清器、进气管道和气缸盖内的进气道等组成。

3. 混合气形成装置：燃烧室。

4. 废气排出装置：排气管道、排气消声器。

三、柴油机燃料供给系的油路

柴油机燃料供给系的油路包括低压油路、高压油路、回油油路，如图 5–1–2 所示。

1. 低压油路

从油箱到喷油泵入口这一段油路，其油压由输油泵建立，压力值一般为 150 ~ 300 kPa，称为低压油路。该油路主要完成柴油的储存、输送和过滤等。

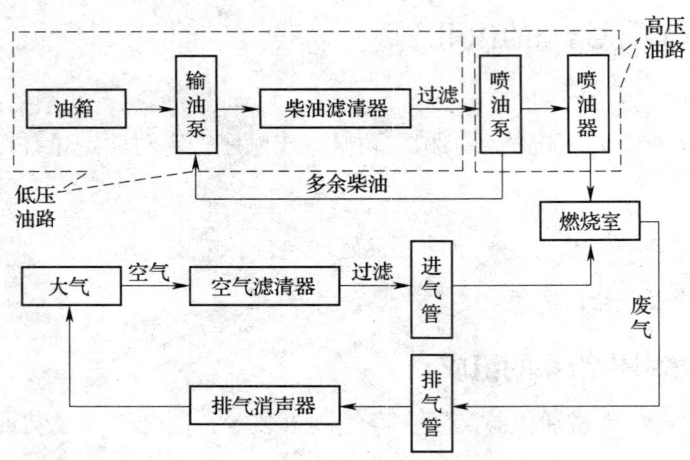

图 5-1-2　柴油机燃料供给系油路示意图

2. 高压油路

从喷油泵到喷油器这一段油路，其油压由喷油泵建立，压力值一般在 10 MPa 以上，称为高压油路。高压油路主要用来供给柴油。

3. 回油油路

输油泵供油量是喷油泵出油量的 3 ~ 4 倍，因此柴油滤清器和喷油泵上都装有溢流阀，使多余燃油经溢流阀和回油管流回输油泵进口或直接流回油箱。

四、可燃混合气的形成与燃烧

柴油机可燃混合气的形成和燃烧都是直接在燃烧室内进行的。当活塞接近压缩行程上止点时，柴油喷入气缸，与高压高温的空气接触、混合，经过一系列的物理、化学变化后开始燃烧。可燃混合气的形成和燃烧是一个非常复杂的物理化学变化过程，其主要特点是：

1. 燃料的混合和燃烧是在气缸内进行的。

2. 混合与燃烧的时间很短，通常为 0.001 7 ~ 0.004 s（气缸内）。

3. 柴油黏度大，不易挥发，必须以雾状喷入。

4. 可燃混合气的形成和燃烧过程是同时、连续、重叠进行的，即边喷射、边混合、边燃烧。

五、燃烧室

柴油机燃烧室可分为直接喷射式燃烧室和分隔式燃烧室。直接喷射式燃烧室的气缸盖底面是平的，活塞顶部常见的形状有 ω 形、球形。分隔式燃烧室由两部分组成，一部分在活塞顶与气缸底面之间，称为主燃烧室，另一部分在气缸盖中为副燃烧室，这两部分由孔道相连。分隔式燃烧室还分为涡流室式燃烧室和预燃室式燃烧室两种。

1. ω 形燃烧室（图 5–1–3）

柴油直接喷射在活塞顶的浅凹坑内，喷射的柴油雾化效果好，且均匀地分布在空气中，喷射压力高，一般为 17 ~ 22 MPa，采用多孔喷嘴，孔数一般为 6 ~ 12 个。

ω 形燃烧室的优点是形状简单、结构紧凑，燃烧室与水套接触面积小，散热少，可减少热损失，热效率高，经济性较好；其缺点是工作粗暴，喷射压力高，制造困难，喷油孔易堵塞。

2. 球形燃烧室（图 5–1–4）

空气由气缸盖螺旋形进气道以切线方向进入气缸，绕气缸轴线做高速螺旋转动，并一直延续到压缩行程。喷油器沿气流运动的切线方向喷入柴油，使绝大部分柴油直接喷射在燃烧室壁面上形成油膜。小部分柴油以雾珠形式散布在压缩空气中，并迅速挥发燃烧，形成火源。

球形燃烧室的优点是工作柔和，噪声小；其缺点是启动困难，且螺旋形进气道结构复杂、制造困难。

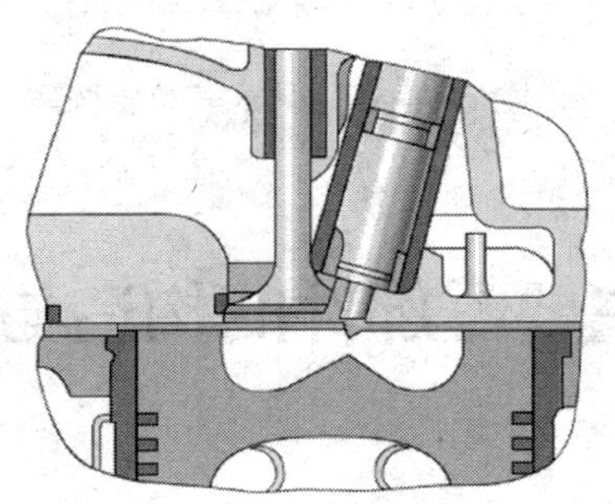

图 5–1–3　ω 形燃烧室

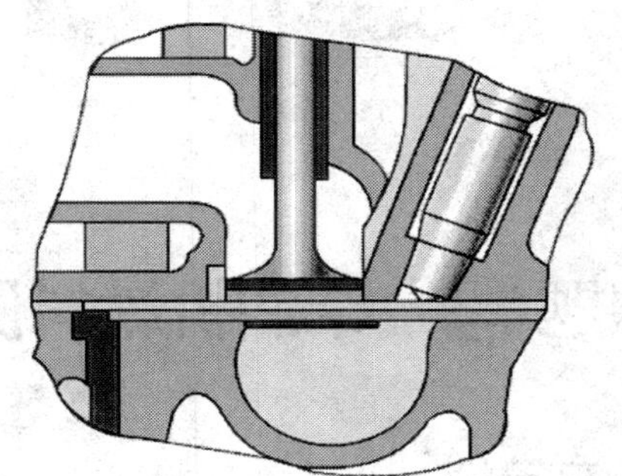

图 5–1–4　球形燃烧室

3. 涡流室式燃烧室（图 5–1–5）

涡流室式燃烧室的副燃烧室是球形或圆柱形的涡流室，其容积占燃烧室总容积的 50% ~ 80%，涡流室有切向孔道与主燃烧室相通。在压缩行程中，气缸内的空气被活塞推挤，经过孔道进入涡流室，形成强烈的高速旋转运动。柴油喷入涡流室中，在空气涡流的作用下，形成较浓的混合气。部分混合气在涡流室中着火燃烧，已燃与未燃的混合气高速（经孔道）喷入主燃烧室，借活塞顶部的双涡流凹坑，产生第二次涡流，促使可燃混合气进一步混合和燃烧。

为使柴油与空气有效混合并能形成涡流，要求顺气流方向喷射。由于涡流运动促进了混合气的形成与燃烧，可采用较大孔径的喷油器，喷射压力也较低，一般为 12 ~ 14 MPa。涡流室式燃烧室的优点是工作柔和，空气利用率较高，喷射压力较低；其缺点是热损失大，经济性差，使得柴油机启动困难。

4. 预燃室式燃烧室（图 5–1–6）

预燃室式燃烧室的气缸盖上有预燃室，占燃烧室总容积的 1/3，预燃室与主燃室有孔道，活塞为平顶式。因为孔道不是切向式的，所以压缩时不产生涡流。连通预燃室与主燃室的孔道直径较小，由于节流作用产生压力差，在预燃室内形成紊流运动，油束大部分喷射在预燃室的出口处，只有少部分与空气混合（出口处混合气较浓，而上部较稀），上部着火后，产生高压，将已燃的和出口处较浓的混合气一同高速喷入主燃烧室，在主燃烧室内产生强烈的燃烧扰流运动，使大部分燃料在主燃烧室内混合和燃烧。

预燃室式燃烧室的优缺点与涡流室式燃烧室基本相同。

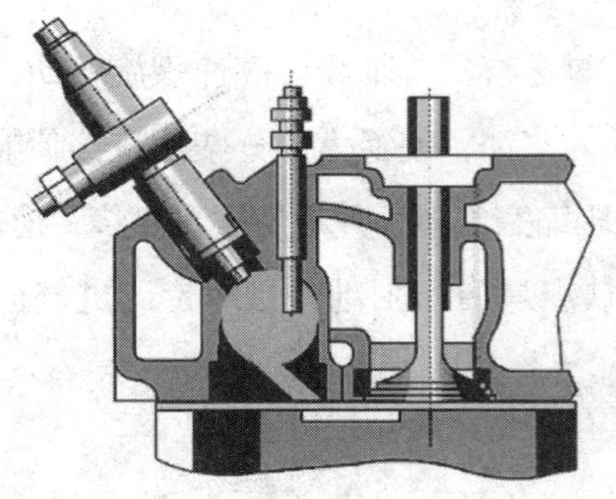

图 5–1–5　涡流室式燃烧室

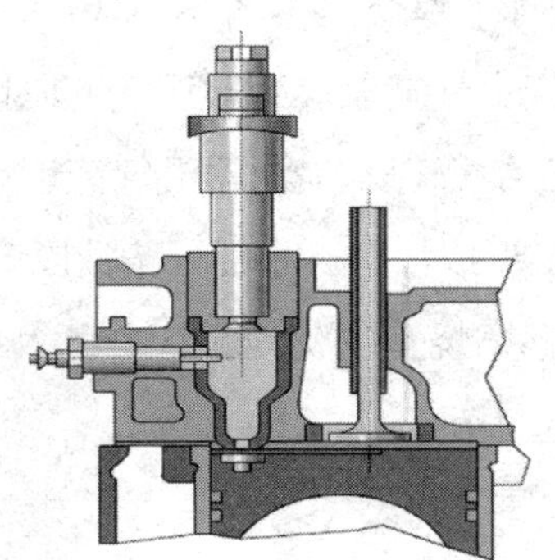

图 5–1–6　预燃室式燃烧室

课题❷　柴油机燃料供给系主要零部件的构造与原理

学习目标

1. 掌握柴油机燃料供给系喷油器的结构及工作原理。

2. 掌握柴油机燃料供给系喷油泵的结构及工作原理。

3. 了解柴油机燃料供给系调速器、联轴器及供油提前角调节装置的结构及工作原理。

一、喷油器

喷油器的作用是将喷油泵供给的高压柴油，以一定的压力、速度、方向和形状喷入燃烧室，使柴油雾化并适当分布在燃烧室中，以利于混合气的形成和燃烧。根据柴油混合气的形成与燃烧的要求，喷油器应具有一定的喷射压力、射程和合适的喷雾锥角，并在规定的喷油时刻迅速切断柴油的供给，无滴油、漏油现象。

车用柴油机大多数采用孔式喷油器和轴针式喷油器。

1. 孔式喷油器

孔式喷油器的喷油孔数目多（一般为 1 ~ 8 个）、直径小（一般为 0.2 ~ 0.8 mm），喷油压力高（一般为 17 ~ 22 MPa），自洁能力差（喷油孔易积炭和堵塞），对柴油滤清质量要求高，它适用于对喷雾质量要求较高的直接喷射式燃烧室。

孔式喷油器主要由针阀、针阀体、顶杆、调压弹簧、进油管接头等组成，如图 5–2–1 所示。

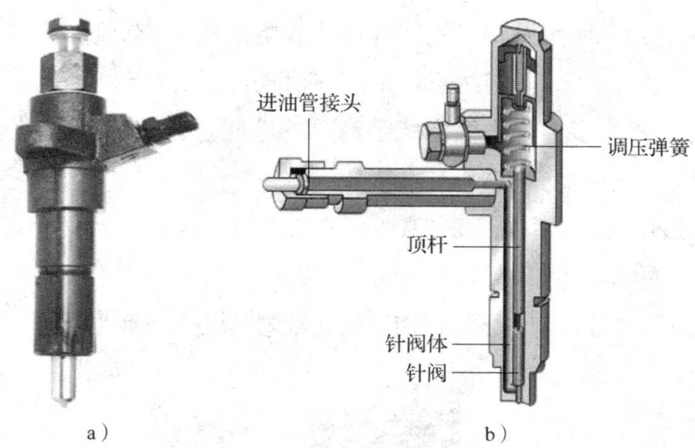

图 5–2–1　孔式喷油器
a）外形　b）结构

针阀和针阀体是喷油器的主要部件，二者合称为针阀偶件，由优质轴承钢制成。针阀上部的圆柱表面与针阀体相应的内圆柱面为高精度的滑动配合，配合间隙为 0.001 ~ 0.004 mm。此间隙过大，可能发生漏油而使油压下降，影响喷雾质量；间隙过小针阀将不能自由滑动。

喷油器工作时，由喷油泵输送来的高压柴油，经进油管接头进入喷油器，再经喷油器体上的进油孔进入针阀体中部的环形高压油腔。油压作用在针阀的承压锥面上，对针阀形成一个向上的轴向推力，此推力一旦大于调压弹簧的预紧压力及针阀偶件之间的摩擦力，针阀立即上移，针阀下端密封锥面离开针阀体锥形环带，打开喷油孔，柴油即以高压状态喷入燃烧室中。喷油泵停止供油时，高压油道内压力迅速下降，针阀在调压弹簧的作用下及时回位，将喷油孔关闭。

2. 轴针式喷油器

轴针式喷油器的工作原理与孔式喷油器相同，只是结构上有所不同。在针阀下端的密封锥面以下延伸出一个伸出孔外的轴针，其形状是倒锥形或圆柱形，使喷油孔成为圆环状的狭缝，如图 5–2–2 所示。喷油时，喷油柱将呈空心的锥状或柱状。

轴针式喷油器的喷油孔直径大（一般为 1 ~ 3 mm），喷油压力低（一般为 10 ~ 14 MPa），自洁能力强（喷油孔不易积炭和堵塞），喷油特性好（满足开始喷油少、中期喷油多、后期喷油少的要求），对柴油滤清质量要求低。因此，它适用于对喷雾质量要求不高的涡流室式燃烧室和预燃室式燃烧室。

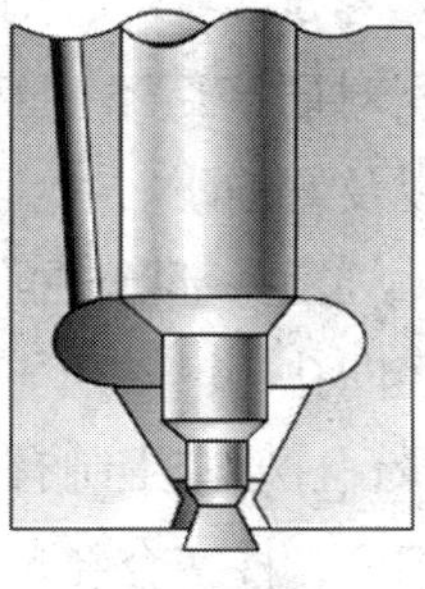

图 5–2–2　轴针式喷油器

二、喷油泵

喷油泵又称高压油泵，其作用是接受输油泵送来的已经具备了初级压力的柴油，进一步提高柴油的工作压力，按照发动机的工作顺序和各缸的工作循环以及发动机负荷大小的要求，定时、定量地向喷油器输送高压柴油，且保证各缸供油压力均等。

喷油泵的结构形式很多，其中柱塞式喷油泵的性能好，使用可靠，为大多数汽车柴油机所使用。

下面介绍使用最广泛的 A 型柱塞式喷油泵的结构和工作原理。

A 型柱塞式喷油泵的结构如图 5–2–3 所示，它是由与气缸个数对应的、相互独立的分泵组合在一起的组合泵。每个分泵均由泵油机构、供油量调节机构、驱动机构和泵体等部分构成。

图 5–2–3　A 型柱塞式喷油泵的结构

1. 泵油机构

泵油机构包括柱塞偶件（柱塞套、柱塞）、柱塞弹簧、出油阀偶件（出油阀、出油阀座）、出油阀弹簧等组成，如图 5–2–4 所示。

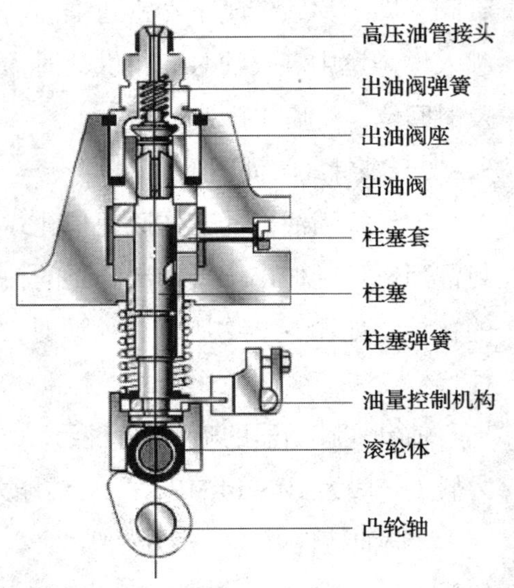

图 5–2–4　泵油机构的组成

在泵油机构中，柱塞偶件和出油阀偶件是两个极其重要的偶件。

（1）柱塞偶件

图 5–2–5a 所示柱塞和柱塞套是一对精密偶件，经配对研磨后不能互换，要求有较高的精度和光洁度以及好的耐磨性。

柱塞头部圆柱面上切有斜槽（或螺旋槽），并通过径向孔、轴向孔与顶部相通，其目的是改变循环供油量；柱塞套上制有进、回油孔，均与泵体内低压油腔相通，柱塞套装入泵体后，应用定位螺钉定位。

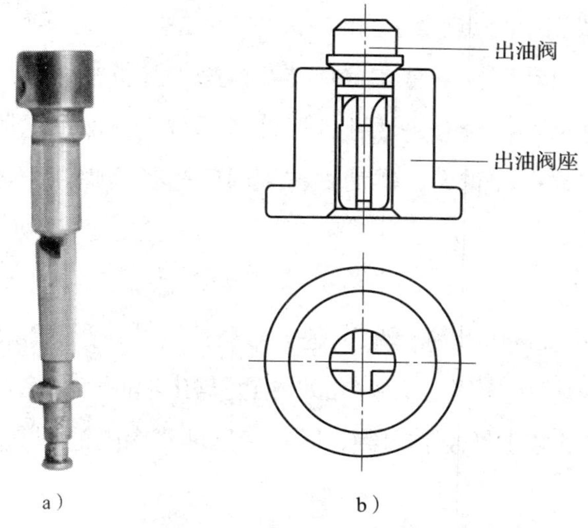

图 5-2-5 柱塞偶件和出油阀偶件
a）柱塞偶件 b）出油阀偶件

柱塞头部斜槽的位置不同，改变供油量的方法也不同。

如图 5-2-6a 所示进油过程，当柱塞下行时，泵腔内的容积增大，产生真空，柴油被吸入泵腔内。

如图 5-2-6b 所示供油过程，当柱塞上行时，泵腔中的一部分燃油被挤回泵体油道。当柱塞顶平面将进油孔封闭时，随着柱塞的继续上行，燃油受压且压力急剧升高。当其压力大于出油阀弹簧压力与高压油管中的残余油压之和时，出油阀便被顶离阀座，高压柴油经出油阀向高压油管、喷油器供油。

如图 5-2-6c 所示停油过程，柱塞继续上行，至其螺旋槽与柱塞套的回油孔相通时，柱塞顶部的高压油便经柱塞的中心油道流回泵体低压油腔。由于柱塞顶部油压急剧下降，在出油阀弹簧作用下，出油阀落回出油阀座，供油过程结束。此后柱塞虽然继续上行到上止点，但不能向高压油管供油。

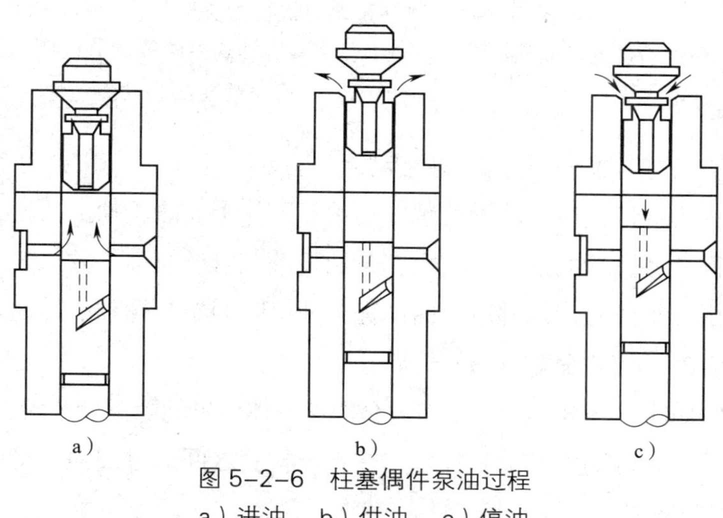

图 5-2-6 柱塞偶件泵油过程
a）进油 b）供油 c）停油

柱塞由下止点移动到上止点所经过的距离称为柱塞行程，即喷油泵凸轮的最大升程。由上述泵油过程可知，喷油泵并不是在整个柱塞行程内都供油，只是在柱塞顶面封闭柱塞套进油孔到柱塞螺旋槽打开柱塞套进油孔这段柱塞行程内供油，这段柱塞行程称为柱塞有效行程。显然，柱塞有效行程越大，供油的持续时间越长，喷油泵每一次的泵油量（即循环供油量）越多。

（2）出油阀偶件

图 5-2-5b 所示的出油阀和出油阀座也是一对精密偶件，配对研磨后不能互换。出油阀是一个单向阀，在弹簧压力作用下，阀上部圆锥面与出油阀座严密配合，其作用是在停止供油时，将高压油管与柱塞上端空腔隔绝，防止高压油管内的油倒流入喷油泵内。

2. 供油量调节机构

供油量调节机构的作用是根据柴油机负荷的变化，通过转动柱塞来改变循环供油量。

供油量调节机构有两种类型，一种是齿杆式，另一种是拨叉拉杆式，如图 5-2-7 所示。

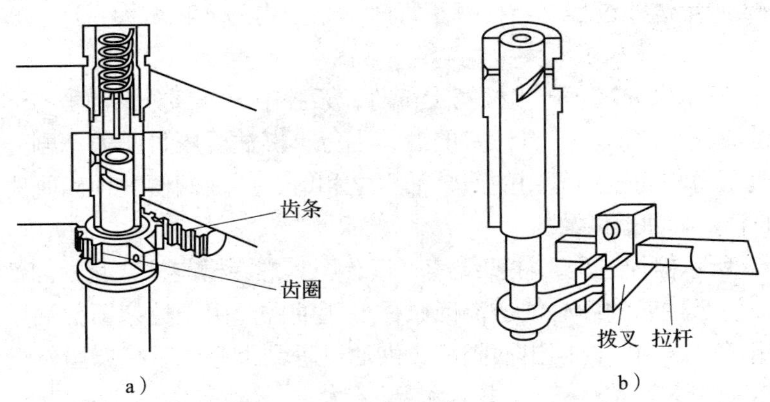

图 5-2-7　供油量调节机构的类型

a）齿杆式供油量调节机构　b）拨叉拉杆式供油量调节机构

3. 驱动机构

喷油泵的驱动机构包括凸轮轴和滚轮传动组件。

凸轮轴的前、后端通过滚动轴承支承在喷油泵泵体上。凸轮轴上凸轮的数目与喷油泵的柱塞偶件数相同，各凸轮间的夹角与配套柴油机的气缸数有关，并与气缸工作顺序相适应。凸轮轴一般由曲轴正时齿轮驱动，四冲程柴油机喷油泵凸轮轴的转速是曲轴转速的一半，以实现凸轮轴转一周向各气缸供油一次。

滚轮传动组件如图 5-2-8 所示，带有衬套的滚轮体通过间隙配合与滚轮轴安装在一起，调整螺母上端（或衬套内）安装的是柱塞，柱塞与衬套之间通过调整螺母或调整垫片来调整柱塞相对衬套的高度位置。

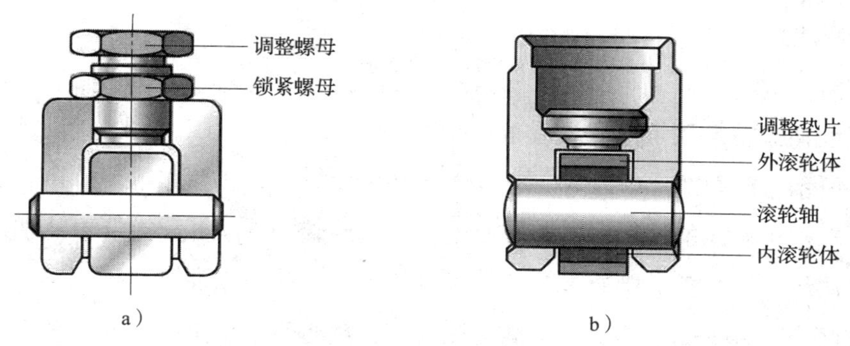

图 5-2-8 滚轮传动组件

a）调整螺母调整滚轮体高度 b）调整垫片调整滚轮体高度

4. 泵体

泵体是喷油泵的基础零件，泵油机构、供油量调节机构和驱动机构等都安装在泵体上，它在工作中承受较大的作用力。因此，泵体应有足够的强度、刚度和良好的密封性。此外，泵体还应便于拆装、调整和维修。

三、调速器

调速器是一种自动调节装置，它根据柴油机负荷的变化，自动调节喷油泵的供油量，使供油量维持在一个相对稳定的范围内，因此柴油机能够在稳定的转速下运行。

按工作原理不同，汽车柴油机调速器可分为机械离心式调速器、气动调速器、液压调速器、复合式调速器；按功能不同，汽车柴油机调速器可分为单速调速器、两速调速器和全速调速器。

四、联轴器及供油提前角调节装置

1. 联轴器

联轴器不仅可以用来连接两轴，传递动力，补偿因安装而造成的两轴间的同轴度偏差，还能在两轴安装时，小角度范围内调整喷油泵的供油正时。

2. 供油提前角调节装置

（1）作用

供油提前角对柴油机性能有很大的影响，供油提前角过大或过小均会使柴油机的动力性和经济性恶化。为了保证有良好的使用性能，柴油机必须在最佳供油提前角下工作。

当转速和供油量一定时，能获得最大功率和最小燃油消耗率的供油时刻，称为最佳供油提前角。最佳供油提前角随柴油机转速和负荷的变化而变化，转速越高，负荷越大，最佳供油提前角也越大。

供油提前角调节装置是根据发动机转速的变化自动调节供油提前角，以改善发动机的动力性和经济性。

（2）结构

供油提前角调节装置通常安装在联轴器与喷油泵之间，由主动部分和从动部分组成，如图 5-2-9 所示。主动部分是有两个矩形凸块的驱动盘，驱动盘腹板上压装着两个驱动销，凸块插入联轴器相对应的凹槽中，随着联轴器一起旋转。从动部分主要由从动盘和两个对称的离心飞块组成，从动盘中心有轴孔，用键和紧固螺栓与喷油泵凸轮轴连成一体，从动盘上固定有两个对称的离心飞块销，离心飞块套在离心飞块销上。主、从动部分之间安装有调节弹簧。

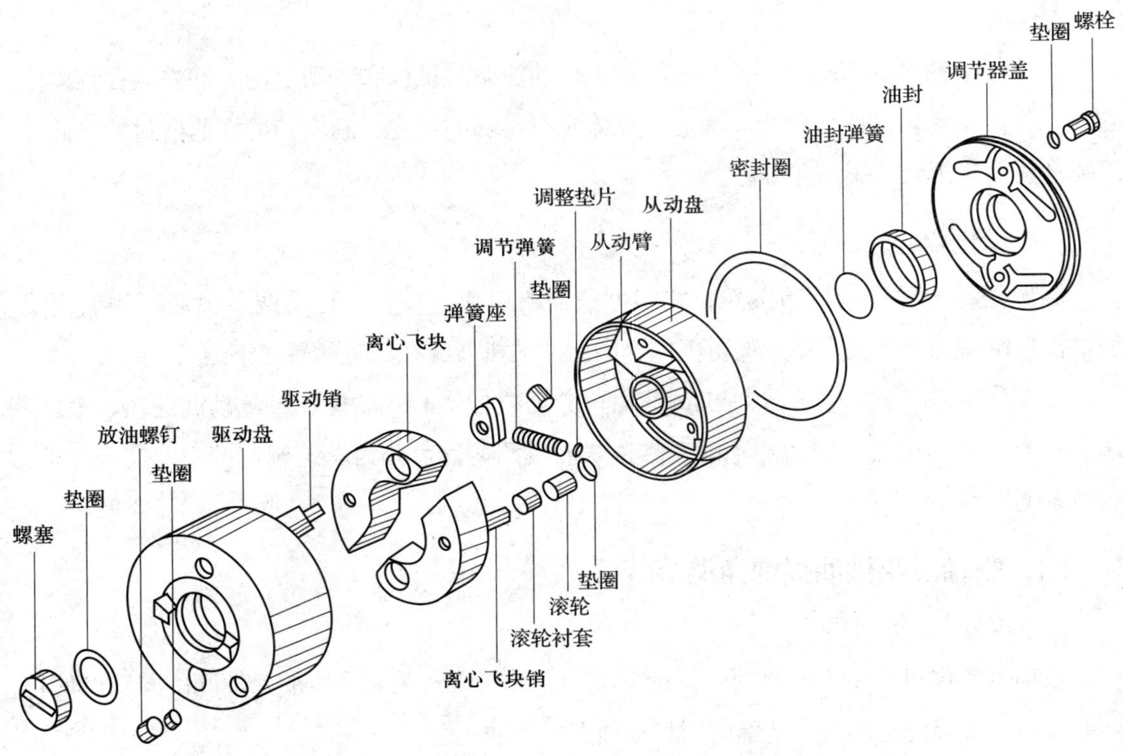

图 5-2-9　供油提前角调节装置的结构

（3）工作原理

当柴油机工作时，驱动盘连同离心飞块受曲轴的驱动而转动，两个离心飞块的活动端向外甩出，迫使从动盘也沿旋转方向转动一个角度，直到调速器的弹力与飞块离心力平衡为止。此时，驱动盘与从动盘同步旋转。当转速升高时，飞块活动端便进一步向外甩出，从动盘被迫再相对于驱动盘前进一个角度，同时供油提前角相应增大，直到调节弹簧弹力足以平衡新的离心力为止。反之，当柴油机转速降低时，供油提前角则相应减小，如图 5-2-10 所示。

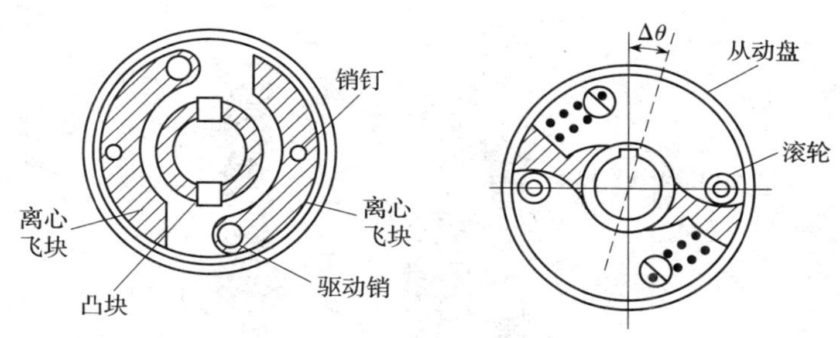

图 5-2-10 供油提前角调节装置工作原理图

课题3 柴油机燃料供给系辅助装置

学习目标

1. 掌握柴油机燃料供给系辅助装置的作用、结构及工作原理。
2. 了解废气涡轮增压器的作用、结构及工作原理。

一、输油泵

1. 作用

输油泵的作用是使柴油产生一定的压力以克服柴油滤清器及低压油管的阻力，保证连续不断地向喷油泵输送足够的柴油，其输出的柴油量通常为发动机全负荷时所需要的最大喷油量的 3～4 倍。

2. 结构

输油泵分为活塞式、膜片式、齿轮式和叶片式等，其中活塞式输油泵应用最为广泛。

图 5-3-1 所示活塞式输油泵由泵体、机械油泵总成、手油泵总成、止回阀和进出油管等组成。它安装在喷油泵的一侧，由喷油泵凸轮轴上的偏心轮驱动。

机械油泵总成由滚轮部件（滚轮销、滚轮体、滚轮和滚轮弹簧）、顶杆、活塞和活塞弹簧等组成。手油泵总成由手泵体、手泵活塞部件、手泵弹簧等组成。止回阀由进油阀、出油阀和止回阀弹簧等组成。

3. 工作原理

喷油泵凸轮轴转动时，轴上的偏心轮推动滚轮、挺柱、推杆和活塞向下运动，如图 5-3-2 所示。

当活塞被推压向下运动至下止点时，偏心轮继续偏转，活塞开始上行，下腔容积 A 增大，形成真空，进油阀开启，柴油经进油口进入下泵腔。同时，上泵腔容积 B 缩小，压力增大，出油阀关闭，上泵腔中的柴油经出油口被压出，流向柴油滤清器。

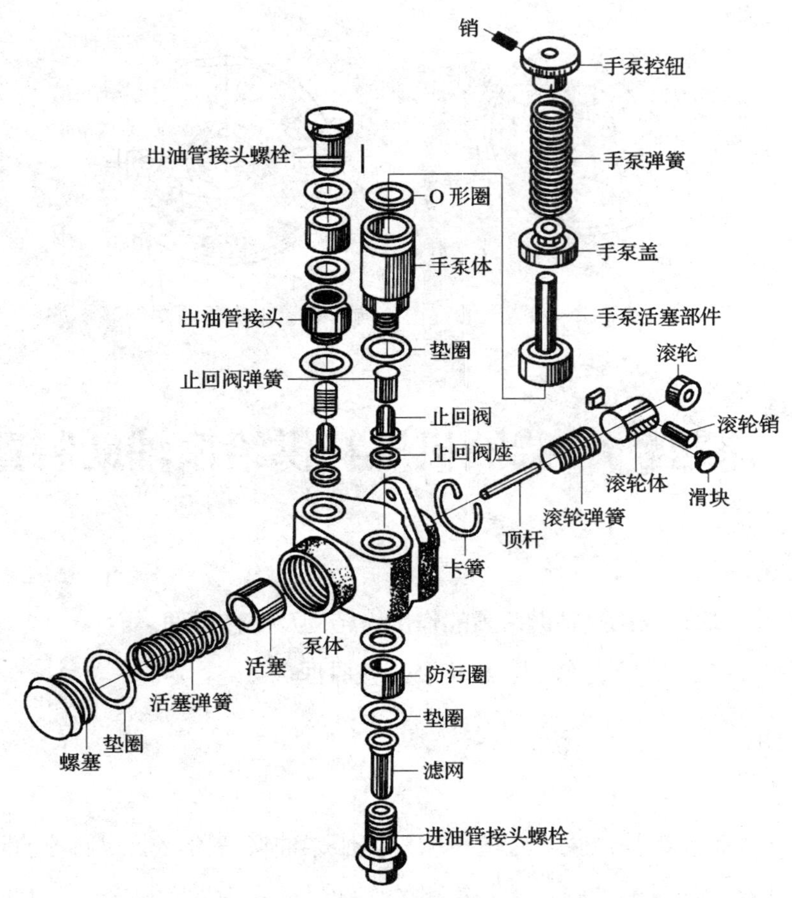

图 5-3-1　活塞式输油泵的结构

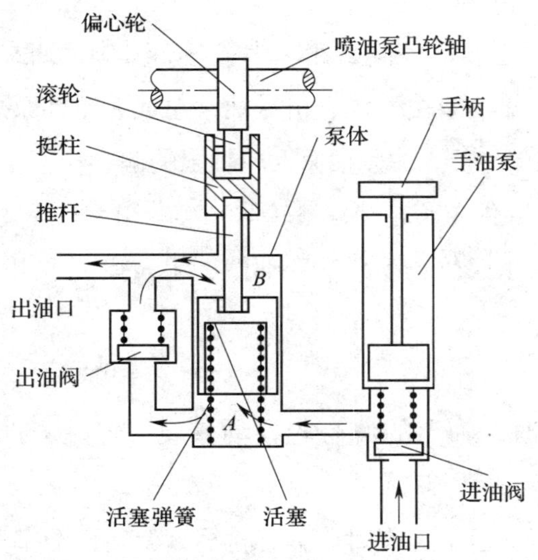

图 5-3-2　活塞式输油泵的工作原理

当偏心轮推动滚轮、挺柱和活塞向下运动，下泵腔容积 *A* 变小，油受挤压，压力增高，进油阀关闭，出油阀开启，此时，上泵腔容积 *B* 增大，柴油从 *A* 腔流入 *B* 腔。如此反复，柴油不断地被送入柴油滤清器。

当输油泵供油量大于喷油泵需要量，或柴油滤清器阻力过大时，输出油路和上泵腔油压增高，若此时油压与活塞弹簧弹力相平衡，活塞便停止泵油。这样就实现了输油量供油压力自动调节。

二、柴油滤清器

1. 作用

柴油滤清器的作用是除去柴油中的杂质和水分。柴油在运输和储存的过程中，会不可避免地混入尘土和水分，储存较久后，还会增加胶质。这些杂质对供油装置中精密偶件危害最大，会导致运动阻滞，磨损加剧，造成各缸供油不均，使柴油机功率下降、油耗增加。此外，柴油机中的水分还会引起零件的锈蚀。

2. 结构

柴油滤清器通常由滤清器盖、壳体和滤芯等构件组成，如图 5-3-3 所示。柴油滤清器盖通过螺栓固定在柴油机上，其上有进、出油口。

滤清器壳体通常由铁皮或铝合金制成桶状。当滤清器壳体与滤芯被制成一体时，在出油口处往往加工出内螺纹，与滤清器盖中心的外螺纹相连接。

柴油滤清器的滤芯多采用纸质滤芯，如图 5-3-4 所示，也有采用毛毡或高分子材料的。

图 5-3-3 柴油滤清器

图 5-3-4 纸质滤芯

3. 工作原理

柴油从进油口进入柴油滤清器，经滤芯过滤后，从出油管接头输出给喷油泵。颗粒直径大于滤芯网眼的杂质被挡在滤芯外侧，沉积在柴油滤清器下方；同时，如果柴油中含有水分，水的密度大于柴油，水也沉积在柴油滤清器下方，所以柴油中的较大颗粒杂质和水不会从出油口流出。

三、废气涡轮增压器

发动机增压是将空气进行预压缩，然后供入气缸，通过提高进气密度来增加进气量，从而可以使发动机功率增加。常见的增压方法包括机械增压、废气涡轮增压，其中废气涡轮增压技术效率高，应用最广。

1. 结构

废气涡轮增压器一般由压气机、涡轮机和中间壳三部分组成。压气机部分由压气机叶轮、压气机壳和扩压器等组成单级离心式压气机；涡轮机部分由涡轮机壳、涡轮机叶轮、喷嘴环和涡轮端盖板等组成单级径流式涡轮机。压气机叶轮与涡轮机叶轮安装在同一轴上构成转子组，并支承在中间支承体两端的浮动轴承上。中间支承体左端装有压气机壳，右端装有涡轮机壳。当车辆减速或升挡时往往会伴随着发动机转速下降，这时就需要降低进气道的压力防止高压气体损坏节气门，同时降低废气涡轮增压器的转速。为了实现上述功能，在废气涡轮增压器上设置了进气卸压阀和废气旁通阀两个装置，如图 5-3-5 所示。这两个装置功能类似，废气旁通阀是将废气通过旁通气道排出，直接绕开废气涡轮，使涡轮停止工作；而进气卸压阀是通过旁通气道使压气机和节气门之间的高压气体排回大气卸压。

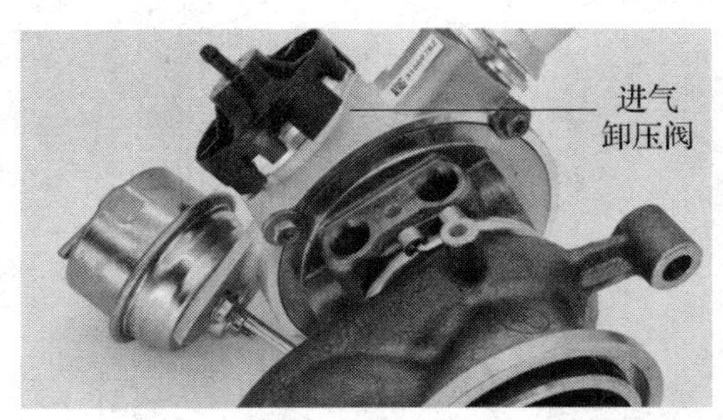

图 5-3-5　废气涡轮增压器上的进气卸压阀和废气旁通阀

2. 工作原理

发动机燃烧后的高温、高压废气进入涡轮，带有能量的废气冲击涡轮的叶片，涡轮通过轴带动泵轮转动，泵轮将更多的新鲜空气压入发动机，加大发动机进气量。废气涡轮增压器的工作转速较高，增压后的气体温度会升高 40 ~ 60 ℃，此时气体会迅速膨胀，进入发动机的进气量反而变少了，同时高温气体对燃烧影响较大，所以在泵轮和节气门之间会设置中间冷却器用来冷却增压后的空气，中间冷却器多为风冷。部分小型发动机也使用冷却系对增压后的空气进行散热。

四、预热塞

1. 作用

柴油机可通过预热塞直接对气缸体内空气进行加热，从而优化柴油机的启动性能。整个预热过程最高温度为 1 000 ℃，预热塞只需要约 2 s 的时间就能达到所需的温度，启动之后的预热不仅可以优化排放，同时可以降低噪声。预热塞一般安装在进气道上。

2. 结构

如图 5–3–6 所示，预热塞一般为一个整体式发热元件，无法进行拆修，出现故障后直接更换。

3. 工作原理

预热塞配合预热塞控制器使用，在预热过程中，预热塞控制器根据电控单元 ECU 发出的快速预热指令，使预热塞在短时间内上升到很高的温度，实现发动机快速冷启动，在完成启动阶段快速预热后，ECU 调节电压占空比，将电池电压降低，以保证预热塞不会因一直过热而被烧坏。

图 5–3–6 预热塞

五、尾气后处理系统

1. 作用

柴油机尾气后处理系统能够降低颗粒物和氮氧化物的浓度，减少对环境的污染。

2. 工作原理

（1）废气再循环

与汽油机废气再循环功能类似，柴油机尾气后处理系统将一部分废气引入进气管，与新鲜空气或雾化混合气混合后进入发动机气缸进行再燃烧。这种方法是用于减少氮氧化合物排放量的有效措施之一。

（2）氧化型催化转换器

氧化型催化转换器是通过氧化反应，将发动机尾气中的一氧化碳和碳氢化合物转化成无害的水和二氧化碳的装置，其结构与三元催化转化器基本相同，只是催化剂涂层有所不同。氧化型催化转换器的涂层只有氧化能力，没有还原能力。

（3）颗粒捕集器

颗粒捕集器通过表面和内部的混合过滤装置，如扩散沉淀、惯性沉淀和线性拦截来捕获颗粒。颗粒捕集器能有效净化尾气中 65%～90% 的微粒，是一种直接、有效的净化柴油机尾气的装置。但其捕获的颗粒会堆积在颗粒捕集器中，因此需要利用“再生”将这些颗粒清除，保证柴油机的排气背压。例如，利用碳氢喷射系统向排气管内喷射燃油，再利用颗粒捕集器上的氧气产生火焰，使颗粒捕集器内部温度上升到 600 ~ 620 ℃，将捕获的颗粒燃烧成二氧化碳排出。

（4）选择性催化还原系统

选择性催化还原系统通过置于其前端的尿素喷射装置，将尿素喷入选择性催化还原系统处理器中，使其在 290 ~ 400 ℃下将一氧化氮和二氧化氮还原成氮气，而尿素基本不参加反应，从而提升了氮气的选择性，减少了尿素的消耗。

（5）氨逃逸催化器

氨逃逸催化器被装在选择性催化还原系统之后，通过催化氧化反应降低选择性催化还原系统后端泄漏的尿素。

课题4　柴油机电子控制燃油喷射系统

学习目标

1. 了解柴油机电子控制燃油喷射系统的组成、特点和控制内容。
2. 掌握柴油机高压共轨电控燃油喷射系统的工作原理。

一、柴油机电控燃油喷射系统的组成及工作原理

1. 组成

柴油机电控燃油喷射系统由传感器、电控单元和执行器三部分组成，如图 5-4-1 所示。

（1）传感器

1）位置类传感器主要有曲轴位置传感器、凸轮轴位置传感器、加速踏板位置传感器等。

2）温度类传感器主要有冷却液温度传感器、进气温度传感器、燃油温度传感器、大气温度传感器等。

3）压力类传感器主要有共轨压力传感器、增压压力传感器、大气压力传感器、机油压力传感器等。

（2）电控单元（ECU）

电控单元根据各传感器输入信号和内存程序，计算出供（喷）油量和供（喷）油开始时刻，并向执行器元件发出执行命令信号，使执行器动作。

（3）执行器

执行器包括电动调速器、电子控制正时控制阀、电子控制正时器、电磁溢流阀、高速电磁阀和电子液力控制喷油器等元件。

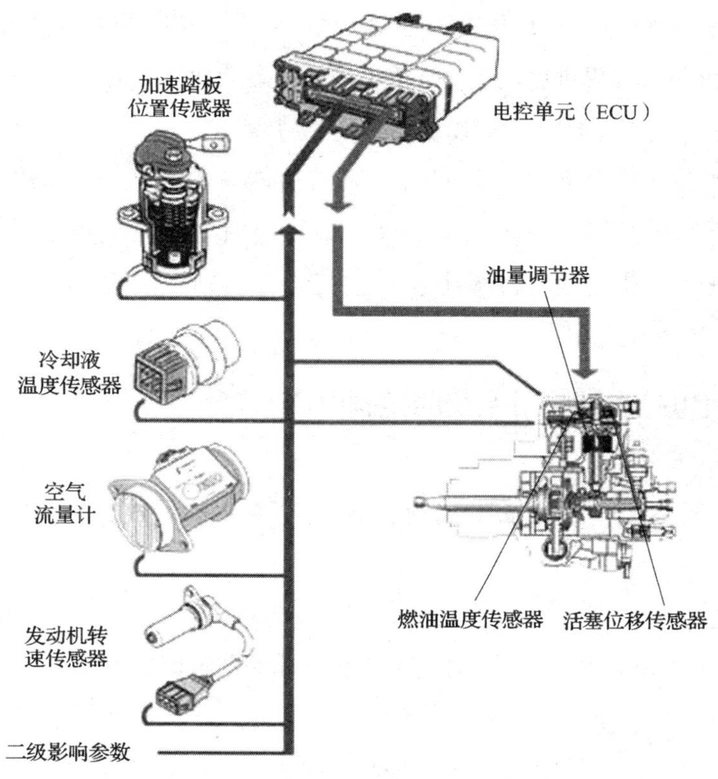

图 5-4-1　柴油机电控燃油喷射系统的组成

2. 工作原理

柴油机电控燃油喷射系统的工作原理是对供油系统进行电子控制，将各传感器实时检测的参数输入电控单元（ECU），与已储存的设定参数值或参数图谱进行比较，经过计算按照最佳值或计算后的目标值，将指令送到执行器。执行器根据电控单元 ECU 的指令，控制喷油量和喷油正时，同时还对废气再循环系统、预热塞等执行机构进行控制，使柴油机运行状态达到最佳。

二、柴油机电控燃油喷射系统的特点

柴油机电控燃油喷射系统与汽油机电控燃油喷射系统有许多相似之处，都是由传感器、电控单元和执行器三部分组成。在电控燃油喷射方面柴油机与汽油机的主要差别是，汽油机的电控燃油喷射系统只控制空燃比，柴油机的电控燃油喷射系统则是通过控制喷油时间来调节输出油量的大小，且柴油机喷油控制是由发动机的转速和加速踏板的位置来决定的。柴油机电控燃油喷射技术有两个明显的特点，一是柴油喷射电控执行器复杂；二是柴油喷射电控系统形式多样化。

1. 柴油喷射电控执行器复杂

柴油机电控燃油喷射系统具有高压、高频、脉动等特点，其燃油喷射压力最高可达 200 MPa，为汽油机燃油喷射压力的百倍以上，因此柴油机对燃油高压喷射系统实施喷油量的电子控制条件更为复杂，同时柴油喷射电控系统对喷射正时的精度要求很高，对柴油机活塞上止点的角度位置要求远比汽油机准确，这就导致柴油喷射的电控执行器要复杂得多。

2. 柴油喷射电控系统形式多样化

传统的柴油机具有直列泵、分配泵、泵喷油器、单缸泵等结构完全不同的装置，实施电控技术的执行机构比较复杂，形成了柴油喷射电控系统的多样化。同时柴油机需要对油量、正时、喷油压力等多个参数进行综合控制，其软件的开发难度也大于汽油机。

三、柴油机电控燃油喷射系统的控制内容

1. 燃油喷射控制

燃油喷射控制主要包括喷油量控制、喷油正时控制、喷油速率控制和喷油压力控制等。

2. 怠速控制

柴油机的怠速控制主要包括怠速转速控制和怠速时各缸均匀性的控制。

3. 进气控制

柴油机的进气控制主要包括进气节流控制、可变进气涡流控制和可变配气正时控制。

4. 增压控制

增压控制主要包括废气旁通控制和涡流通流面积控制。

5. 排放控制

柴油机的排放控制主要是废气再循环控制。电控单元 ECU 根据柴油机转速和负荷信号，按内存程序控制废气再循环阀开度，以调节废气再循环率。

6. 启动控制

柴油机启动控制主要包括供（喷）油量控制、供（喷）油正时控制和预热装置控制，其中供（喷）油量控制和供（喷）油正时控制与其他工况相同。

7. 巡航控制

带有巡航控制功能的柴油机电控燃油喷射系统，当通过巡航控制开关选择巡航控制模式后，ECU 即可根据车速信号等自动维持汽车以一定的车速行驶。

8. 故障自诊断和失效保护

柴油机电控燃油喷射系统中包含故障自诊断和失效保护两个子系统。柴油机电控燃油喷射系统出现故障时，故障自诊断系统将点亮仪表盘上的“故障指示灯”，提醒驾驶员注意，并储存故障码，检修时可通过一定的操作程序调取故障码等信息；同时失效保护系统则启动相应的保护程序，使柴油机能够继续保持运转或强制熄火。

9. 柴油机与自动变速器的综合控制

在装有自动变速器的柴油汽车上，将柴油机电控单元 ECU 和自动变速器控制 ECU 合为一体，实现柴油机与自动变速器的综合控制，以改善汽车的变速性能。

四、高压共轨电控燃油喷射系统

1. 共轨式电控燃油喷射技术的原理

柴油机高速运转时，柴油喷射的时间只有千分之几秒。实验证明，在喷射过程中高压油管各处的压力是随时间和位置的不同而变化的。由于柴油的可压缩性和高压油管中柴油的压力波动，实际的喷油状态与喷油泵所规定的柱塞供油规律有较大的差异。油管内的压力波动有时还会在主喷射之后使高压油管内的压力再次上升，达到使喷油器的针阀开启的压力，将已经关闭的针阀又重新打开，产生二次喷油现象。由于二次喷油不可能完全燃烧，导致烟度和碳氢化合物（HC）的排放量增加，并使油耗增加。此外，每次喷射循环后高压油管内的残余压力都会发生变化，随之引起不稳定的喷射，尤其在低转速区域容易产生上述现象，严重时不仅喷油不均匀，还会发生间歇性不喷射现象。为解决柴油机这个燃油压力变化的缺陷，现代柴油机采用“共轨”技术。

共轨技术是指在由高压油泵、压力传感器和电控单元 ECU 组成的闭环系统中，将喷射压力的产生和喷射过程完全分开的一种供油方式，由高压油泵把高压燃油输送到共轨管，通过对共轨管内的油压实现精确控制，使高压油管压力大小与发动机的转速无关，可以大幅度减小柴油机的供油压力。电控单元 ECU 控制喷油器的喷油量，喷油量大小取决于共轨管压力和电磁阀开启时间的长短。

共轨式电控燃油喷射技术通过共轨直接或间接地形成恒定的高压燃油，分别输送到每个喷油器，并借助于集成在每个喷油器上的高速电磁阀的开启与闭合，定时、定量地控制喷油器喷射至柴油机燃烧室的油量，从而保证柴油机具有最佳的燃烧状态和良好的雾化能力，以及最佳的着火时间、足够的着火能量和最少的污染排放。

2. 共轨式电控燃油喷射技术的特点

柴油机共轨式电控燃油喷射技术集计算机控制技术、现代传感器检测技术以及先进的喷油器结构于一体。它不仅能达到较高的燃油喷射压力，对喷射压力和喷油量进行控制，还能实现预喷射和分段喷射，从而优化喷油特性、降低柴油机噪声并减少废气有害成分的排放量。其特点有以下几点。

（1）采用先进的电子控制装置并配有高速电磁阀，使喷油过程的控制方便，且可控参数多，利于柴油机燃油燃烧过程的全程优化。

（2）采用共轨方式供油，喷油系统压力波动小，各喷油器间相互影响小，喷射压力控制精度较高，喷油量控制较准确。

（3）高速电磁阀频率高、控制灵活，使喷油系统的喷射压力可调范围大，并且能方便地实现预喷射等功能，为优化柴油机喷油规律、改善其性能和降低废气排放提供了有效手段。

3. 高压共轨式电控燃油喷射系统的组成

图 5–4–2 所示高压共轨式电控燃油喷射系统主要由电控单元 ECU、高压油泵、共轨管、电控喷油器、燃油压力传感器、高速电磁阀等组成。

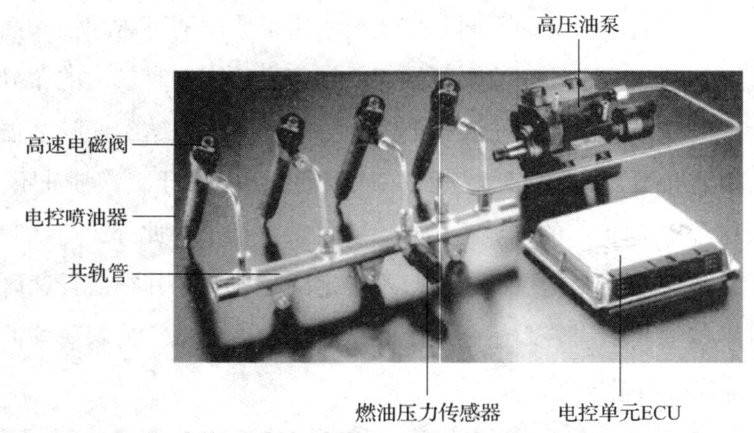

图 5–4–2　高压共轨式电控燃油喷射系统的组成

低压油泵将燃油输入高压油泵，高压油泵将燃油加压送入高压共轨管，高压共轨管中的压力由电控单元 ECU 根据燃油压力传感器测量的燃油压力以及需要进行调节，高压共轨管内的燃油经过高压油管，根据柴油机的运行状态，由电控单元 ECU 确定合适的喷油正时、喷油持续期，由电控喷油器将燃油喷入气缸。

4. 高压共轨式电控燃油喷射系统主要零部件

（1）低压油路主要零部件

低压油路一般由油箱、燃油粗滤器（带油水分离器）、输油泵、燃油细滤器（视需要）等组成，如图 5–4–3 所示。

1）燃油粗滤器（带油水分离器）。柴油由于黏结的形式（乳液）或游离形式（如由于温度变化而造成的水分凝结）的原因而产生水分，如果这些水分进入燃油喷射系统，可能导致腐蚀性损伤。燃油粗滤器下部安装了燃油含水率传感器，当水位到达一定高度时，报警灯亮并提示驾驶员放水。

2）燃油细滤器。乘用车及轻型车用的共轨柴油机，一般仅采用燃油细滤器。燃油细滤器安装在输油泵与高压油泵之间，用于进一步过滤进入高压油泵前的燃油。

3）输油泵。输油泵将燃油从油箱抽出，经燃油粗滤器过滤后，不断地向高压油泵输送定量的燃油。

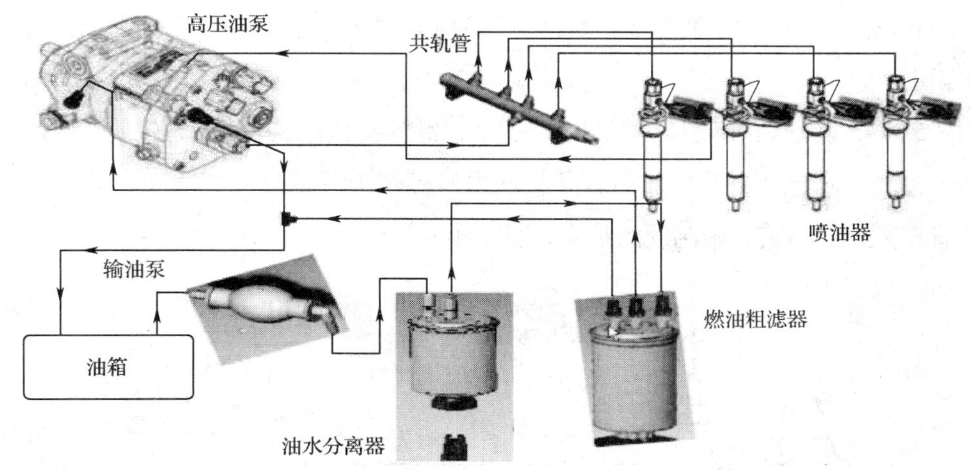

图 5-4-3 高压共轨电控燃油喷射系统低压油路

（2）高压共轨油路主要零部件

高压共轨油路一般由高压油泵、高压共轨、共轨压力传感器、流量控制阀、喷油器、限压阀等组成，如图 5-4-4 所示。

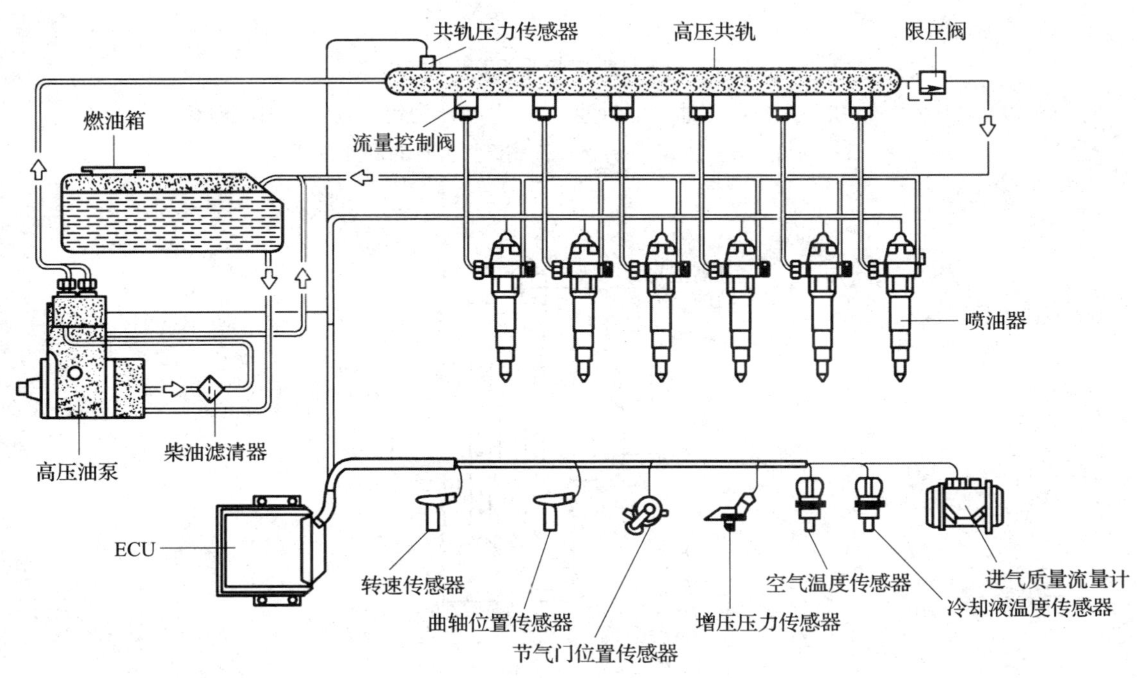

图 5-4-4 高压共轨油路的组成示意图

1）高压油泵。高压油泵的主要作用是供给柴油机足够的高压柴油，同时保证柴油机迅速启动所需的额外的供油量和压力要求。

2）高压共轨。高压共轨在储存高压燃油的同时，使高压油泵的供油和喷油器喷油时产生的高压振荡衰减，因此喷油器的开启时刻和喷油压力能维持定值。高压共轨还起燃油分配器的作用。

如图 5-4-5 所示，在高压共轨上装有用于测量共轨压力的共轨压力传感器（燃油通过高压共轨上的一个小孔流向高压共轨压力传感器）及流量限制阀（在管接头内部）。

3）流量限制阀。流量限制阀的结构如图 5-4-6 所示。

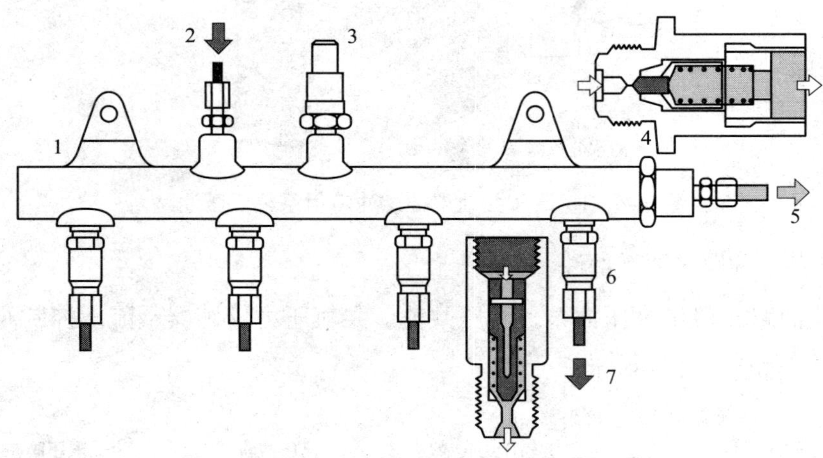

图 5-4-5　四缸柴油机高压共轨

1—共轨　2—来自高压油泵的供油　3—共轨压力传感器　4—限压阀
5—回油　6—流量限制阀　7—接喷油器的高压油管

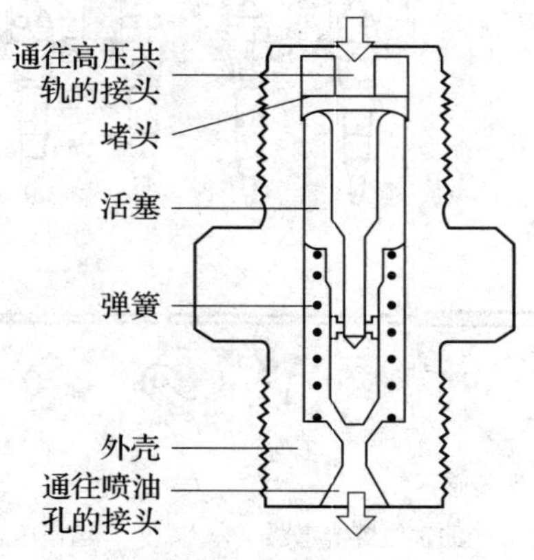

图 5-4-6　流量限制阀

流量限制阀的作用是防止喷油器出现持续喷油的现象。当共轨流出的油量超过最大流量时，流量限制阀将自动关闭流向相应喷油器的进油口，防止继续喷油。

4）限压阀。限压阀为机械式阀门，当压力过大时，限压阀将打开回油通道来控制共轨压力，限压阀允许的最大瞬时共轨压力比系统额定压力高 50 bar 左右。

知识总结

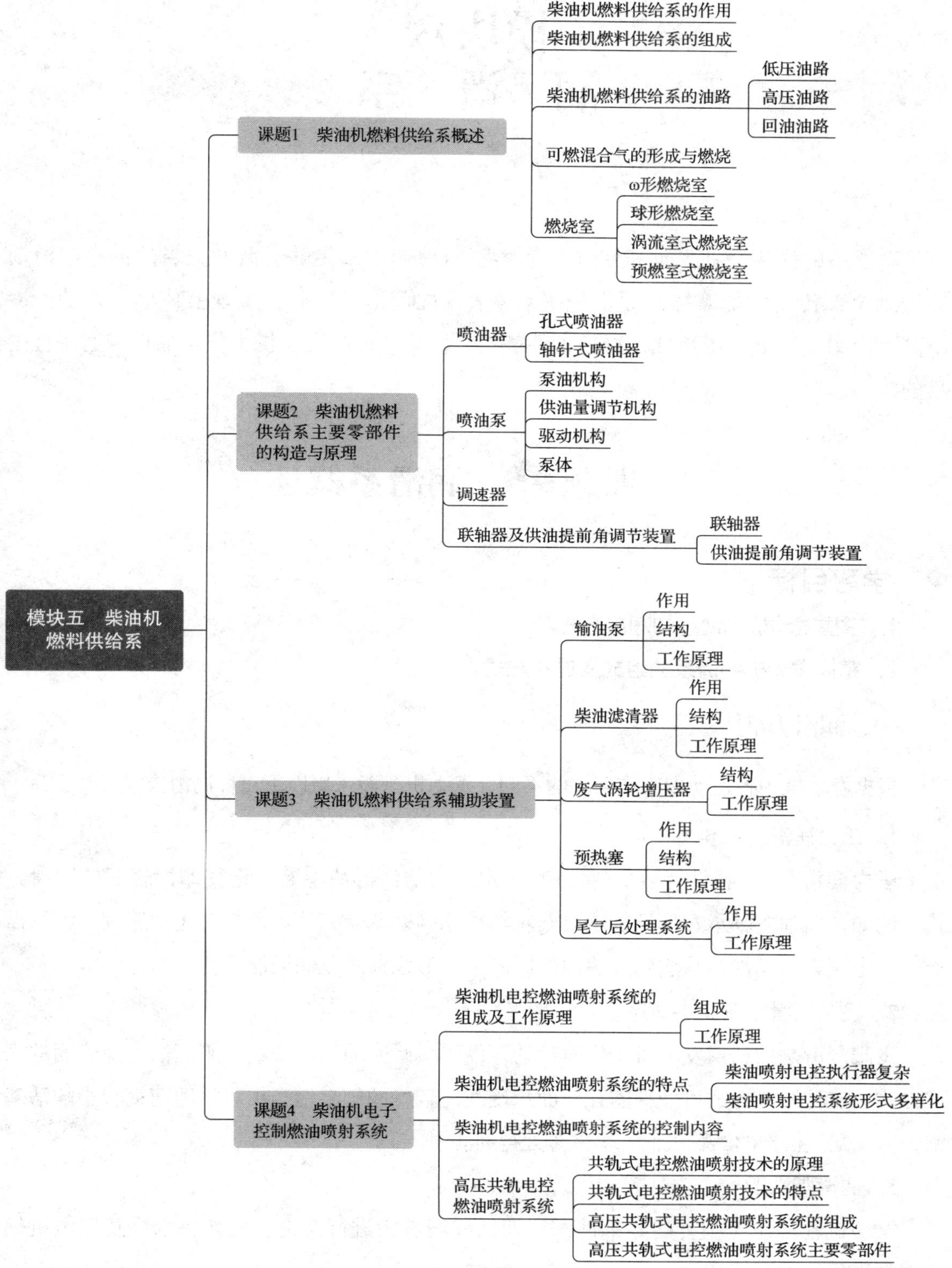
模块五 柴油机燃料供给系
课题1 柴油机燃料供给系概述
柴油机燃料供给系的作用
柴油机燃料供给系的组成
柴油机燃料供给系的油路
低压油路
高压油路
回油油路
可燃混合气的形成与燃烧
燃烧室
ω形燃烧室
球形燃烧室
涡流室式燃烧室
预燃室式燃烧室
课题2 柴油机燃料供给系主要零部件的构造与原理
喷油器
孔式喷油器
轴针式喷油器
喷油泵
泵油机构
供油量调节机构
驱动机构
泵体
调速器
联轴器及供油提前角调节装置
联轴器
供油提前角调节装置
课题3 柴油机燃料供给系辅助装置
输油泵
作用
结构
工作原理
柴油滤清器
作用
结构
工作原理
废气涡轮增压器
结构
工作原理
预热塞
作用
结构
工作原理
尾气后处理系统
作用
工作原理
课题4 柴油机电子控制燃油喷射系统
柴油机电控燃油喷射系统的组成及工作原理
组成
工作原理
柴油机电控燃油喷射系统的特点
柴油喷射电控执行器复杂
柴油喷射电控系统形式多样化
柴油机电控燃油喷射系统的控制内容
高压共轨电控燃油喷射系统
共轨式电控燃油喷射技术的原理
共轨式电控燃油喷射技术的特点
高压共轨式电控燃油喷射系统的组成
高压共轨式电控燃油喷射系统主要零部件

模块六
润　滑　系

润滑系的作用是在发动机工作时连续不断地把数量足够、温度适当的洁净润滑油输送到全部传动件的摩擦表面，并在摩擦表面之间形成油膜，实现液体摩擦，从而减小摩擦阻力，降低功率消耗，减轻机件磨损，以达到提高发动机工作可靠性和耐用性的目的。

课题❶　润滑系概述

学习目标

1. 掌握发动机润滑系的润滑方式。
2. 掌握发动机润滑系的组成及过滤方式。

一、润滑方式

根据发动机中各运动副工作条件的不同，发动机一般采用以下三种润滑方式。

1. 压力润滑（图 6–1–1）

压力润滑是指利用机油泵，将具有一定压力的润滑油不断地送往摩擦表面的润滑方式。例如，曲轴主轴承、连杆轴承及凸轮轴轴承等处承受的载荷及相对运动速度较大，需要以一定压力将润滑油输送到摩擦面的间隙中，形成油膜以保证润滑。

2. 飞溅润滑（图 6–1–2）

飞溅润滑是指利用发动机工作时运动零件飞溅起来的油滴或油雾来润滑摩擦表面的润滑方式。这种润滑方式可使裸露在外面承受载荷较轻的气缸壁、相对滑动速度较小的活塞销，以及配气机构的凸轮表面、挺柱等处得到润滑。

3. 润滑脂润滑

发动机辅助系统中有些零部件需定期加注润滑脂进行润滑。例如，水泵及发电机轴承就是采用这种润滑方式。

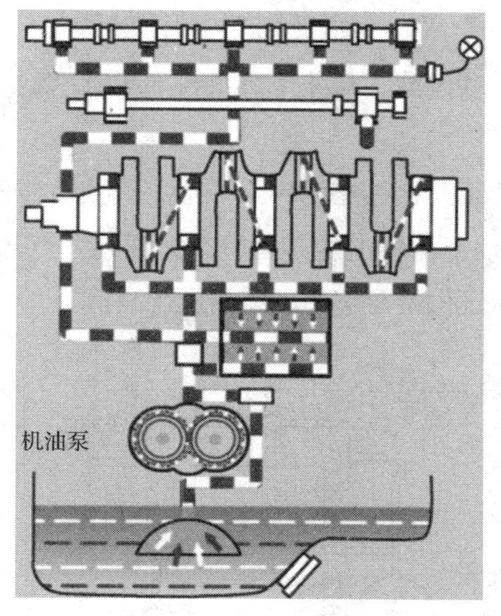

图 6–1–1 压力润滑

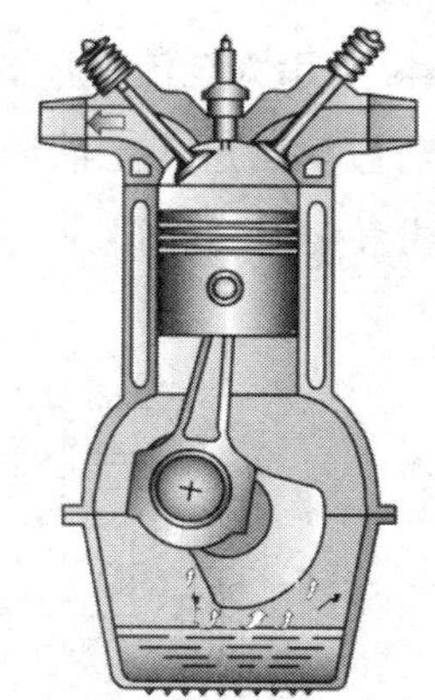

图 6–1–2 飞溅润滑

二、润滑系的组成及过滤方式

1. 组成

发动机润滑系一般由机油泵、油底壳、机油滤清器、散热器和各种电磁阀等组成，如图 6–1–3 所示。机油泵将润滑油送到润滑部位后，润滑油再回到油底壳，如此往复循环润滑。

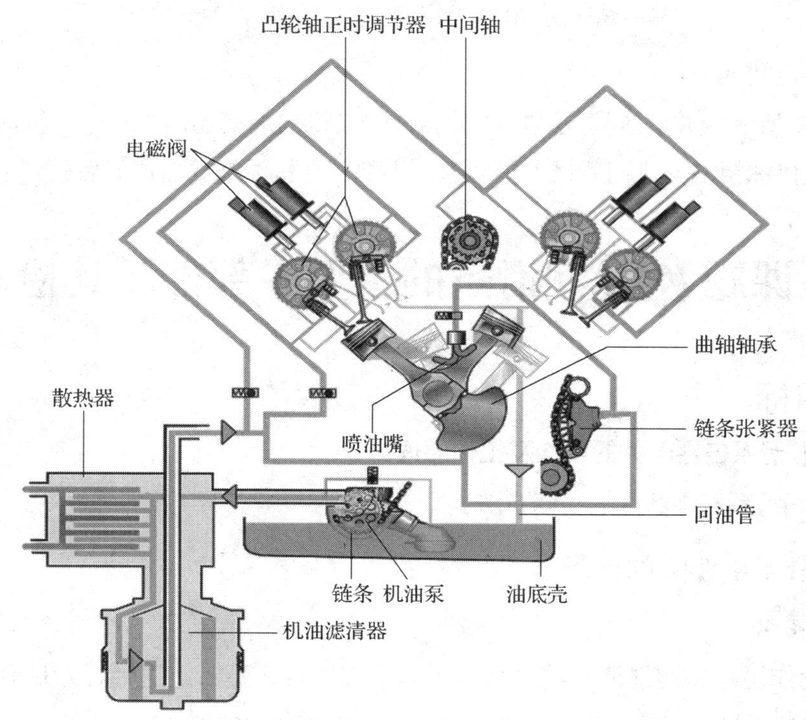

图 6–1–3 发动机润滑系的组成

2. 润滑油的过滤方式

润滑油的过滤方式一般有全流过滤式和并联过滤式两种，如图 6-1-4 所示。

（1）全流过滤式

图 6-1-4a 所示为全流过滤式，即机油滤清器与主油道串联，机油泵泵出的压力油全部经机油滤清器过滤后进入主油道，只有当机油滤清器的滤芯堵塞，旁通阀才打开，部分润滑油不经过滤直接由旁通阀进入主油道，以保证供给足够的压力油进行润滑。

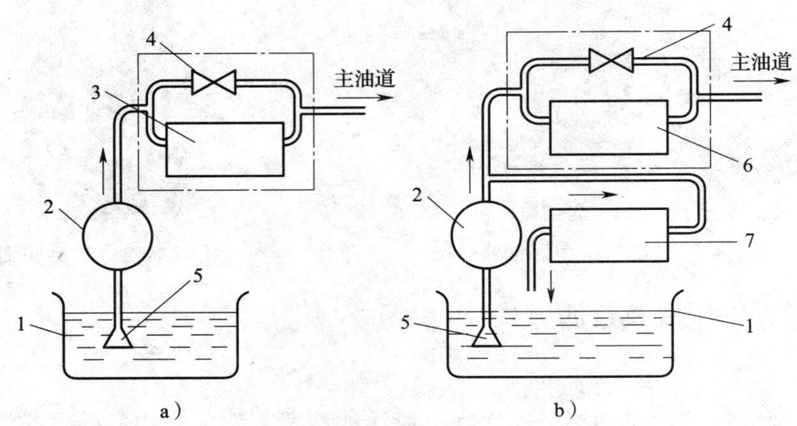

图 6-1-4 润滑油的过滤方式

a）全流过滤式 b）并联过滤式

1—油底壳 2—机油泵 3—全流式机油滤清器 4—旁通阀

5—集滤器 6—机油粗滤器 7—机油细滤器

（2）并联过滤式

图 6-1-4b 所示为并联过滤式，即机油粗滤器与机油细滤器是并联的，机油泵泵出的压力油大部分经机油粗滤器过滤后进入主油道，小部分经机油细滤器过滤后回到油底壳。

课题❷ 润滑系的主要零部件及其检修

学习目标

1. 掌握润滑系各零部件的结构及工作原理。
2. 掌握润滑系各零部件的检修方法。

一、润滑系主要零部件

1. 机油泵

机油泵的作用是将润滑油从油底壳中吸出并加压后，不断地送到各摩擦副表面进行润滑，维持润滑油在润滑系中的循环。汽车上常用的机油泵有齿轮式机油泵和转子式机油泵，它们都属于容积泵，都是依靠泵体内部容积的变化完成吸油和泵油。

（1）齿轮式机油泵

齿轮式机油泵分为外啮合齿轮式机油泵和内啮合齿轮式机油泵。

1）外啮合齿轮式机油泵。如图 6–2–1 所示，外啮合齿轮式机油泵由泵体、主动齿轮、从动齿轮、主动齿轮轴、泵盖、限压装置等组成。

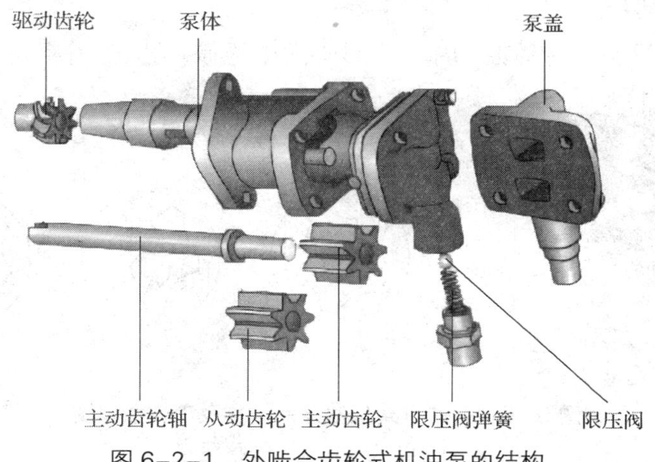

图 6–2–1 外啮合齿轮式机油泵的结构

图 6–2–2 所示为外啮合齿轮式机油泵的工作原理示意图，当齿轮旋转时，进油腔的容积增大，腔内产生一定的真空度，润滑油便从进油口被吸入并充满进油腔，旋转的齿轮将齿间的润滑油带到出油腔，因出油腔容积减小，导致油压升高，润滑油经出油口被输出，输出的油量与发动机转速成正比。

2）内啮合齿轮式机油泵。图 6–2–3 所示为内啮合齿轮式机油泵的工作原理示意图，

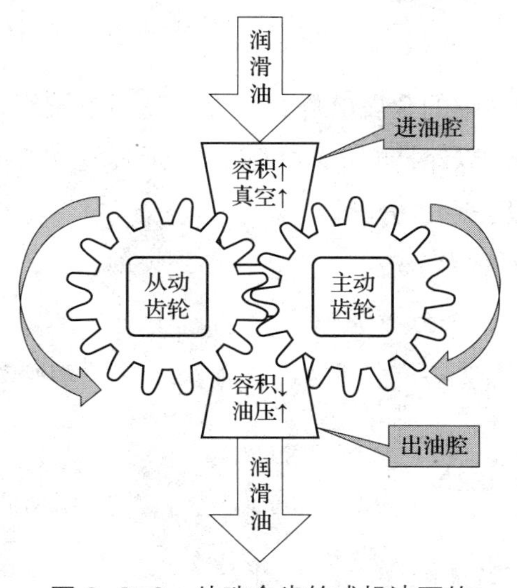

图 6–2–2 外啮合齿轮式机油泵的工作原理示意图

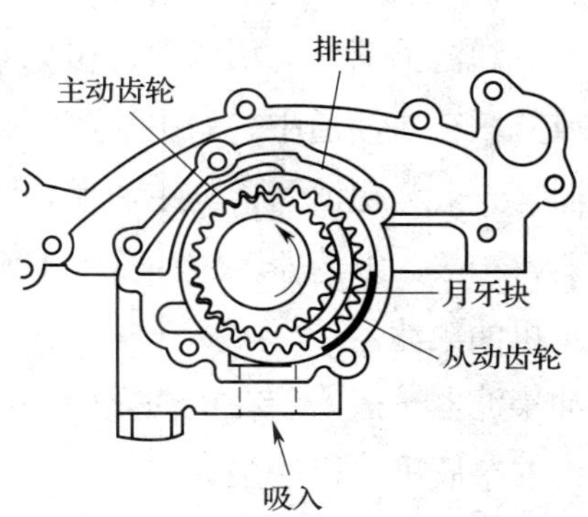

图 6–2–3 内啮合齿轮式机油泵的工作原理示意图

当发动机工作时，小齿轮随曲轴一起转动并带动内齿轮以相同的方向旋转。内、外齿轮在转到进油口处时开始逐渐脱离啮合，两者间的空间沿旋转方向逐渐增大，产生一定的真空度，将润滑油从进油口吸入。随着齿轮的继续旋转，月牙块将内、外齿轮隔开，齿轮旋转时把齿间所存留的润滑油带往出油口。在靠近出油口处，内、外齿轮间距逐渐减小，油压升高，机油泵将润滑油从出油口送往发动机润滑油道中，内、外齿轮又重新啮合。

（2）转子式机油泵

转子式机油泵由泵体、主动轴、内转子、外转子、泵盖、限压阀等组成，如图 6–2–4a 所示。

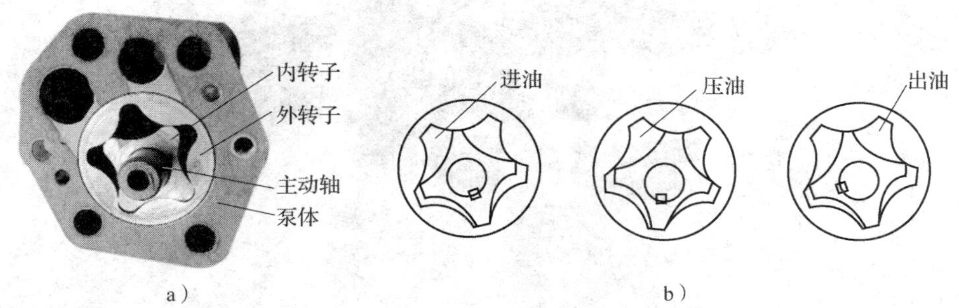

图 6–2–4　转子式机油泵的结构及工作原理图

a）结构　b）工作原理

转子式机油泵的转子旋转时，转子每个齿的齿形轮廓线上总能互相成点接触，因此在内、外转子之间形成了多个互相封闭的工作腔，由于外转子总是慢于内转子，这些工作腔在旋转过程中的位置和容积都发生了改变。每个工作腔总是在最小容积时开始与壳体上的进油孔接通，然后容积逐渐变大，形成真空，把润滑油吸进工作腔，当该容积旋转到与泵体上的出油孔接通且与进油孔断开时，容积逐渐变小，工作腔内压力升高，腔内润滑油从出油孔被压出。

2. 机油滤清器

机油滤清器安装在油道中，其作用是将润滑油中的金属磨屑、尘土、高温下被氧化的积炭、胶状沉淀物、水等机械杂质和胶质过滤掉，以保持润滑油的清洁，延长发动机的使用期限。机油滤清器分为集滤器、粗滤器、细滤器三种，分别串联或并联在主油道中。与主油道串联的滤清器称为全流式滤清器，一般为粗滤器；与主油道并联的滤清器称为分流式滤清器，一般为细滤器，过油量为 10%～30%。

（1）机油集滤器

机油集滤器一般安装在机油泵前，其作用是利用滤网防止粒度大的杂质进入机油泵。

图 6–2–5 所示为固定式机油集滤器，吸油管总成的上端有与机油泵进油孔连接的凸缘，下端与滤网支座中心固

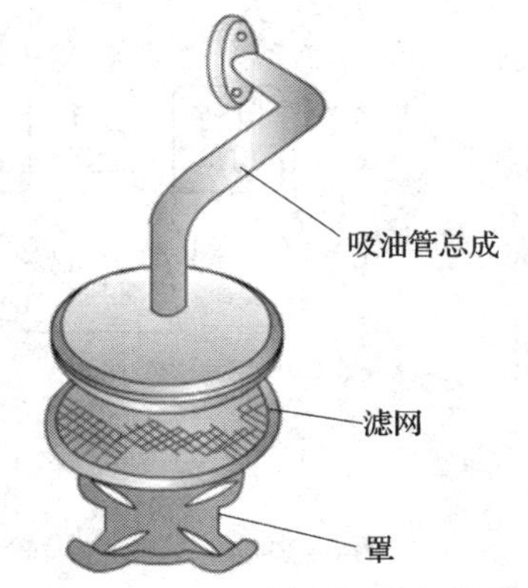

图 6–2–5　固定式机油集滤器

定连接。滤网夹装在支座与罩之间。滤网靠自身的弹力紧压在罩上。罩的边缘有四个缺口，形成进油通道。当机油泵工作时，润滑油从罩的缺口处经滤网被吸入，粒度大的杂质被滤网滤去，过滤后的润滑油经吸油管进入机油泵。

（2）机油粗滤器

机油粗滤器的作用是滤去润滑油中粒度较大的杂质，一般串联在机油泵与主油道之间。如图 6-2-6 所示，发动机常用的机油粗滤器是纸质滤芯式，其由壳体、纸质滤芯、旁通阀、进油口和出油口等组成。滤芯由经过树脂处理的多孔滤纸折叠制成。滤芯的两端用环形密封圈密封，滤芯内有金属网或带有网眼的薄铁皮作为滤芯的骨架。

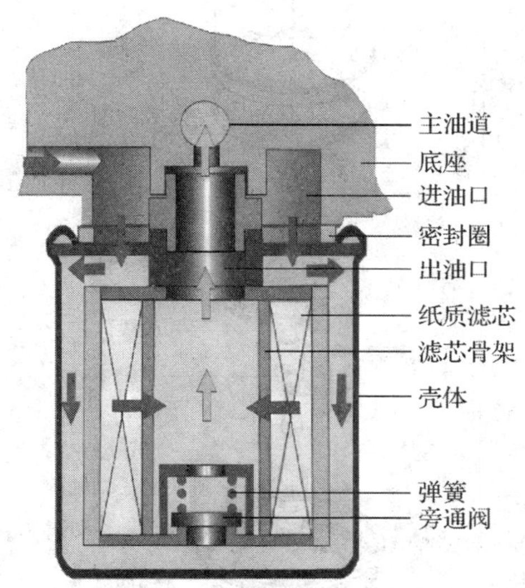

图 6-2-6　纸质滤芯式机油粗滤器

机油粗滤器工作时，润滑油经进油口进入滤芯的外表面，经滤芯过滤后由出油口流出。机油滤清器盖上装有旁通阀，当滤芯堵塞，进、出油口压差达 150～180 kPa 时，旁通阀被顶开，润滑油不经滤芯直接进入主油道。

纸质滤芯式机油粗滤器结构简单，滤清效果好，更换方便，广泛应用。

（3）机油细滤器

机油细滤器主要用于清除润滑油中的细小杂质，与主油道并联安装，只有少量的润滑油通过它滤清后又回到油底壳。机油细滤器主要有过滤式和离心式两种类型。汽车发动机上使用广泛的是离心式机油细滤器。

离心式机油细滤器由底座总成、转子总成、转子轴、外罩等组成，如图 6-2-7 所示。底座上设有限压阀。带中心孔的转子轴固定在底座上。转子总成通过上下两个转子轴轴承套在转子轴上，可以自由转动，紧固螺母将转子罩与转子体紧固在一起，转子轴下面装有转子轴轴承，转子体上面装有弹性挡圈，并用压紧弹簧压紧，以限制转子轴向移动，转子体下端装有两个对称水平安装的喷嘴，整个转子体用外罩盖住，并通过盖形螺母和密封垫片将其固定在底座上。

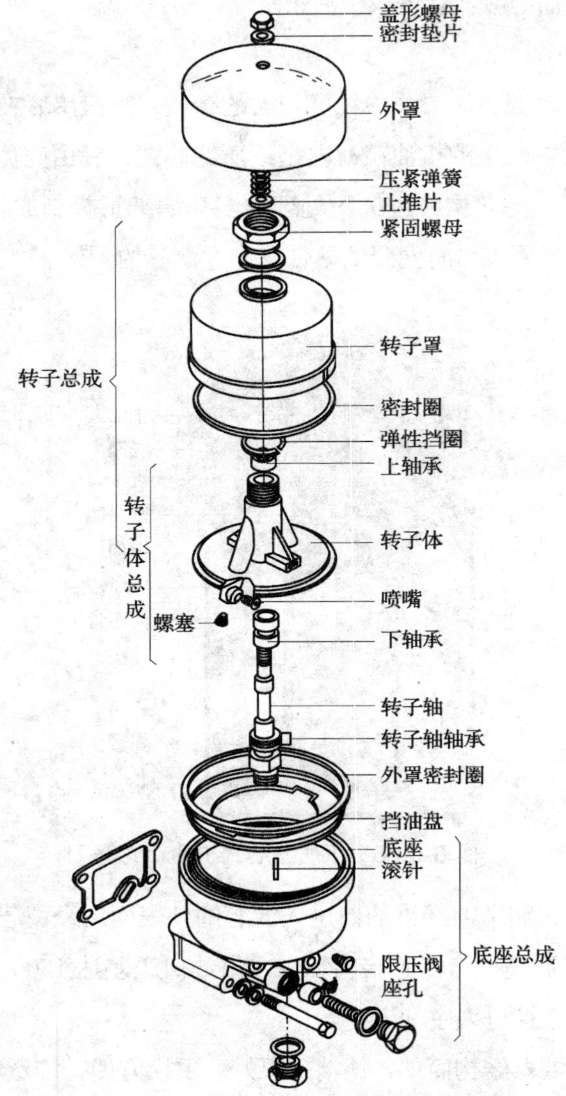

图 6-2-7　离心式机油细滤器的结构

发动机工作时，润滑油从机油泵进入机油滤清器的进油孔，当油压低于 147 kPa 时，进油限压阀不开启，润滑油不进入机油细滤器，全部流入主油道，以保证发动机可靠润滑。

当油压达 147 ~ 196 kPa 时，在润滑油压力的作用下，进油限压阀被顶开，润滑油从转子轴内的中心油道进入转子内腔，又经导流罩导流从两喷嘴喷出。转子在喷射反作用力的推动下高速旋转，由于转子内腔的润滑油随着转子高速旋转，润滑油中的机械杂质在离心力的作用下被甩在转子罩的内壁上，清洁的润滑油不断从喷嘴喷出，并经出油口流回油底壳。

离心式机油细滤器通过能力好，不需更换滤芯，只需定期清洗即可，但其制造精度要求较高，因此维护清洁时应注意不要直接碰撞、敲击，以免因机件变形而使转子运转不灵，失去滤清能力。

3. 机油散热器和机油冷却器

（1）机油散热器（图 6-2-8）

机油散热器由散热管、限压阀、开关、进出油管等组成，其结构与冷却液散热器相似。机油散热器一般安装在冷却液散热器的前面，与主油道并联。机油泵工作时，一方面将润滑油供给主油道，另一方面使润滑油经限压阀、机油散热器开关、进油管进入机油散热器内，冷却后从出油管流回油底壳，如此循环流动。

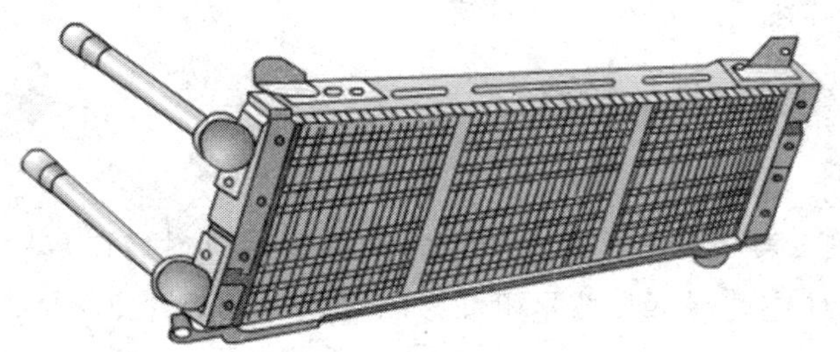

图 6-2-8 机油散热器

（2）机油冷却器（图 6-2-9）

机油冷却器置于冷却水路中，其利用冷却液的温度来控制润滑油的温度。当润滑油温度高时，靠冷却液降温；发动机启动时，则从冷却液吸收热量使润滑油迅速提高温度。机油冷却器由铝合金铸成的壳体、前盖、后盖和铜芯管组成。为了加强冷却，铜芯管外又套装了散热片。冷却液在管外流动，润滑油在管内流动，两者进行热量交换。也有个别机油冷却器是润滑油在管外流动，冷却液在管内流动的。

图 6-2-9 机油冷却器

4. 安全阀

在润滑系中都设有限压阀和旁通阀，以确保润滑系正常工作。

（1）限压阀

限压阀用以限制润滑系中润滑油的最高压力。发动机工作时，机油泵的泵油压力是随发动机转速增加而升高的，并且当润滑系中油路堵塞、轴承间隙过小或使用的润滑油黏度过大时，也将使供油压力升高。因此，在润滑系机油泵和主油道中设有限压阀，限制润滑油最高压力，以确保安全。当机油泵和主油道上润滑油压力超过预定的压力时，克服限压阀弹簧作用力，顶开阀门，一部分润滑油从侧面通道流入油底壳内，使油道内的油压下降至设定的正常值后，阀门关闭。

（2）旁通阀

旁通阀用以保证润滑系内油路畅通，当机油滤清器堵塞时，润滑油通过并联在其上的旁通阀直接进入润滑系的主油道，防止主油道断油。旁通阀与限压阀的结构基本相同，但在安装位置、控制压力、溢流方向上存在差异，通常旁通阀弹簧刚度要比限压阀弹簧刚度小得多。

5. 油尺

油尺是用来检查油底壳内油量和油面高度的。它是一根金属杆，下端制成扁平形，并有刻线。润滑油油面必须处于油尺上下刻线之间。

二、润滑系主要零部件的检修

1. 机油泵的检修

当润滑油的工作压力不足时，要对机油泵的磨损情况进行检查。机油泵磨损间隙过大时，会造成内部泄漏，主要泄漏部位是机油泵内部的几个密封面。

（1）齿轮泵的检修（以 EQ6100–1 发动机机油泵为例）

1）测量泵体与泵盖接合面的平面度。用刀口形直尺和塞尺检查泵体与泵盖接合面的平面度，若超过 0.10 mm，应进行磨削或研磨修复，如图 6–2–10 所示。

2）测量齿轮端面与泵盖间的间隙。如图 6–2–11 所示，齿轮端面间隙加上机油泵泵盖垫片厚度即为齿轮端面与泵盖间的间隙，标准间隙为 0.06 ~ 0.10 mm。如超过标准值范围，可通过增加或减少泵盖下垫片的方法进行调整。

图 6–2–10　测量泵体与泵盖接合面的平面度

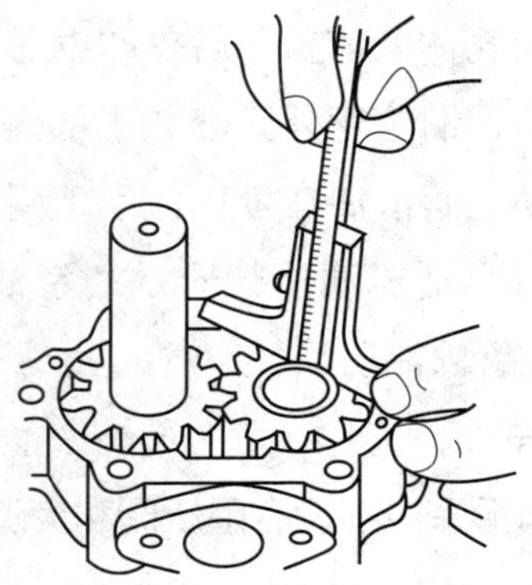

图 6–2–11　测量齿轮端面与泵盖间的间隙

3）测量齿轮与泵体的间隙。将塞尺插在齿顶与泵体之间测量，如图 6–2–12 所示，标准间隙为 0.082 ~ 0.185 mm，超出范围则应更换齿轮或泵体。注意齿轮要成对更换。

4）测量主、从动齿轮间的啮合间隙。如图 6–2–13 所示，在齿轮圆周上取三个三等分点，用塞尺测量各点主、从动齿轮的啮合间隙，标准值为 0.05 ~ 0.25 mm。如间隙过大，应成对更换齿轮。测量时，各测量点齿轮啮合间隙相差不得大于 0.10 mm。

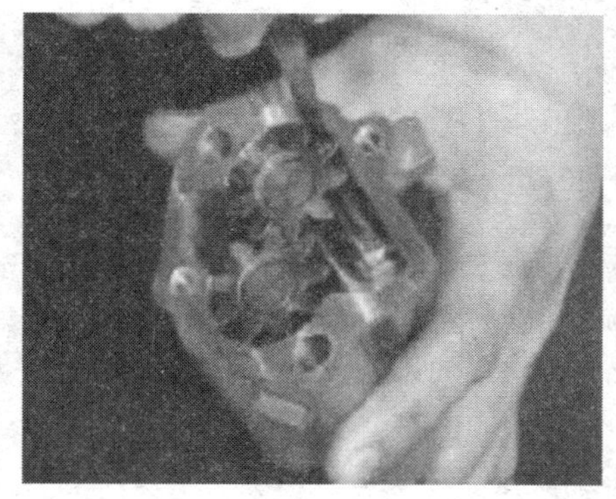

图 6–2–12　测量齿轮与泵体的间隙

图 6–2–13　测量主、从动齿轮啮合间隙

（2）转子式机油泵的检修（以丰田 1ZR–FE 发动机机油泵为例）

1）拆下机油压力开关，安装机油压力表，怠速时，机油压力应不低于 25 kPa；发动机转速为 3 000 r/min 时，机油压力应在 150 ~ 550 kPa，否则需要检查机油泵。

2）测量机油泵泵盖与转子端面之间的间隙，如图 6–2–14 所示。丰田 1ZR–FE 发动机机油泵该间隙标准值为 0.03 ~ 0.08 mm，极限值为 0.16 mm。如果测量间隙大于极限值，应更换机油泵总成。

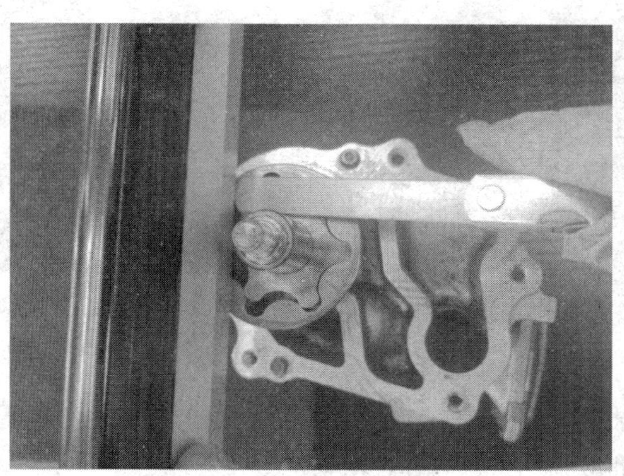

图 6–2–14　测量机油泵泵盖与转子端面之间的间隙

3）测量外转子与内转子之间的间隙。如图 6–2–15 所示，用塞尺测量，丰田 1ZR–FE 发动机机油泵该间隙标准值为 0.08 ~ 0.16 mm。极限值为 0.35 mm。如果磨损超过极限值，应更换机油泵总成。

图 6-2-15　测量外转子与内转子之间的间隙

2. 机油滤清器的更换

（1）用专用工具拆卸机油滤清器，如图 6-2-16 所示。

（2）清洁机油滤清器安装表面，如图 6-2-17 所示。

图 6-2-16　拆卸机油滤清器

图 6-2-17　清洁机油滤清器安装表面

（3）安装新机油滤清器时，应在密封圈上涂上干净的润滑油，如图 6-2-18 所示。

安装新机油滤清器时，若不在密封圈上涂润滑油，安装时密封圈可能与接合面发生干摩擦，造成密封圈翘曲或损坏，从而导致密封不良和漏油。

（4）用专用扳手安装新机油滤清器。

拧紧机油滤清器时有以下三种情况：

1）机油滤清器的外壳印有数字 1 ~ 8，使用专用工具拧紧这种类型的机油滤清器，不需要使用扭力扳手，它的紧固方式是当油封接触到发动机上的座圈后，再继续拧紧 7/8 圈，即完成紧固。

图 6-2-18 在密封圈上涂上干净的润滑油

2）机油滤清器的外壳印有数字 1～4，使用专用工具拧紧这种类型的机油滤清器，不需要使用扭力扳手，它的紧固方式是当油封接触到发动机上的座圈后，再继续拧紧 3/4 圈，即完成紧固。

3）机油滤清器的外壳没有印数字，这类型的机油滤清器应按照维修手册要求，使用专用工具和扭力扳手紧固。

3. 润滑油液位的检查

发动机应有足够的润滑油保证其正常运转，因此在完成相关维修后都应检查发动机润滑油液位。润滑油液位的检查要在启动发动机前，将汽车水平停稳后再检查发动机润滑油液位。如果发动机已启动，则关闭发动机，等待 10 min 后再检查。

（1）拔出油尺并擦拭干净。

（2）插入油尺，确认发动机润滑油液位在图 6-2-19 所示范围内。

（3）如果超出范围，应调整润滑油量。

4. 润滑油品质的检查

变质的润滑油不仅不会起到润滑作用，反而会使零部件磨损加剧，缩短零部件的使用寿命，润滑油品质的鉴别是更换润滑油的依据。润滑油品质的检查应该在发动机熄火后，润滑油还未沉淀时进行。若润滑油呈褐色或乳白色，并伴有泡沫，说明润滑油中混入了水。合格的润滑油无特别的气味，略带芳香，若润滑油有刺激性气味，说明润滑油变质或质量差，应及时更换。

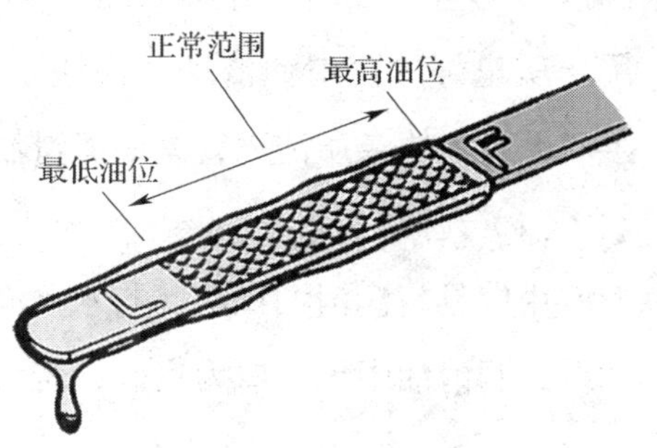

图 6-2-19 润滑油液位的确定

润滑油品质常见的检查方法如下。

（1）油斑法

将待查润滑油搅匀后滴在白纸上（最好是滤纸），形成油斑，油斑从中心向外经过 2～3 h 逐渐扩散，形成三个同心圆环，根据这三个区域的颜色、宽窄和形态辨别润滑油的状态。油斑法鉴别润滑油的品质见表 6-2-1。

表 6-2-1　油斑法鉴别润滑油的品质

级别	油斑形态	鉴别	判断
1	核心区与扩散区光亮无色或颜色很浅，无沉淀圈	新润滑油或使用时间很短	新油
2	核心区与扩散区界限分明，扩散区很宽，氧化环明亮	油品使用时间不长，污染程度较轻	良好
3	核心区暗黑，扩散区分明，氧化环明亮	油品使用较久，污染程度较重，沉积物较多	一般
4	核心区深黑，扩散区变窄，氧化环浅黄	油品使用时间长，污染程度重，沉积物多	较差

（2）捻磨法

从油底壳中取出少许润滑油，涂在手指上，用手指和拇指捻磨。如果感到油中有杂质或像水一样无黏稠感，甚至发涩或有酸味，说明润滑油已经变质；如果捻磨后在手指上能见到细小、闪亮的金属磨屑，说明发动机存在比较严重的磨损部位，应立刻更换润滑油。

（3）油流观察法

取两只量杯，其中一只量杯盛有待检查的润滑油，另一只空量杯放在桌面上，将盛满润滑油的量杯举高离开桌面 30～40 cm 并倾斜，让润滑油慢慢流到空杯中，观察其流动情况。质量好的润滑油流动时应该是细长、均匀、连绵不断的细流，若出现油流忽快忽慢，且时而有大块杂质流下，说明润滑油已变质。

（4）光照法

用旋具将润滑油撩起，与水平面成 45°，对照阳光，观察油滴情况。在光照下，可清晰地看到润滑油中无磨屑为良好；若磨屑过多，应更换润滑油。

三、更换发动机润滑油

润滑油的种类不同，更换的周期也不同。润滑油可分为矿物润滑油、半合成润滑油和全合成润滑油，矿物润滑油的更换周期在 5 000 km 左右，半合成润滑油的更换周期一般在 7 500 km 左右，全合成润滑油的更换周期在 10 000 km 左右。

更换发动机润滑油的步骤如下：

1. 预热发动机，使其怠速运转 3 ~ 5 min，观察冷却液温度变化。当冷却液温度为 60 ~ 70 ℃时，关闭发动机。

2. 举升汽车，检查油底壳及其周围是否有漏油，拆卸放油螺栓并排放润滑油，如图 6–2–20 所示。

图 6–2–20　排放润滑油

3. 润滑油排放完后，安装放油螺栓，并按规定力矩拧紧。

4. 将汽车下降到地面，加注润滑油，如图 6–2–21 所示。

图 6–2–21　加注润滑油

5. 加注润滑油 2 ~ 3 min 后，拔出油尺，检查润滑油量应在规定位置。

6. 旋紧加油口盖，启动发动机，怠速运转 3 ~ 5 min 后熄火。

7. 再次检查发动机的润滑油量。

8. 举升汽车，检查油底壳是否有漏油。

9. 降下汽车到地面。

10. 清洁并恢复现场。

四、清洗发动机润滑油油路

清洗发动机润滑油油路一般在更换润滑油时进行，步骤如下：

1. 直接将发动机润滑油清洗剂从加油口倒入。

2. 启动发动机并怠速运行 10 ~ 15 min 后熄火。

3. 排放旧润滑油。

4. 更换机油滤清器。

5. 加注新润滑油。

课题3 曲轴箱通风装置

学习目标

1. 了解曲轴箱通风装置的作用。

2. 掌握曲轴箱通风装置的分类。

3. 了解流量控制阀的结构与检查。

发动机工作时会有部分汽油蒸汽和废气流窜到曲轴箱内，泄漏到曲轴箱内的汽油蒸汽凝结后，将使润滑油黏度变小；高温废气和其中的酸性物质及水蒸气将侵蚀零件，使润滑油性能变差。另外，混合气和废气进入曲轴箱，会使曲轴箱内的压力增大，温度升高，易使润滑油从油封、衬垫等处向外渗漏，造成空气污染，因此，曲轴箱必须设有通风装置。曲轴箱通风装置的作用是将窜入曲轴箱内的气体再吸入到气缸内燃烧，对碳氢化合物进行回收利用，减少对大气的污染，同时使新鲜气体进入曲轴箱，形成不断的对流。

曲轴箱通风装置根据通风的方式分为自然通风装置和强制通风装置。

一、自然通风

从曲轴箱抽出的气体直接导入大气中的通风方式称为自然通风，柴油机多采用这种通风方式。如图 6–3–1 所示，自然通风装置是在与曲轴箱连通的气门室盖或润滑油加注口接出一根下垂的出气管，管口处切成斜口，切口的方向与汽车行驶的方向相反，利用汽车行驶和冷却风扇的气流，在出气口处形成一定真空度，将气体从曲轴箱抽出。

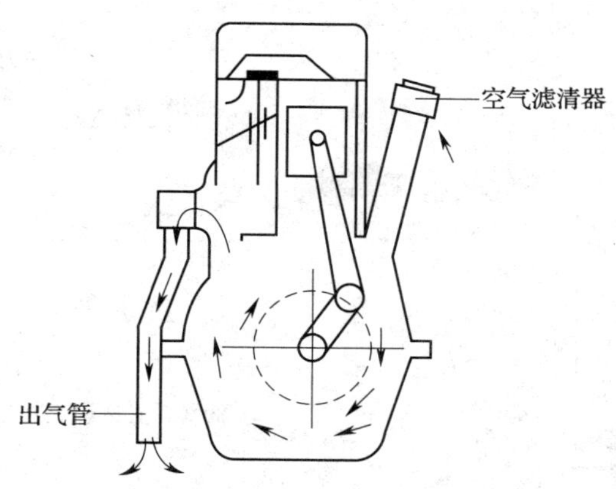

图 6-3-1　曲轴箱自然通风装置

二、强制通风

从曲轴箱抽出的气体导入发动机进气管，吸入气缸再燃烧，这种通风方式称为强制通风，汽油机一般采用曲轴箱强制通风方式。曲轴箱强制通风装置既可以将窜入曲轴箱内的混合气回收使用，又有利于提高发动机的排放标准，减少大气污染。如图 6-3-2 所示为带流量控制阀的曲轴箱强制通风装置。

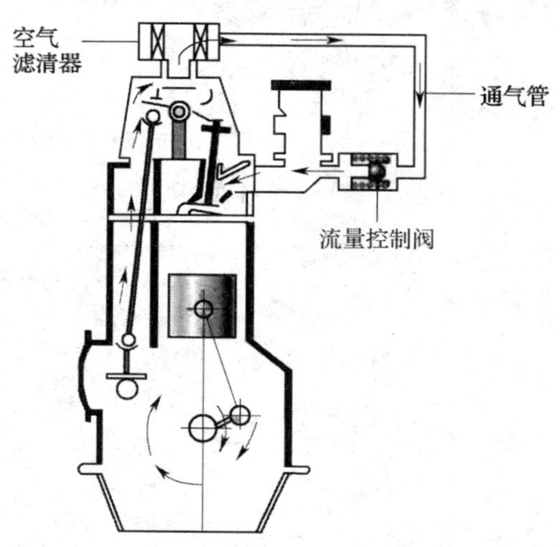

图 6-3-2　带流量控制阀的曲轴箱强制通风装置

流量控制阀是一个单向阀，可以调节发动机怠速、中小负荷和大负荷时的通风强度。流量控制阀还有止回功能，一旦“回火”即被关闭，防止曲轴箱内废气被点燃。曲轴箱通风装置必须定期检查单向阀是否失效、管接头是否漏气等，否则会影响通风效果，造成发动机怠速不稳，甚至熄火。

知识总结

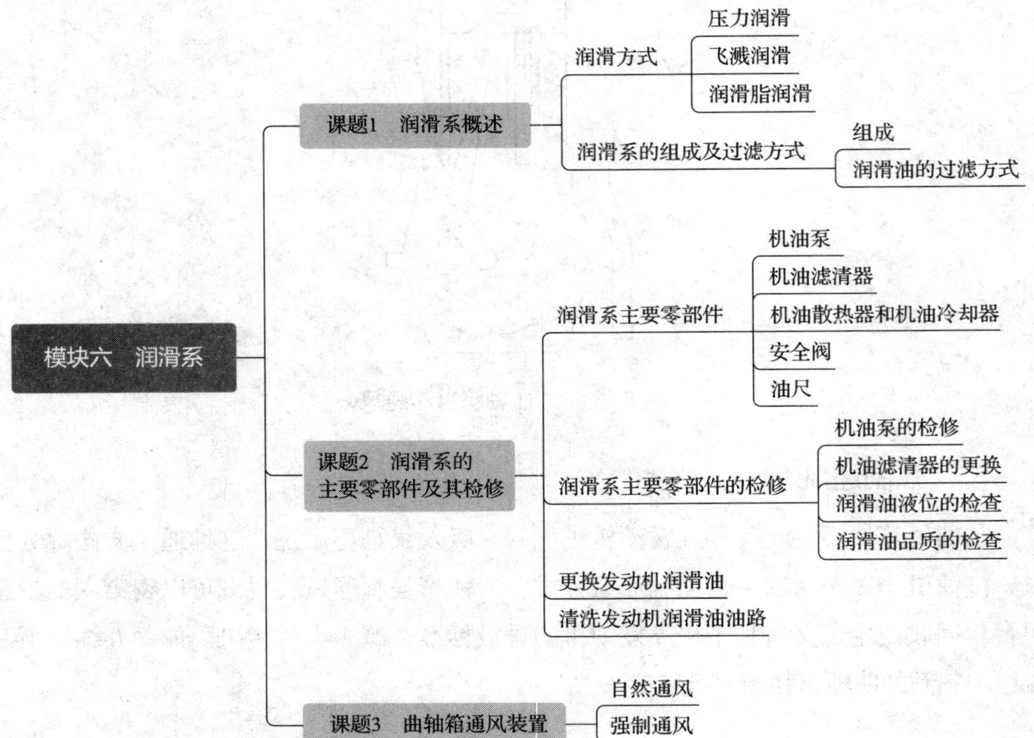
模块六　润滑系
课题1　润滑系概述
润滑方式
压力润滑
飞溅润滑
润滑脂润滑
润滑系的组成及过滤方式
组成
润滑油的过滤方式
课题2　润滑系的主要零部件及其检修
润滑系主要零部件
机油泵
机油滤清器
机油散热器和机油冷却器
安全阀
油尺
润滑系主要零部件的检修
机油泵的检修
机油滤清器的更换
润滑油液位的检查
润滑油品质的检查
更换发动机润滑油
清洗发动机润滑油油路
课题3　曲轴箱通风装置
自然通风
强制通风

模块七
冷　却　系

发动机工作时，由于燃料的燃烧，气缸内气体温度高达 1 900 ~ 2 500 ℃，使发动机零部件温度升高，特别是直接与高温气体接触的零部件，若不及时冷却，难以保证发动机正常工作。冷却系的作用是使发动机保持在最适宜的温度范围内工作，使发动机各受热零部件处于正常的温度范围内。发动机冷却必须适度，过热或过冷都会给发动机带来危害。因此，既要防止夏季发动机过热，又要防止冬季发动机过冷。

课题 1　冷却系概述

学习目标

1. 掌握冷却系的分类、组成。
2. 掌握水冷系的三条循环路线。

按冷却方式的不同，冷却系分为水冷系和风冷系，现代汽车一般都采用水冷系，下面主要介绍水冷系的组成和工作原理。

一、水冷系的组成

汽车发动机上采用强制循环式水冷系。水冷系主要由散热器、水泵、电动风扇、水套（在气缸盖或气缸体上制出的夹层空间）、节温器、水管和传感器等组成，如图 7–1–1 所示。

二、水冷系的工作原理

强制循环式水冷系是用水泵将冷却系中的冷却液加压，使之在水套中流动，冷却液从气缸壁吸收热量，温度升高，热冷却液向上流入气缸盖，继而从气缸盖流出，进入散热器。由于电动风扇的强力抽吸作用，空气从前向后高速流过散热器，不断地将流经散热器的冷却液的热量带走。冷却后的冷却液由水泵从散热器底部重新泵入水套，使冷却液在冷却系中不断循环。

冷却液在冷却系内的循环流动路线有三条，一条为小循环，一条为混合循环，一条为大循环。

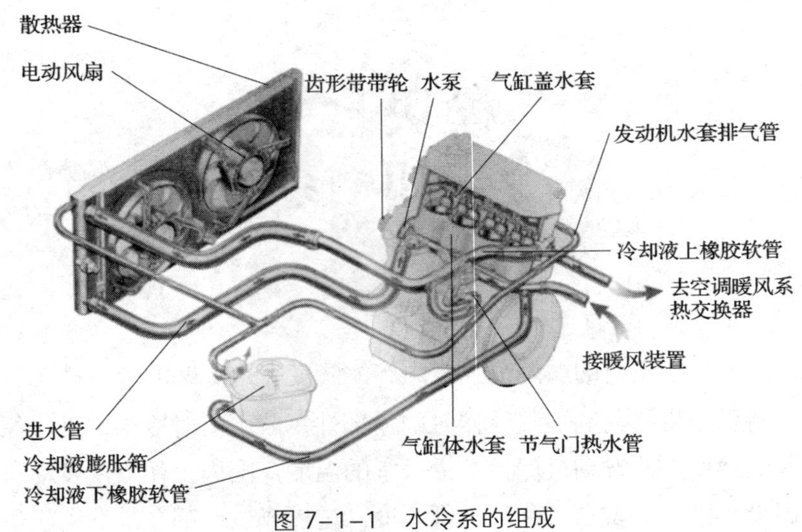

图 7–1–1　水冷系的组成

1. 水冷系的小循环

冷却液经水泵→水套→节温器后不经散热器，直接由水泵压入水套的循环，其特点是水流路线短，散热强度小，如图 7–1–2 所示。

当冷却液温度低于 84 ℃时，节温器主阀门关闭，副阀门开启，冷却液进行小循环。

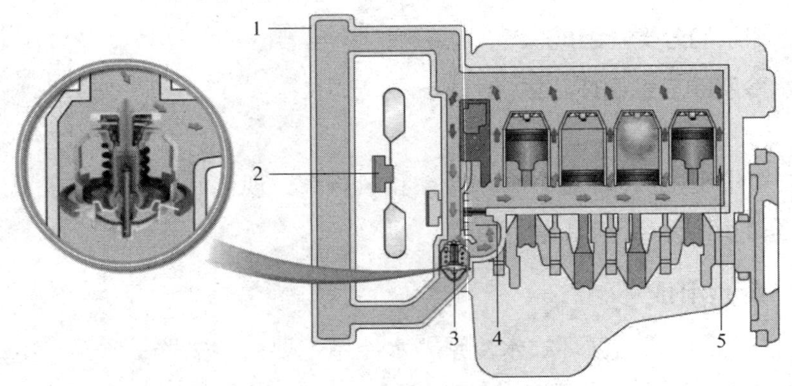

图 7–1–2　水冷系小循环

1—散热器　2—电动风扇　3—节温器　4—水泵　5—水套

2. 水冷系的混合循环

当冷却液温度升高到 84 ~ 94 ℃时，节温器主阀门部分打开，冷却液进行混合循环。冷却液部分经水泵压入水套循环，部分经水泵→水套→节温器→散热器循环，如图 7–1–3 所示。

3. 水冷系的大循环

当冷却液温度过高，达到 95 ℃时，节温器主阀门全打开，副阀门全关闭，冷却液进行大循环，即全部进入散热器散热。

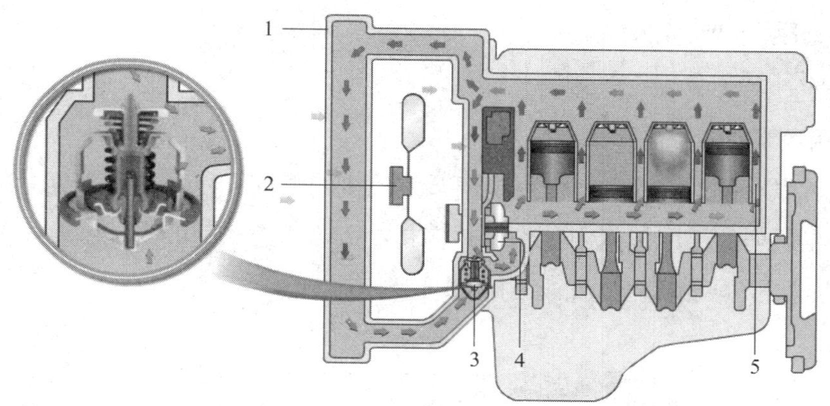

图 7–1–3 水冷系混合循环
1—散热器 2—电动风扇 3—节温器 4—水泵 5—水套

冷却液经水泵→水套→节温器→散热器，其特点是水流路线长，散热强度大，如图 7–1–4 所示。

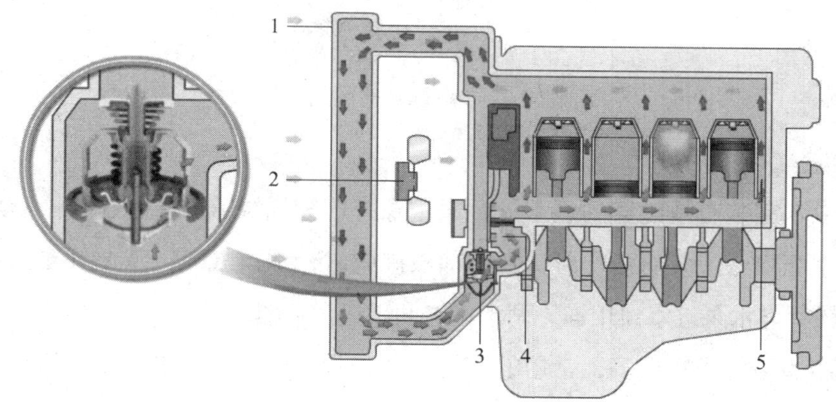

图 7–1–4 水冷系大循环
1—散热器 2—电动风扇 3—节温器 4—水泵 5—水套

课题❷ 冷却系的主要零部件及其检修

学习目标

1. 掌握冷却系主要零部件的作用、结构、工作原理。
2. 掌握冷却系主要零部件的拆卸、维护、检修方法。

一、冷却系主要零部件

1. 散热器

（1）作用及组成

散热器又称水箱，它的主要作用是调节发动机的温度，使发动机避免因过热而损坏，确保发动机在适当的温度范围内工作，并将其热量传递给周围的空气。散热器由上水室、下水室、散热器芯、风扇等组成，如图 7–2–1 所示。

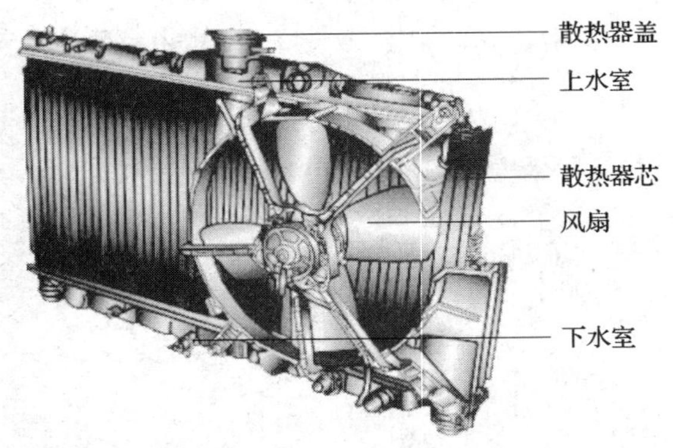

图 7–2–1　散热器的组成

（2）结构

散热器上水室装有散热器的进水管，通过橡胶管与气缸盖出水管连接。上水室上部有加水管，加水管口一般装有泄气管，当冷却液沸腾时，水蒸气可以从此管排出。下水室有出水管，用软管与水泵进水口相连，两水室之间焊接散热器芯。

散热器芯的结构形式很多，常用的有管片式和管带式，如图 7–2–2 所示。散热器芯多为扁圆形直管（防冻裂性好），周围制有散热片，可竖置或横置。

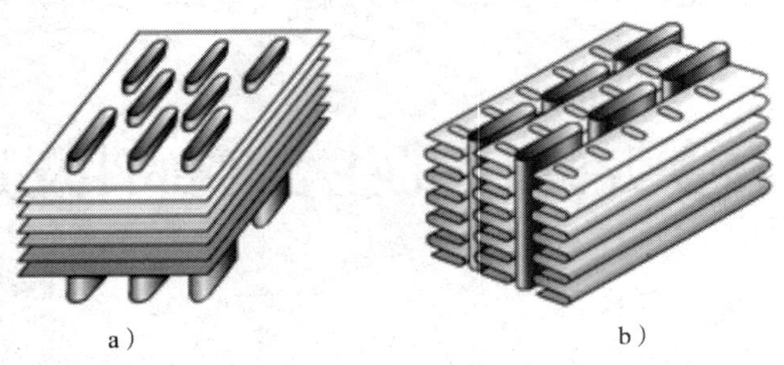

图 7–2–2　散热器芯
a）管片式　b）管带式

散热器盖安装在加水管上。对于封闭式冷却系来说，系统与外界大气不直接相通，因此散热器盖上装有蒸汽—空气阀，如图 7–2–3 所示。

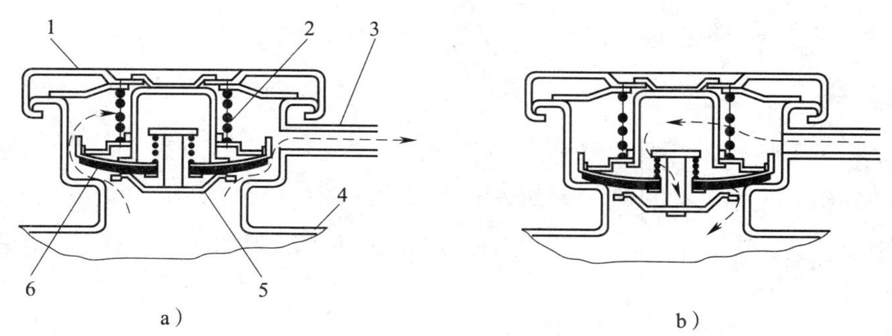

图 7-2-3　散热器盖上的蒸汽—空气阀

a）蒸汽阀开启　b）空气阀开启

1—散热器盖　2—弹簧　3—溢流管　4—散热器　5—空气阀　6—蒸汽阀

蒸汽阀阀门一般在散热器内压力达到 26～37 kPa 时开启，部分水蒸气经溢流管排入大气，避免损坏散热器。空气阀在散热器内气压降到 10～20 kPa 时打开，散热器与大气相通，防止散热器芯损坏。散热器多采用耐腐蚀、导热性好的铜或铝片制成。

加注冷却液的汽车发动机，为减少冷却液的损失，保证冷却系的正常工作，采用散热器＋膨胀水箱结构，如图 7-2-4 所示。膨胀水箱的上方通大气，另一根橡胶软管与散热器的溢流管相连。当散热器内蒸汽压力升高到某一值时，散热器盖上的压力阀打开，冷却液通过压力阀、溢流管进入膨胀水箱；当温度下降时，冷却液又从膨胀水箱通过真空阀流回到散热器内部，以防止冷却液损失。膨胀水箱内部印有两条液面高度标记线，膨胀水箱内的液面高度应位于这两条刻线之间。

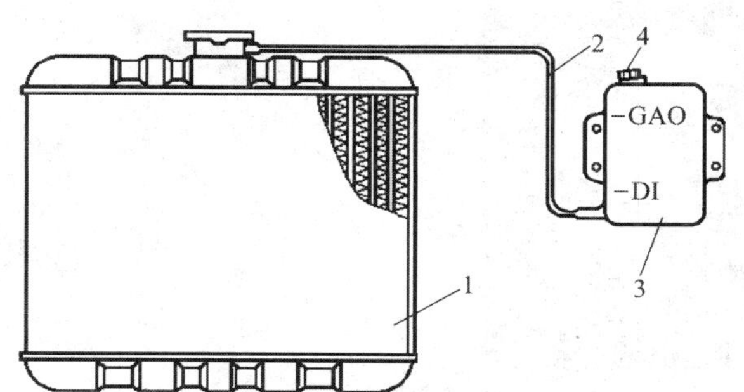

图 7-2-4　散热器＋膨胀水箱结构示意图

1—散热器　2—橡胶软管　3—膨胀水箱　4—加液口盖

膨胀水箱的作用是减少冷却液的损失，避免空气进入导致机件氧化腐蚀，使冷却系中的水、汽分离，保持系统内压力稳定，提高了水泵的泵水量。

2. 风扇

（1）风扇的作用及结构

风扇的主要作用是提高流经散热器的空气流速和流量，以增强散热器的散热能力并冷却发动机附件。风扇一般安装在发动机与散热器之间，如图 7–2–5 所示。

乘用车发动机上基本都采用低压力、大风量、高效率的轴流式冷却风扇，其叶片材料为钢板、塑料或铝合金。为了减轻振动和噪声，叶片间夹角不等，叶片数一般为 4 ~ 6 片，叶片与叶轮旋转平面之间有一偏扭角，偏扭角可为定值，也可为变值。风扇旋转时，叶根和叶尖的气流速度外大内小，为了提高风扇的效率，叶片从叶根到叶尖偏扭角逐渐减小。

（2）风扇控制装置

风扇控制装置的作用是控制风扇的运转与转速，改变流经散热器芯的空气流量，从而调节冷却系的冷却强度，保证发动机在正常温度范围内工作。

（3）电动风扇

汽车发动机上常用的风扇基本都是电动风扇，其由冷却风扇、导风罩和电动机组成，如图 7–2–6 所示。电动机驱动电动风扇运转，并由蓄电池供电，风扇转速与发动机转速无关，电动机的启动与停止受冷却液温度控制。电动风扇具有启动温度与设定冷却液温度一致、布置位置灵活、不受发动机转速影响、汽车在低怠速时冷却效果好等优点，但其转速也受到发动机功率等因素的影响。

图 7–2–5　风扇

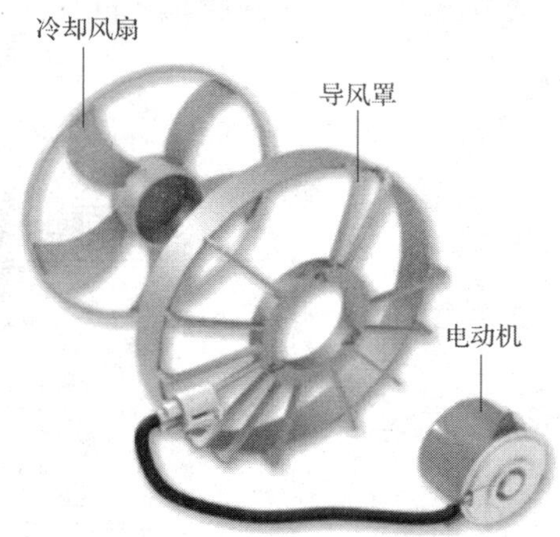

图 7–2–6　电动风扇

电动风扇有以下两种形式。

1）由热敏温控开关控制。当冷却液温度升到风扇低速挡工作温度区间时，热敏温控开关接通风扇电动机的低速挡；当冷却液温度升到风扇高速挡工作温度区间时，热敏温控开关接通风扇电动机的高速挡；当冷却液温度降到风扇低速挡工作温度区间以下时，热敏温控开关切断电源，风扇停转。

2）由电控单元 ECU 控制。冷却液温度传感器向 ECU 传输与冷却液温度相关的信号。

当冷却液温度达到规定值时，ECU 使风扇继电器搭铁，继电器触点闭合并向风扇电动机供电，风扇开始工作。

3. 水泵

（1）作用及组成

水泵的作用是对冷却液加压，并使冷却液在冷却系中循环流动。汽车发动机一般采用离心式水泵，其由壳体、叶轮、水泵盖、水泵轴、支承轴承、密封组件等组成，如图 7–2–7 所示。

水泵壳体固定在发动机机体上，由曲轴通过传动带驱动，传动带环绕在曲轴带轮和水泵带轮之间，因此水泵转速与发动机转速成比例。

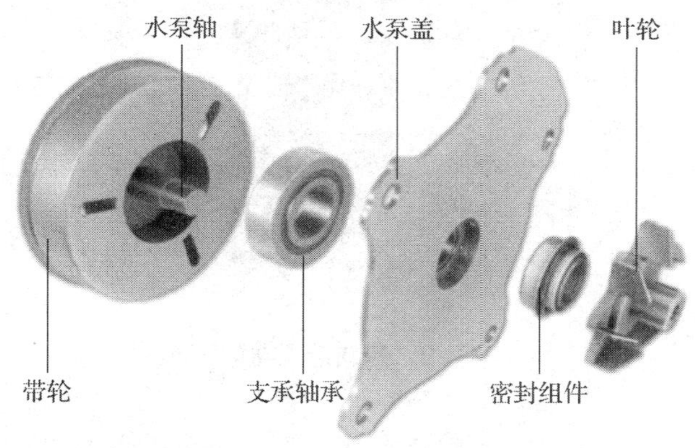

图 7–2–7　离心式水泵的组成

（2）工作原理

离心式水泵的工作原理如图 7–2–8 所示。当叶轮旋转时，水泵中的冷却液被叶轮带动一起旋转，在离心力作用下，冷却液被甩向叶轮边缘，经与叶轮成切线方向的出水管压送到发动机水套内。与此同时，叶轮中心处的压力降低，散热器中的冷却液便经进水管被吸进叶轮中心部分，在这连续作用下，使冷却液在水路中不断地循环。

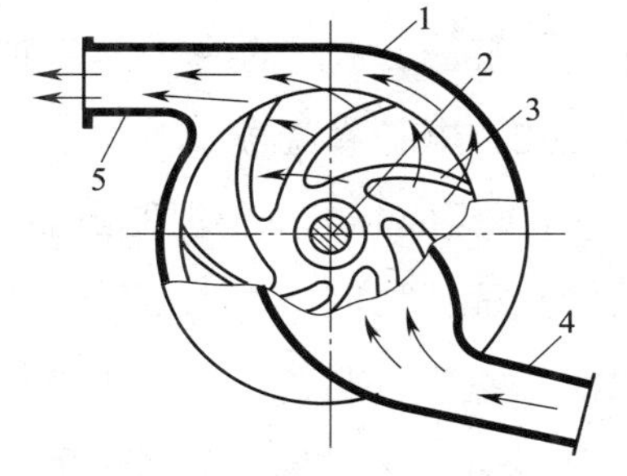

图 7–2–8　离心式水泵的工作原理

1—壳体　2—水泵轴　3—叶轮

4—进水管　5—出水管

4. 节温器

节温器的作用是随发动机负荷大小和冷却液温度的高低而自动调整冷却液的流量和循环路线，以保证发动机在适宜的温度下工作，从而减少燃料消耗和机件的磨损。节温器按控制方式分为蜡式节温器和电子节温器。

（1）蜡式节温器

蜡式节温器由支架、主阀门、副阀门、蜡管、推杆、胶管、石蜡和弹簧等组成，如图 7–2–9 所示。蜡式节温器在胶管和蜡管之间装有石蜡，为提高导热性，石蜡中通常掺有铜粉或铝粉。常温时，石蜡呈固态，阀门压在支架上，这时阀门关闭了通往散热器的水路，来自发动机气缸盖出水口的冷却液，经水泵又流回气缸体水套中，进行小循环。

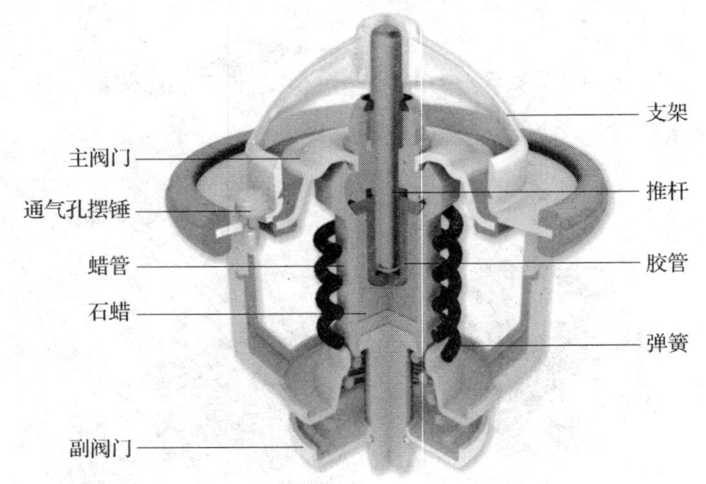

图 7–2–9　蜡式节温器的组成

当发动机冷却液温度升高时，石蜡逐渐变成液态，体积增大，使胶管收缩，从而对推杆上端产生向上的推力。由于推杆上端固定，故推杆对胶管、蜡管产生向下的反推力，阀门开启。以丰田 1ZR–FE 发动机为例，当发动机冷却液温度达到 95 ℃以上时，阀门全开，来自气缸盖出水口的冷却液流向散热器，进行大循环。

（2）电子节温器

1）组成。电子节温器由加热电阻、升程销、大循环阀、小循环阀、压力弹簧、连接插头等组成，如图 7–2–10 所示。加热电阻主要是接收发动机控制模块（ECU）的电压信号，ECU 根据发动机的不同载荷、车速以及冷却液温度情况，对加热电阻施加直流电压信号，通过控制占空比来影响电阻的加热情况。加热电阻并不加热冷却液，它只按规定来加热节温器，以便打开冷却液大循环。

2）工作原理。电子节温器与蜡式节温器的工作原理整体相似。电子节温器内置加热电阻，当冷却液温度升高时，冷却液温度传感器会将信号传输给控制单元，控制单元再发出信号给执行单元，执行单元根据传感器信号得出的计算值加载温度调节单元电压，接通加热电阻，然后再根据电阻温升特性对石蜡进行加热，使石蜡膨胀，从而实现冷却系的“大循环”。

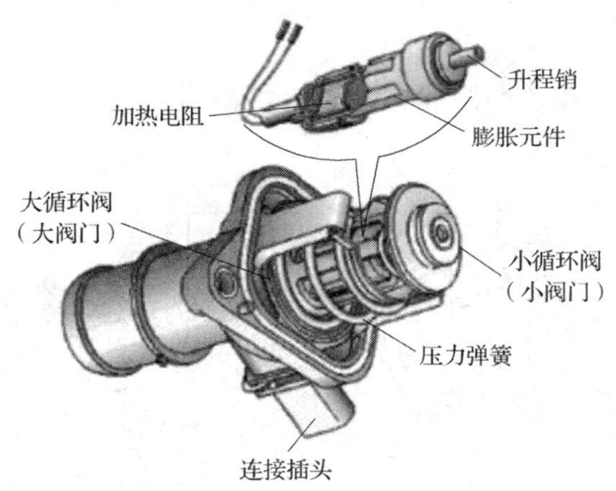

图 7–2–10　电子节温器的组成

3）优点。相同工况下，使发动机能在更高的温度下工作；能使燃油燃烧更充分，有利于改善废气的排放，减少 CO 和 CH 的排放；能减少燃油的消耗，特别是当发动机在低负荷的状态下运行时。

二、冷却系零部件的检修

1. 散热器的检修

散热器常见的故障有碰伤、破漏、铜皮腐蚀、内部沉积水垢、外表脏污，这些都会影响其散热性能。

（1）散热器的清洗

先用压缩空气和清水清洗散热器外部，然后将其放在洗涤池内，用氢氧化钠或铬酸水溶液煮洗。如果内部积垢严重，应先拆去散热器上、下水室，用疏通条进行疏通，清除水管内的积垢，然后再用压缩空气或清水冲洗其内部。

（2）散热器渗漏的检验

散热器渗漏可用气压表、橡胶管和橡胶气囊进行检验，其过程如下：

1）将散热器注满水，盖上散热器盖，封闭进、出水管。

2）将散热器加水管接至放水开关上，旋开放水阀。

3）捏动橡胶气囊加压，当泄气管放出空气时，压力表上读数应为 27 ~ 37 kPa，如图 7–2–11 所示。

4）关闭放水开关，将橡胶管接在泄气管上，加压至 50 kPa，检查散热器有无渗漏现象。

（3）散热器的修复

1）上、下水室的修复

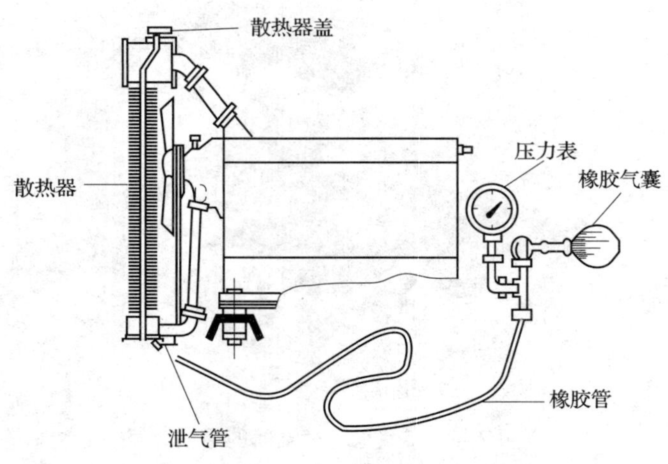

图 7–2–11　散热器渗漏的检验

①当上、下水室腐蚀不严重时，一般可用镀锡法修复。具体操作方法是先用盐酸清除水垢，将盐酸和水垢擦干净后再用毛刷在上、下水室内外表面涂氯化锌溶液，最后用电烙铁焊接，焊接材料为锡铅料 1 号。

②当上、下水室有孔洞或裂纹时，可用补板法修复。具体操作方法是先用 0.8 mm 厚的铜片制成比裂纹长度长 10 ~ 20 mm 的补板，然后盖在焊缝上并涂上氯化锌溶剂，最后在补板四周用焊锡焊牢。

③当散热器裂纹在 0.3 mm 以内时，可用散热器堵漏剂修复。此方法操作简单，具体操作方法如下：

a. 清洗散热器，加入 2% 纯碱水后，使发动机在 80 ℃左右温度运转 5 min，趁热把碱水放掉，再加满冷却液，启动发动机并升温至 80 ℃时，再运转数分钟，把水放掉。

b. 拆除节温器。

c. 在冷却系中加入堵漏剂与水，堵漏剂与水的比例为 1 ： 20。

d. 启动发动机并运转，将冷却液温度升到 80 ~ 85 ℃，保持 30 min。

e. 待散热器完全冷却后，再启动发动机运转 10 min，此后就可以正常驾驶。堵漏剂在冷却系中保留 3 ~ 4 天，保留时间越长，效果越好。

2）散热器冷却管的修复。可根据损坏情况采用不同的修复方法。

①接管法。当散热器外层少数冷却管有部分损坏且长度不大时，可采用接管法修复，具体操作方法如下：

a. 剪去损坏的冷却管，并将断口修平齐。

b. 取一段旧管，其长度比镶接部分长 10 mm，然后使用专用工具将端口扩大，嵌套在损坏管的断口处。

c. 将疏通条插入冷却管，用尖嘴钳将端口修理平整。在接口处涂氯化锌溶液。

d. 用乙炔火焰加热，并用锡焊牢。

②换管法。当冷却管损坏长度较大时，可采用换管法修复，需将损坏的冷却管抽出，然后再装入新冷却管并焊接牢固。采用换管法需具备电阻加热器。具体操作方法如下：

a. 将散热器平稳固定，用一根与冷却管内径尺寸相接近的扁铜条，插入需更换的冷却管内，抽拉几次以清除水垢。

b. 将电阻加热器插入准备更换的冷却管内，两端接通 24 V 电源约 1 min 后，冷却管外面的焊锡熔化。

c. 用乙炔加热器将冷却管与散热器上、下底板连接处的焊锡熔化，使冷却管脱离上、下底板。

d. 切断电源，用钳子将冷却管及电阻加热器一起抽出，待冷却后取出电阻加热器。

e. 在缠有棉纱的扁铜条上浸沾盐酸溶液，插入安装冷却管的孔中并抽拉几次，清除污垢。

f. 将表面焊有焊锡的新冷却管插入孔内，再插入电阻加热器并通电加热，待冷却管表面焊锡熔化后，切断电源，焊接牢固后抽出电阻加热器。

g. 最后用乙炔加热器烧热电铬铁，粘焊锡，将冷却管与底板接合处焊牢。

2. 水泵的检修

水泵常见的损伤有壳体渗漏、破裂、变形，水泵叶轮破裂，密封组件损坏，水泵轴与支承轴承磨损，轴承座孔磨损等。

（1）壳体的检修

水泵壳体砂眼可采用铸铁焊条电焊或用环氧树脂胶粘接。水泵壳体接合面翘曲变形若超过 0.15 mm，应进行车削或磨削，但车削总厚度应不大于 0.50 mm。装配时，应根据车削厚度加厚水泵盖衬垫。

（2）水泵轴的检修

水泵轴与支承轴承内径的配合间隙应不大于 0.03 mm，如超过规定，应换用新件。水泵轴弯曲度超过 0.50 mm，应进行冷压校正。

（3）水泵叶轮的检修

水泵叶轮破裂，应换用新件。

（4）密封组件的检修

密封座圈外径磨损，密封组件老化、变形，密封转动环与静止环接触面磨损，密封组件表面剥落或破裂导致漏水时，均应更换密封组件。

（5）水泵装复后的试验

水泵装复后应进行性能试验，首先用手转动带轮，水泵轴转动应无松旷，叶轮与壳体应无碰撞。用手转动带轮，测试径向间隙，应无松旷感觉，前后拉动带轮，测试轴向间隙，以稍有松旷为宜。堵住水泵进水管，将水灌入水泵腔中，转动水泵轴，出水管无漏水现象。

3. 节温器的检修

将节温器放在盛水的容器中，逐渐将水加热，用温度计测量水温，观察节温器的工作情况，如图 7-2-12 所示。丰田 1ZR-FE 发动机节温器，水温上升到 80～84 ℃时，主阀门开始开启，温度上升到 95 ℃时，主阀门完全开启，主阀门升程应不少于 10 mm，否则应更换节温器。

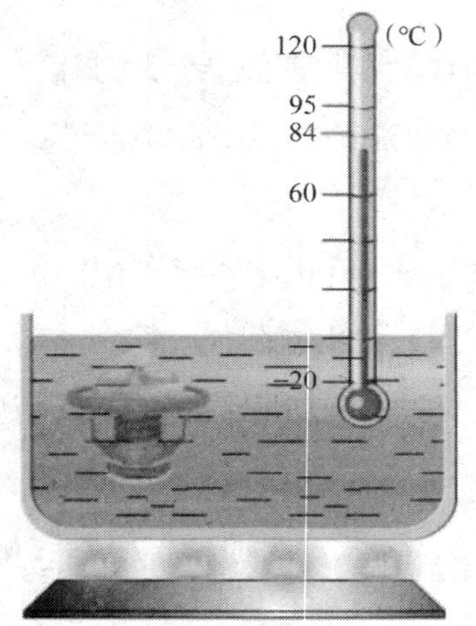

图 7-2-12　节温器的检修

【技能训练——发动机冷却系的维护】

一、实训器材

实训车（丰田卡罗拉 1.6 L）、冷却液、维修手册、零件车、工具车、常用工具、专用工具、抹布等。

二、实训内容与要求

1. 熟悉冷却液的功能和类型。

2. 掌握冷却液的更换与加注。

三、实训步骤

序号	图示	步骤及技术要点
1	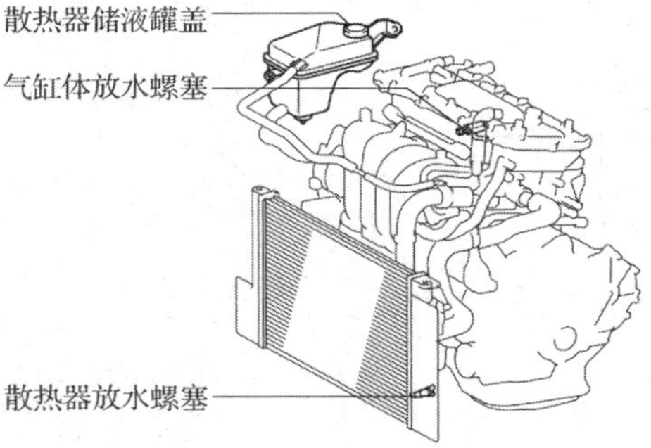 散热器储液罐盖 气缸体放水螺塞 散热器放水螺塞	松开散热器放水螺塞，拆下散热器储液罐盖，松开气缸体放水螺塞，排净发动机冷却液
2	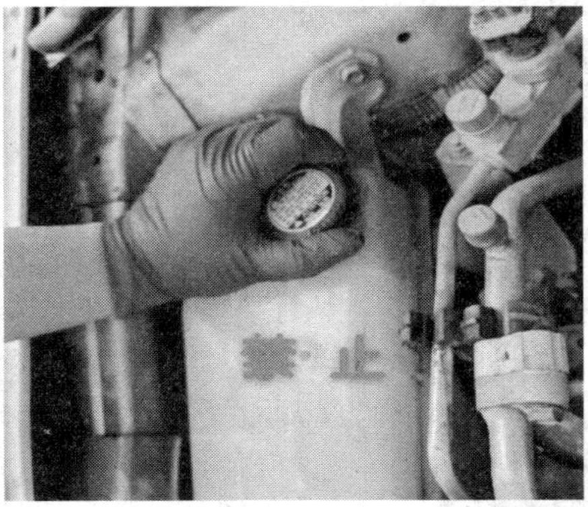 禁止	发动机和散热器温度过高时，不得拆下散热器储液罐盖 加压的热发动机冷却液和蒸汽可能会导致严重烫伤
3		紧固散热器放水螺塞，紧固气缸体放水螺塞，将冷却液添加至散热器储液罐加注口

续表

序号	图示	步骤及技术要点
4	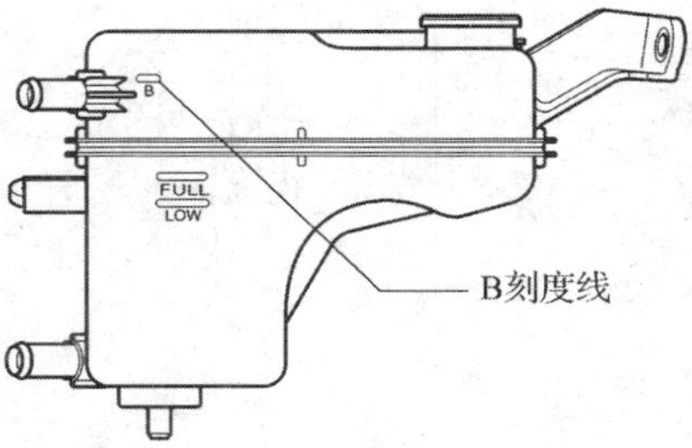 B FULL LOW B刻度线	拆下散热器盖并将冷却液添加至储液罐 B 刻度线
5		用手按压散热器进水软管和出水软管数次，检查冷却液液位。如果冷却液液位过低，应添加冷却液
6		启动发动机控制发动机转速至节温器打开，使冷却液循环数分钟 发动机暖机后，按照以下周期运行发动机至少 7 min：以 3 000 r/min 的转速运转 5 s，怠速运转 45 s（按此周期重复操作至少 8 次） 用手按压散热器进水软管和出水软管数次，以排空系统内空气 注意：按压散热器软管时要戴保护手套 散热器软管处于热态时，应小心远离散热器风扇

续表

序号	图示	步骤及技术要点
7		发动机冷却后，检查并确认冷却液液位在 FULL 和 LOW 刻度线之间 如果冷却液液位低，则向储液罐内添加冷却液至 FULL 和 LOW 刻度线之间
8		检查冷却液是否泄漏
9	注意： （1）加注时，不要将冷却液溅在车身漆面上，以防损伤漆膜 （2）加注时，不要将冷却液溢流到高温状态下的发动机零件上，以免引起燃烧 （3）冷却液有一定的毒性，对人的皮肤和内脏有刺激作用，使用中严禁用嘴吮吸，手接触冷却液后要及时清洗，冷却液溅入眼内更应及时用清水冲洗处理	

知识总结

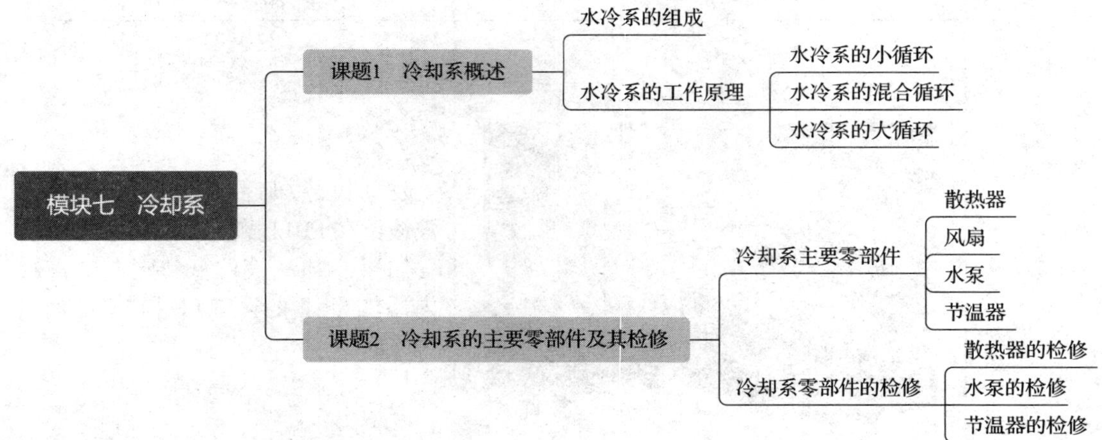
模块七　冷却系
课题1　冷却系概述
水冷系的组成
水冷系的工作原理
水冷系的小循环
水冷系的混合循环
水冷系的大循环
课题2　冷却系的主要零部件及其检修
冷却系主要零部件
散热器
风扇
水泵
节温器
冷却系零部件的检修
散热器的检修
水泵的检修
节温器的检修

模块八
发动机总成装配与竣工验收

发动机总成装配是在发动机各零件符合使用条件的前提下，按照一定程序和技术要求装配完成的、技术性能良好的发动机总成的过程。发动机的装配质量对其性能影响很大。因此，发动机总成装配必须严格按照技术要求进行。

发动机装配完成后，需要进行磨合和试验，用以改善摩擦副的技术要求，扩大实际接触面积，增强零件的承载能力，改善发动机各系统运行的协调性，防止发动机非正常磨损。最后，还要进行竣工验收及性能测试，以确保发动机性能达到标准。

课题❶ 发动机总成装配

学习目标

1. 了解发动机总成装配的要求与注意事项。
2. 掌握发动机总成装配技术及调整方法。
3. 掌握发动机总成装配顺序。

一、发动机总成装配的要求与注意事项

1. 发动机总成装配要求

（1）发动机的装配过程应在专用装配车间或清洁场地进行，装配过程中应具备良好的防尘环境并保持较为稳定的室内温度。

（2）发动机在装配过程中，应做到工件不落地，工、量具不落地和油渍不落地，并保持工作台的清洁。

（3）装配前应彻底清洗气缸体和曲轴，油道必须清除油堵并用专用清洗剂冲洗干净，最后用压缩空气吹干，以保证油道的畅通、清洁。

（4）清洗完毕，应在气缸体和曲轴的表面涂上一层润滑油，防止锈蚀。对其他零件也应认真做好清洁、清点及检验工作，保证油道等各类通道的畅通，各待装零部件应摆放整齐。

2. 发动机总成装配的注意事项

（1）装配过程中所用的工、量具应齐全、适用、合格。

（2）严格按照发动机总成装配工艺进行装配，各部件配合间隙应符合技术要求。

（3）对于组合加工件、重要配合副、正时传动件和调整垫片等，应按规定的位置和方向（标记）装配，不可错乱，以免破坏其相互位置关系。如曲轴和连杆的轴承、各活塞连杆组的位置和方向、气门及挺柱的位置等。

（4）运动件摩擦表面和重要的螺栓、螺母在装配前应涂上一层干净的润滑油，以便在运转初期润滑摩擦表面。

（5）固定螺栓、螺母应按规定力矩拧紧，拧紧后再复查一次。各螺栓、螺母的锁止装置必须齐全有效。螺母拧紧后，螺栓螺纹露出螺母的部分不应少于两牙。

（6）装配时，应检查活动零部件之间的运动是否协调。

（7）确保各密封部位的密封，防止漏水、漏油、漏气，重要密封部位应涂上密封胶。安装油封时，应在唇口和外圈涂抹润滑油后，再用压具压入。装配时，应防止油封歪斜、唇口损坏、弹簧出槽。安装油封座（盖）时，应注意与轴的同轴度。

（8）装配过程中不得直接用锤子锤击机体和零件表面，必要时应在机体和零件表面垫铜棒、铜垫等软金属后才能锤击。

二、发动机总成装配流程

以丰田 1ZR–FE 发动机的装配为例，介绍发动机总成的装配，具体操作步骤见表 8–1–1。

表 8–1–1　丰田 1ZR–FE 发动机总成装配流程

序号	图示	步骤及技术要点
1	密封胶直径 2.5 mm 密封胶 56 mm 密封胶直径 5 mm	安装加强曲轴箱总成 （1）在标注位置涂抹密封胶 （2）安装曲轴箱的 11 个螺栓，分 2～3 次紧固，扭矩为 21 N·m （3）用干净的布擦去多余的密封胶 注意：清除接触面的润滑油；涂抹密封胶后 3 min 内安装曲轴箱；安装加强曲轴箱后，至少 2 h 内不要启动发动机

续表

序号	图示	步骤及技术要点
2		安装发动机后油封 （1）用专用工具和锤子均匀敲打油封，直到其表面与后油封座圈边缘齐平 （2）在新油封唇口涂抹通用润滑脂，擦去曲轴上多余的润滑脂 注意：操作时要使油封唇口远离异物；不要斜敲油封
3		安装机油泵总成，拧紧机油泵的 3 个螺栓，扭矩为 21 N · m
4	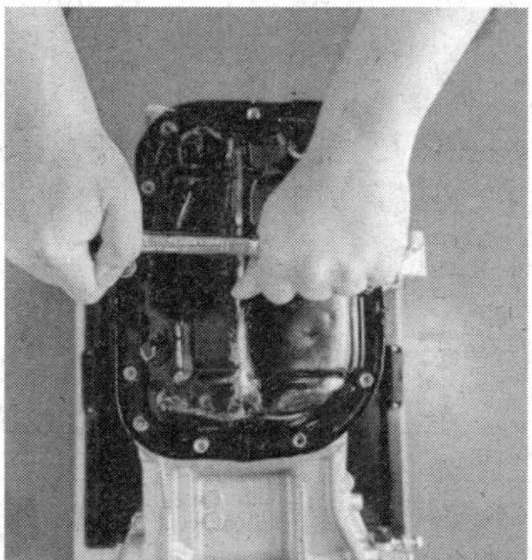	安装 2 号油底壳分总成 （1）清除所有旧的密封胶，注意不要将油滴在气缸体和油底壳的接触面上 （2）在接触面涂抹一条连续的密封胶 （3）用 10 个螺栓和 2 个螺母安装 2 号油底壳，扭矩为 10 N · m 注意：清除接触面的润滑油；涂抹密封胶后 3 min 内安装油底壳；安装油底壳后，至少 2 h 内不要启动发动机
5	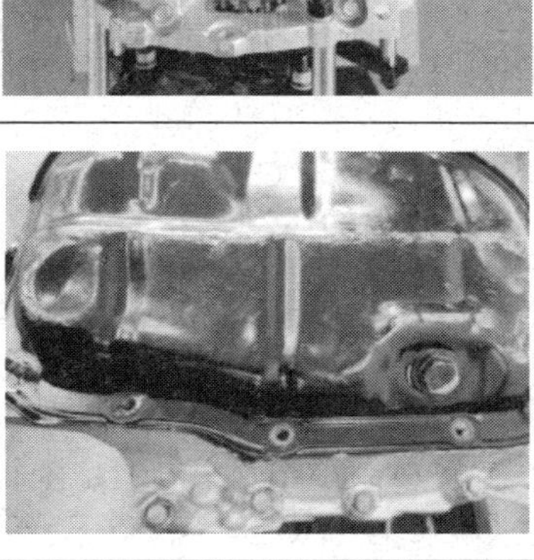	安装油底壳放油螺塞，扭矩为 37 N · m。安装新衬垫

续表

序号	图示	步骤及技术要点
6	45° 45°	安装气缸体放水开关分总成 （1）在放水开关的螺纹上涂抹黏合剂 （2）安装放水开关，扭矩为 20 N · m （3）将放水螺塞安装到放水开关上，扭矩为 13 N · m 注意：将放水开关紧固至规定力矩后，继续拧紧放水开关不得超过一圈；在涂抹密封胶后 3 min 内安装放水开关；安装放水开关后，至少 2 h 内不要启动发动机
7		安装气缸盖衬垫 将新衬垫放在气缸体表面，并使印有批次号的一面朝上
8	⑧ ④ ② ⑥ ⑨ ⑩ ⑤ ① ③ ⑦ 45° 90° 油漆标记	安装气缸盖分总成 （1）在螺栓和平垫圈相接触的部位涂抹一薄层发动机润滑油 （2）将螺栓和平垫圈安装至气缸盖 （3）按左图所示顺序，用 10 mm 的双六角扳手，分次均匀地安装并紧固 10 个气缸盖固定螺栓和平垫圈，扭矩为 49 N · m （4）用油漆在气缸盖螺栓前端做标记 （5）将气缸盖螺栓再次紧固 90°，然后再紧固 45° （6）检查并确认油漆标记与螺栓前端成 135° 注意：不要将平垫圈掉到气缸盖里
9		安装气门间隙调节器总成 （1）将气门间隙调节器放入装有发动机润滑油的容器中 （2）将专用工具顶端插入气门间隙调节器的柱塞中，并用专用工具顶端挤压柱塞中的单向球 （3）将专用工具和气门间隙调节器压在一起，上下移动柱塞 5 ~ 6 次 （4）检查柱塞的运动情况并放气，柱塞能上下移动为正常 （5）放气后，拆下专用工具。试着用手指迅速且用力地按压柱塞，柱塞应很难移动 （6）安装气门间隙调节器 注意：放气时，确保专用工具的顶端已压住单向球，如果没有压住单向球，空气不会排出

续表

序号	图示	步骤及技术要点
10		安装气门摇臂分总成 （1）在气门间隙调节器端部和气门杆盖端部涂抹发动机润滑油 （2）确保气门摇臂分总成安装到位
11	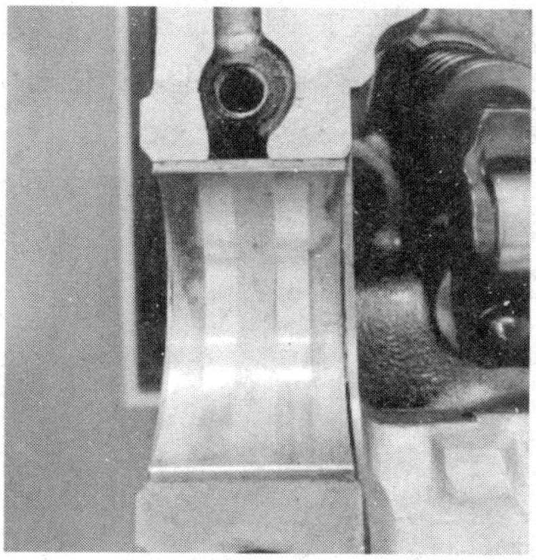 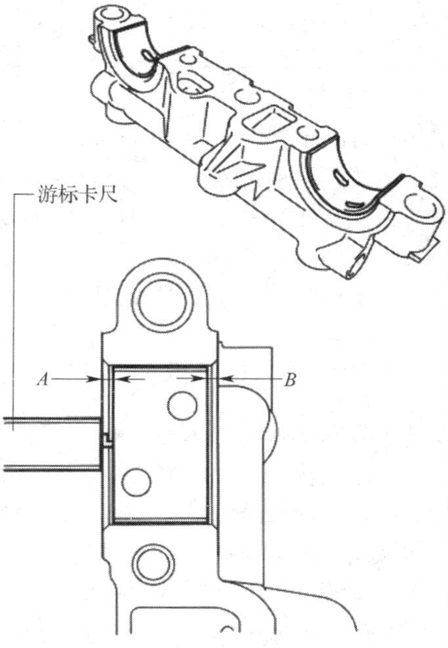 游标卡尺 A B	安装1号凸轮轴轴承 （1）清洁轴承表面 （2）安装2个1号凸轮轴轴承 （3）用游标卡尺测量轴承盖边缘和凸轮轴轴承边缘间的距离。尺寸 *A* 和 *B*（左图所示）为 0.7 mm 或更小 注意：通过测量尺寸 *A* 和 *B*，将轴承固定在轴承盖中心

续表

序号	图示	步骤及技术要点
12	 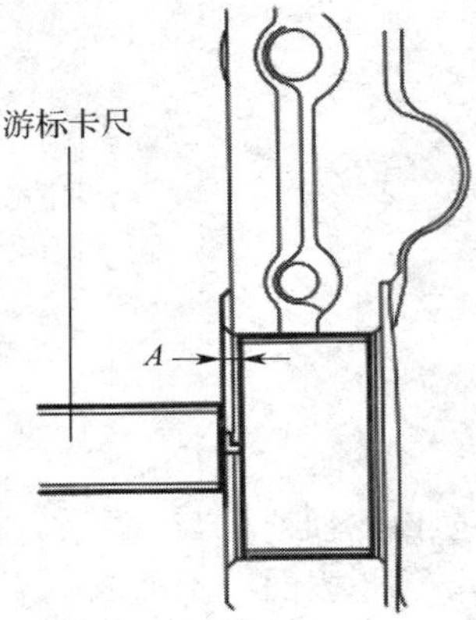 游标卡尺 A	安装 2 号凸轮轴轴承 （1）清洁轴承表面 （2）安装 2 个 2 号凸轮轴轴承 （3）用游标卡尺测量轴承盖边缘和凸轮轴轴承边缘间的距离。尺寸 *A*（左图所示）为 1.05 ~ 1.75 mm 注意：通过测量尺寸 *A*，将轴承固定在轴承盖中心
13		安装 1 号凸轮轴 （1）清洁凸轮轴轴颈 （2）在凸轮轴轴颈、凸轮轴壳和轴承盖上涂抹一薄层发动机润滑油 （3）将 1 号凸轮轴安装到凸轮轴壳上
14		安装 2 号凸轮轴 （1）清洁凸轮轴轴颈 （2）在凸轮轴轴颈、凸轮轴壳和轴承盖上涂抹一薄层发动机润滑油 （3）将 2 号凸轮轴安装到凸轮轴壳上

续表

序号	图示	步骤及技术要点
15	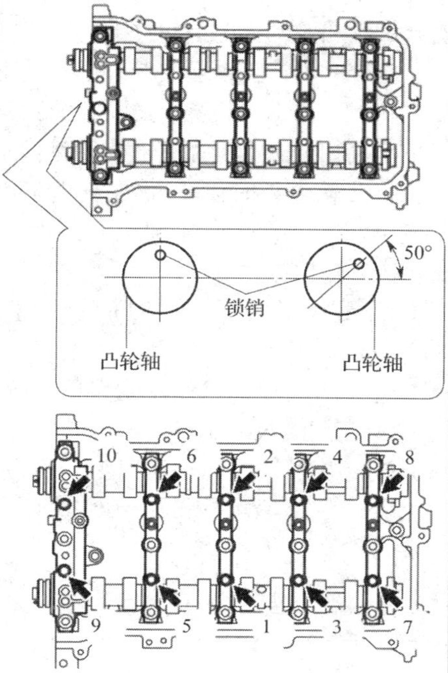 50° 锁销 凸轮轴 凸轮轴 10 6 2 4 8 9 5 1 3 7	安装凸轮轴轴承盖 （1）确认各凸轮轴轴承盖上的标记和号码，并将其置于正确的位置和方向，确保凸轮轴的锁销如左图所示安装 （2）按照左图所示顺序紧固 10 个螺栓，扭矩为 16 N · m
16	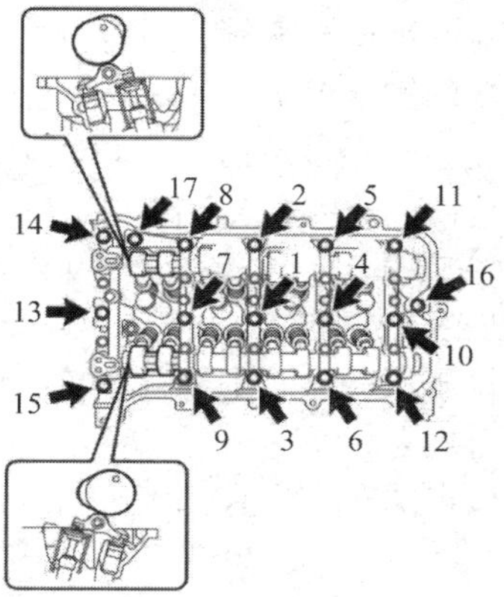 17 8 2 5 11 14 7 1 4 16 13 10 15 9 3 6 12	安装凸轮轴壳分总成 （1）确保凸轮轴壳分总成按要求安装 （2）涂抹密封胶，密封胶直径为 3.5 ~ 4.0 mm （3）固定凸轮轴 （4）安装凸轮轴壳，并按左图所示顺序紧固 17 个螺栓，扭矩为 27 N · m 注意：安装凸轮轴壳后，确保凸轮凸角如左图所示；如果在安装过程中有任何螺栓松动，则拆下凸轮轴壳、清洁安装表面后，重新涂抹密封胶；如果在安装过程中因螺栓松动而拆下凸轮轴壳，应确保先前涂抹的密封胶未进入任何油道；安装凸轮轴壳后，擦去凸轮轴壳和气缸盖之间渗出的密封胶

续表

序号	图示	步骤及技术要点
17	 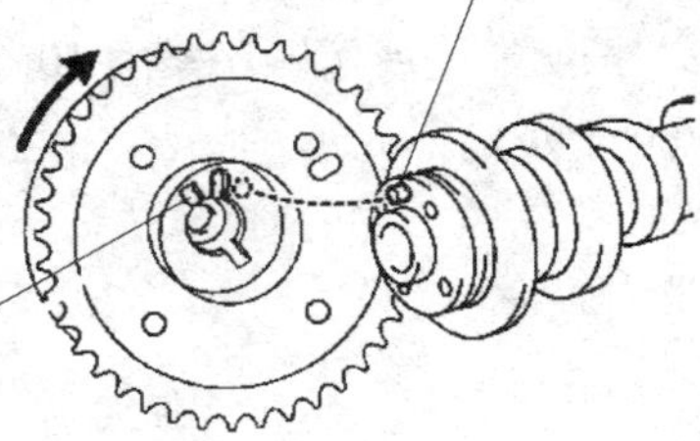 直销 键槽	安装进气凸轮轴正时齿轮总成 （1）检查并确认直销已安装在凸轮轴上 （2）将进气凸轮轴正时齿轮和凸轮轴放置在一起，凸轮轴上的锁销和正时齿轮键槽不对准 （3）将凸轮轴正时齿轮轻轻推向凸轮轴的同时，按标注方向旋转凸轮轴正时齿轮，将直销进一步推入键槽中 （4）测量齿轮和凸轮轴间的间隙，应为 0.1 ~ 0.4 mm （5）进气凸轮轴正时齿轮固定时，拧紧凸缘螺栓，扭矩为 54 N · m （6）检查并确认凸轮轴正时齿轮可以朝延迟方向（顺时针）转动，并锁止在最大延迟位置
18	  键槽 直销	安装排气凸轮轴正时齿轮总成 （1）检查并确认直销已安装在凸轮轴上 （2）对准键槽与直锁，将排气凸轮轴正时齿轮和凸轮轴连接起来 （3）将齿轮轻轻地压在凸轮轴上，并转动齿轮，将直销进一步推入键槽中 （4）检查并确认齿轮凸缘和凸轮轴间应无间隙 （5）排气凸轮轴正时齿轮固定时，拧紧凸缘螺栓，扭矩为 54 N · m （6）检查排气凸轮轴正时齿轮的锁止情况

续表

序号	图示	步骤及技术要点
19		安装曲轴正时齿轮键，用锤子安装 2 个曲轴正时齿轮键
20		安装 1 号曲轴位置信号盘，使“F”标记朝前
21		安装 2 号链条分总成 （1）设置曲轴键 （2）转动驱动轴，使切口朝向右水平位置 （3）使链条标记对准每个齿轮的正时标记 （4）用齿轮上的链条将链轮安装到曲轴和机油泵轴上 （5）用螺母暂时紧固机油泵主动轴链轮

续表

序号	图示	步骤及技术要点
22		安装曲轴正时链轮
23	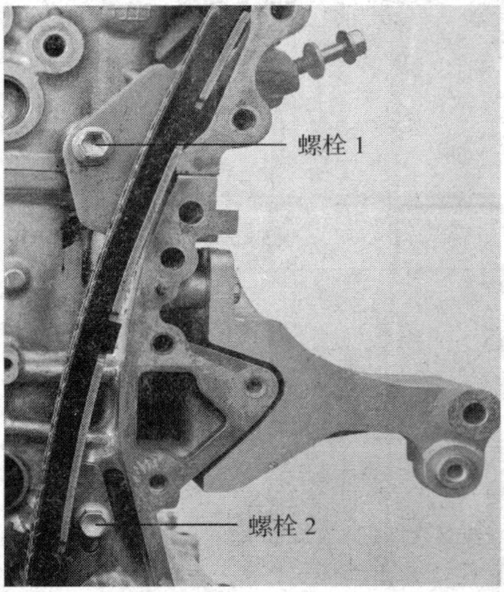 螺栓 1 螺栓 2	安装 1 号链条振动阻尼器，拧紧 2 个螺栓，扭矩为 21 N · m
24		安装 2 号链条振动阻尼器，拧紧 2 个螺栓，扭矩为 10 N · m

续表

序号	图示	步骤及技术要点
25		安装链条分总成 （1）检查 1 号气缸压缩时 注意：暂时紧固曲轴带轮螺栓；逆时针转动曲轴，使正时齿轮键位于顶部；拆下曲轴带轮螺栓 （2）将标记板和正时标记对准并安装链条 注意：确保标记板位于发动机前侧；凸轮轴侧的标记板为橙色；不要使链条缠绕在凸轮轴正时齿轮总成的链轮周围，只可将其放置在链轮上；将链条穿过 1 号振动阻尼器 （3）将链条放在曲轴上，但不要使其缠绕在曲轴周围 （4）用扳手固定凸轮轴的六角头部分，逆时针旋转凸轮轴正时齿轮总成，使标记板和正时标记对准 （5）用扳手固定住凸轮轴的六角头部分，并顺时针旋转凸轮轴正时齿轮总成 注意：为了张紧链条，顺时针缓慢地旋转凸轮轴正时齿轮总成，防止链条错位 （6）将标记板和正时标记对准，并将链条安装至曲轴正时齿轮 注意：曲轴侧的标记板为黄色 （7）在气缸压缩时，重新检查每个正时标记
26		安装链条张紧器导板

续表

序号	图示	步骤及技术要点
27		安装正时链条盖油封 （1）用专用工具安装新油封，直到其表面与正时齿轮箱边缘齐平 （2）在油封唇口上涂抹一薄层通用润滑脂 注意：确保油封边缘不伸出正时链条盖
28	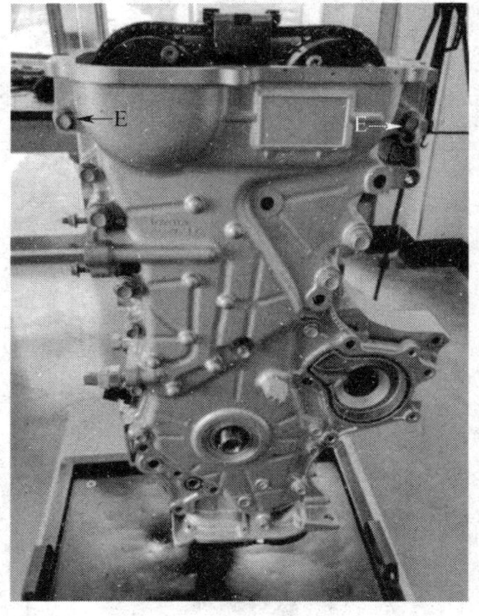	安装正时链条盖分总成 （1）清除所有旧密封胶，注意不要将油滴在正时链条盖、气缸盖和气缸体的接触面上 （2）安装 3 个新的 O 形圈 （3）在正时链条盖上涂抹密封胶 注意：如果接触面潮湿，则在涂抹密封胶前用无油抹布擦拭 （4）安装正时链条盖 （5）安装新衬垫 （6）安装水泵的 3 个螺栓，扭矩为 24 N · m （7）安装发动机悬置支架的 3 个螺栓，螺栓长度为 80 mm 注意：在安装正时链条盖后 10 min 内安装悬置支架 （8）安装 2 个新机油滤清器支架 O 形圈 （9）用 4 个螺栓暂时紧固机油滤清器支架 注意：在安装正时链条盖后 10 min 之内安装机油滤清器支架 （10）在螺栓 E 的螺纹上涂抹黏合剂 （11）安装正时链条盖螺栓

续表

序号	图示	步骤及技术要点
29		安装曲轴带轮 （1）将曲轴带轮定位键对准带轮上的键槽 （2）用专用工具固定曲轴带轮并拧紧螺栓，扭矩为 190 N · m

课题2 发动机竣工验收

学习目标

1. 了解发动机竣工验收的内容。
2. 掌握发动机气缸密封性的检测方法。

一、发动机竣工验收的内容

1. 检查冷却液、润滑油和燃油是否充足。

2. 用检视的方法检验发动机装备状况。要求装备齐全、有效，各零部件及附件应符合规定的技术条件。

3. 启动发动机，检查其启动性能。

（1）冷车启动。要求在环境温度高于 –5 ℃时能顺利启动，允许连续启动不超过 3 次，每次启动时间超过 5 s。

（2）热车启动。要求在发动机正常工作温度下，5 s 内能启动。

4. 燃油压力的检查。燃油压力的标准值为（250 ± 20）kPa。

5. 检查发动机运转工况。启动发动机，使其运转至正常工作温度 93 ~ 105 ℃。

（1）检查怠速工况。用转速表进行运转试验或用发动机综合测试仪测量，要求发动机怠速运转稳定，转速符合原设计规定，转速波动小于或等于 50 r/min。

（2）检查转速变化工况。用转速表检查，发动机转速改变时应过渡圆滑，突然加速或减速时，不得有爆燃声、断火、回火等现象，最高转速不得低于 4 000 r/min。

6. 检查发动机运转时有无异响。要求发动机在正常工况下运转时，不得有异常响声。

7. 检查发动机润滑油压力、冷却液温度和润滑油温度。

8. 检查气缸压力

（1）检查气缸压力值。用转速表、气缸压力表检查，气缸压力应符合原厂设计规定。

（2）检查各气缸压力差。用转速表、气缸压力表测量。要求汽油机各缸压力不大于各缸平均压力的 8%，柴油机各缸压力不大于各缸平均压力的 10%。

9. 检查发动机进气歧管真空度。用转速表、真空度检测仪测量，要求汽车发动机怠速时，进气歧管真空度为 57～70 kPa。

10. 检查发动机功率和转矩。发动机运转到正常工作温度，用发动机综合测试仪进行测量，要求发动机最大功率、最大转矩不低于原设计值的 90%。

11. 检查发动机燃料消耗率。用油耗计、测功机按有关规定测量，要求发动机最低燃料消耗不大于原设计要求。

12. 检查发动机排放。要求发动机排放符合现行的国家标准。

13. 检查润滑油质量。用检视法或润滑油质分析仪检查，要求发动机润滑油的规格、数量、质量符合原设计规定。

14. 检视发动机“四漏”情况。要求发动机应无漏水、漏油、漏气、漏电现象。

15. 发动机涂漆或银粉。要求发动机外表应按规定涂漆或银粉，涂层要均匀，不得有漏涂现象。

16. 填写发动机修理竣工检查表。

二、发动机气缸密封性检测

测量气缸压缩行程终了时的压力，可以间接地判断气缸的密封性。影响发动机气缸密封性的因素有活塞连杆组的密封性、气门与气门座的密封性以及气缸垫的密封性等。

1. 检测工具

气缸压力表是检测气缸压缩压力的一种专用工具，一般由表头、导管、单向阀和接头等组成。气缸压力表接头有螺纹管接头和锥形或阶梯形橡胶接头两种。螺纹管接头测量汽油机，可以拧在汽油机火花塞的螺纹孔中。橡胶接头测量柴油机，可以压紧在喷油器孔中。气缸压力表单向阀关闭时，可保持测得的气缸压缩压力读数；单向阀打开时，可使气缸压力表指针回零，用于下次测量。

2. 检测方法

（1）发动机应运转至正常工作温度。

（2）拆除全部火花塞或喷油器（柴油机）。

（3）将气缸压力表的锥形橡胶接头压紧在被测气缸的喷油器孔内，或把气缸压力表的螺纹管接头拧在火花塞孔上，如图 8-2-1 所示。

图 8-2-1 用气缸压力表测量气缸压力

（4）用起动机带动曲轴旋转 3 ~ 5 s，指针稳定后读取读数，然后按下单向阀使指针回零。每个气缸的测量次数应不少于两次。

（5）按上述方法依次检测各个气缸。

测试发动机气缸压力时，严禁启动发动机，以防损坏气缸压力表。测试前，对于汽油机应将分电器中央高压线拔下，或将燃油泵继电器拔下；对于柴油机应旋松喷油器高压油管接头使气缸断油，即可使发动机不着火工作。

3. 检测结果分析

测量气缸压力后，通常根据以下几种情况做出判断：

（1）有的气缸在 2 ~ 3 次测量中，压力读数时高时低，相差较大，说明气门关闭不严。

（2）相邻两缸压力读数偏低，而其他气缸正常，是由于相邻两缸间气缸垫漏气或气缸盖螺栓未拧紧所致。

（3）一缸或数缸压力读数偏低，可由火花塞或喷油器孔注入适量（20 ~ 30 mL）润滑油后，再次检测气缸压缩压力，并比较两次检测结果。若第二次检测结果比第一次高，并接近标准值，表明气缸密封性不良是由气缸、活塞环、活塞磨损过大或活塞环对口、卡死、断裂及气缸壁拉伤等原因引起。若第二次检测结果与第一次近似，表明气缸密封性不良的原因为进、排气门或气缸衬垫密封不严。

（4）一缸或数缸压力偏高，汽车行驶中又出现过热或爆燃，则属于积炭过多或经几次大修缸径加大而改变了压缩比。

知识总结

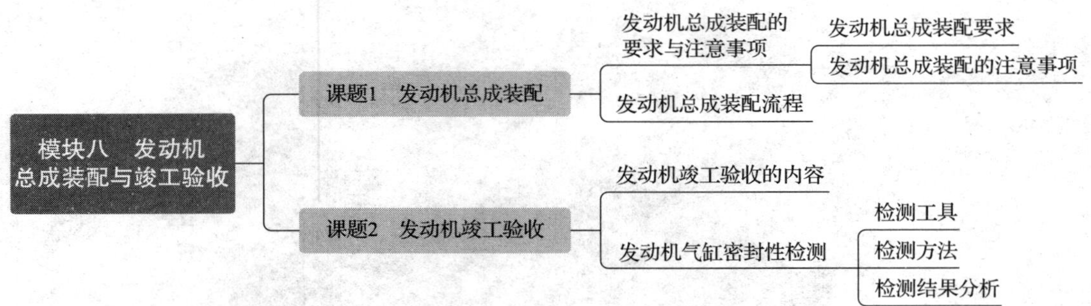